校企合作汽车专业系列丛书

互联网+创新型“十四五”精品教材

新能源汽车辅助系统检修

（微课版）

主　编　尘文生

副主编　王美琴　包立环　刘芳芳　王福刚

编　委　朱　瑾　刘凡玉　张　威　周明建　郭情　崔雁强

哈爾濱工程大學出版社
Harbin Engineering University Press

内 容 简 介

本书按照《新能源汽车产业发展规划（2021—2035 年）》等现行规范修订而成，系统地介绍了新能源汽车辅助系统的知识和技能，主要包括新能源汽车暖风与空调系统、新能源汽车制动系统、新能源汽车电动转向系统、新能源汽车自动起停系统、新能源汽车车载网络与互联网系统、新能源汽车安全系统六个项目的内容。每个项目都由项目概述引入，细致讲述相关知识，每一个项目最后均配有相关习题，并有任务工单供学生实训演练。

本书既可作为应用型本科、职业院校汽车专业的通用教材，也可供汽车修理厂、汽车运输部门的工人和技术人员参考。

图书在版编目（CIP）数据

新能源汽车辅助系统检修 ：微课版 / 尘文生主编. 一哈尔滨 ：哈尔滨工程大学出版社，2024.1

ISBN 978-7-5661-4247-4

I. ①新… II. ①尘… III. ①新能源－汽车－辅助系统－车辆检修 IV. ①U469.707

中国国家版本馆 CIP 数据核字（2024）第 029563 号

新能源汽车辅助系统检修（微课版）

XINNENGYUAN QICHE FUZHU XITONG JIANXIU（WEIKE BAN）

责任编辑 吴振雷
封面设计 赵俊红

出版发行 哈尔滨工程大学出版社
社　　址 哈尔滨市南岗区南通大街 145 号
邮政编码 150001
发行电话 0451-82519328
传　　真 0451-82519699
经　　销 新华书店
印　　刷 唐山唐文印刷有限公司
开　　本 889 mm×1 194 mm　1/16
印　　张 12
字　　数 320 千字
版　　次 2024 年 1 月第 1 版
印　　次 2024 年 1 月第 1 次印刷
书　　号 ISBN 978-7-5661-4247-4
定　　价 49.80 元

http://www.hrbeupress.com
E-mail:heupress@hrbeu.edu.cn

前　言

面对全球范围内日益严峻的能源形势和环保压力，我国在“中国制造2025”和“十四五”等一系列规划中，将新能源汽车列为战略新兴产业，并对新能源汽车的研发、生产、购买、充电设施等上下游相关产业给予了强有力的政策扶持。

二十大报告指出，积极稳妥推进碳达峰碳中和。实现碳达峰碳中和是一场广泛而深刻的经济社会系统性变革。立足我国能源资源禀赋，坚持先立后破，有计划分步骤实施碳达峰行动，积极参与应对气候变化全球治理。因此，发展新能源汽车技术已成为必然趋势。

随着新能源汽车技术的发展，新能源汽车技术开发人员、产业服务人员相对短缺，亟须培养一批掌握新能源汽车知识的人才队伍。本书紧密结合当前汽车产业的发展及需求，在编写上深刻领会党的二十大精神，全面贯彻党的教育方针，落实立德树人根本任务，着力加强学生职业技能和职业素养的培养。

本书在编写过程中，紧紧围绕课程标准，书中内容以完成任务工单为目标，注重理实一体教学，力求做到“教中学、学中做”。通过理论知识与相关视频的结合，学生更加全面地了解汽车相关知识和操作技能。

本书依据国家标准，力求突出新能源汽车技术。书中内容翔实，图文并茂，注重实例介绍，可读性强。本书共分六个项目，主要包括新能源汽车暖风与空调系统、新能源汽车制动系统、新能源汽车电动转向系统、新能源汽车自动起停系统、新能源汽车车载网络与互联网系统、新能源汽车安全系统。

本书由尘文生担任主编，由王美琴、包立环、刘芳芳、王福刚担任副主编，朱瑾、刘凡玉、张威、周明建、郭情、崔雁强参与了本书的编写。本书的相关资料和售后服务可扫描封底微信二维码或登录www.bjzzwh.com下载获得。

在编写过程中，编者引用了大量原厂手册及文献资料，在此向原作者们表示衷心的感谢！由于新能源汽车领域的技术日新月异，同时编者的知识和能力也存在不足，书中难免存在疏漏之处，请读者及时反馈，以便后期修订。

编　者

目 录 CONTENTS

项目一

新能源汽车暖风与空调系统

项目概述

燃油汽车的暖风是利用发动机余热，所以空调系统的动力也来自于发动机。那么，纯电动汽车没有发动机，暖风与空调系统是如何工作的呢？本项目介绍的是新能源汽车暖风与空调系统的特点、结构原理与检测，并且包含以下四个任务。

任务一：空调系统的认知。

任务二：暖风系统。

任务三：制冷及其他系统。

任务四：新能源汽车空调系统检修。

通过以上四个任务的学习，希望读者能够掌握新能源汽车暖风与空调系统的结构组成，能够正确操作新能源汽车暖风与空调系统，能够对新能源汽车暖风与空调系统进行检修。

学习目标

知识目标

◆ 能够描述新能源汽车暖风与空调系统和传统汽车的区别。

◆ 能够描述新能源汽车暖风与空调系统面板的技术特征。

能力目标

◆ 能够进行新能源汽车暖风与空调系统的操作。

素质目标

◆ 培养学生分析事物的能力。

◆ 培养学生的探索精神、创新精神。

思政目标

◆ 通过学习，培养学生创新意识，提高学生的动手能力，让学生体会到工匠精神，明确工匠精神的重要性。

任务工单

实训表 1

任务名称	空调系统制冷能力的检查			任务成绩	
姓名		班级		学号	
学时		日期		实训地点	
实训设备、工具及仪器	新能源汽车、个人防护用具				
小组组长	小组成员				
任务目的	能够正确规范地操作新能源汽车的空调系统并检查制冷效果				

一、任务描述

南方的夏天又湿又热，在路上行驶就需要空调系统来降温，保障驾驶人员的状态。小王的新能源汽车，在夏天的某一日突然制冷系统发生故障，无法吹出冷气，空调放出气体温度较高与车外的环境温度相似。

二、分组讨论

全班学生以 3 ～ 6 人为一组，选出各自组长，组长对组员进行任务分工并将分工情况记录在实训表 2 中。

实训表 2

成员	任务
组长：	
组员：	
组员：	
组员：	
组员：	
组员：	

问题 1：新能源汽车的空调系统不能吹出冷风都有哪些原因？

问题 2：空调无法吹出冷风，一定是制冷系统的问题吗？

问题 3：如何检测维修空调制冷问题的故障点？

三、任务实施

在实际操作过程中，将操作内容及实施过程中遇到的问题和解决办法记录在实训表 3 中。

实训表 3

序号	操作内容	遇到的问题	解决办法

四、任务评价

请各组选出一名代表展示任务实施的成果，并配合指导老师完成实训表 4 的任务评价。

实训表 4

项目名称	评价内容	分值	评价分数		
			自评	互评	师评
职业素养考核项目（40%）	考勤、仪容仪表	10 分			
	责任意识、纪律意识	10 分			
	团队合作与交流	20 分			
专业能力考核项目（60%）	积极参与教学活动并正确理解任务要求	10 分			
	认真搜集任务所需资料	10 分			
	任务实施过程中记录表的完成度	10 分			
	对空调的掌握程度	20 分			
	独立完成相应任务的程度	10 分			
合计：综合分数____自评（20%）+ 互评（20%）+ 师评（60%）		100 分			
综合评语		教师（签名）：			

任务一　空调系统的认知

一、新能源汽车空调的功能

新能源汽车空调的主要功能是调节车内的温度、湿度、气流速度和空气洁净度等，从而为乘员创造清新舒适的车内环境。

1. 调节车内的温度

汽车空调在冬季利用供暖装置升高车内的温度，在夏季利用制冷装置降低车内的温度，如图 1–1 所示。

图 1-1　汽车空调的功能

2. 调节车内的湿度

（1）绝对湿度：每立方米空气中所含水蒸气的质量，即水蒸气密度，单位为 kg/m^3。空气中水蒸气含量越多，则空气的绝对湿度越大。

（2）相对湿度：表示空气中的绝对湿度与同温度和气压下的饱和绝对湿度的比值，即某空气中所含水蒸气的质量与同温度和气压下饱和空气中所含水蒸气的质量之比。通常所说的湿度就是指相对湿度。

通过实验测定，最宜人的车内温湿度是：冬天温度为 20 ～ 25 ℃，相对湿度为 30% ～ 80%；夏天温度为 23 ～ 30 ℃，相对湿度为 30% ～ 60%。调研表明，在此范围内感到舒适的人占 95% 以上。

汽车空调的除湿功能是通过制冷装置（蒸发器）冷却使空气中的水蒸气凝结成水，从而去除空气中的水分（降低绝对湿度）；再由加热装置（加热器芯）升温来增加饱和绝对湿度，以降低相对湿度。在汽车上目前还没有安装加湿装置，只能通过打开车窗或通风设施，靠车外新风来调节。

3. 调节车内的空气流速

空气的流速和方向对人体舒适性影响很大。夏季，气流速度稍大时有利于人体散热降温，但过大的风速直接吹到人体上，使人感到不舒服；冬季，风速大了会影响人体保温，因而冬季供暖时气流速度应尽量小一些。根据人体生理特点，头部对冷比较敏感，脚部对热比较敏感，因此在布置空调出风口时，应采取上冷下暖的方式，即让冷风吹到乘员的头部，暖风吹到乘员的脚部。

4. 过滤、净化车内的空气

由于车内空间小、乘员密度大，车内极易出现缺氧和二氧化碳浓度过高的情况。汽车发动机废气中的一氧化碳和道路上的粉尘、野外有毒的花粉都容易进入车内，造成车内空气污浊。因此汽车空调必须具有补充车外新鲜空气、过滤和净化车内空气的功能。一般汽车空调装置上都设有进风门、排风门、空气过滤装置和空气净化装置。

汽车空调的舒适性参数见表 1-1。

表 1-1　汽车空调的舒适性参数

序号	舒适性参数	数值
1	车内平均温度	夏季：25 ～ 28 ℃　冬季：15 ～ 18 ℃
2	车内外温差	夏季：5 ～ 7 ℃　冬季：10 ～ 12 ℃
3	车内空气相对湿度	30% ～ 70%
4	车内气流速度	夏季：不超过 0.5 m/s 冬季：0.15 ～ 0.2 m/s
5	车内降温率	夏季：1.5 ℃ /min
6	车内温差	垂直方向温差：2 ℃　水平方向温差：1.5 ℃
7	车内换气量	每位乘员所需新鲜空气量：20 ～ 30 m^3/h 二氧化碳体积分数：不大于 0.1%
8	车内噪声	不大于 50 dB（A）
9	出风口的位置及风速差	出风口位置：应尽量避免直吹令人感觉不舒服的部位 各风口速度差值：不大于 2 m/s

二、新能源汽车空调的组成

新能源汽车空调一般由制冷系统、暖风系统、通风系统、配气系统、控制系统和空气净化系统组成，具体内容如下。

1. 制冷系统

制冷系统对由外部进入车内的新鲜空气或车内空气进行冷却或除湿，使车内环境变得凉爽舒适。

2. 暖风系统

暖风系统主要用于供暖，对由外部进入车内的新鲜空气或车内空气进行加热，达到供暖、除湿的目的。

3. 通风系统

通风系统将外部新鲜空气吸进车内，起到通风和换气的作用；同时，通风系统对防止风窗玻璃起雾有良好的效果。

4. 配气系统

配气系统可将吸入的新鲜空气、冷气、热风有机地进行配合调节，形成冷暖适宜的气流吹出。通常由新鲜空气进风口、循环空气进风口、各种用途的出风口（包括前出风口、侧出风口、除霜口等）及各风口、风门组成。进、出风口的切换及开度由各种风门控制，因此风门的布置及控制是影响配气系统优劣的重要因素。

5. 控制系统

控制系统对空调系统的各组成部分进行控制，通过控制制冷、供暖和通风等功能，将车内空间的环境调整到人体感觉最适宜的状态。

6. 空气净化系统

对车厢内成员呼吸排出的二氧化碳、蒸发的汗液、吸烟产生的烟及从车外进入的灰尘、花粉等污染物进行净化，保证车内空气清新。

任务二　暖风系统

一、新能源汽车的暖风和传统汽车的区别

（一）空调压缩机驱动方式不同

新能源汽车空调制冷系统的制冷原理与传统汽车相同，区别是压缩机的驱动方式发生了变化。新能源汽车空调压缩机采用的是电驱动方式，而传统汽车绝大多数采用的是发动机传动带驱动。传统汽车与新能源汽车的空调压缩机如图 1–2 和图 1–3 所示。

图 1–2　传统汽车的空调压缩机

图 1–3　新能源汽车的空调压缩机

（二）暖风实现形式不同

新能源汽车在暖风实现形式上，通常是利用电加热的方式来产生暖风的。电加热的方式有两种：一种是通过加热冷却液，再经过循环，为暖风冷却液箱提供热量；另一种是直接加热经过蒸发箱的空气实现暖风。

（三）送风系统略有不同

新能源汽车送风系统与传统汽车基本相同，空气通过蒸发器和热交换器形成冷风 / 暖风和风速，根据用户的需要输送到指定出风口。

新能源汽车送风系统的组成如图 1–4 所示，空气流向增加用于暖风系统的热交换器。

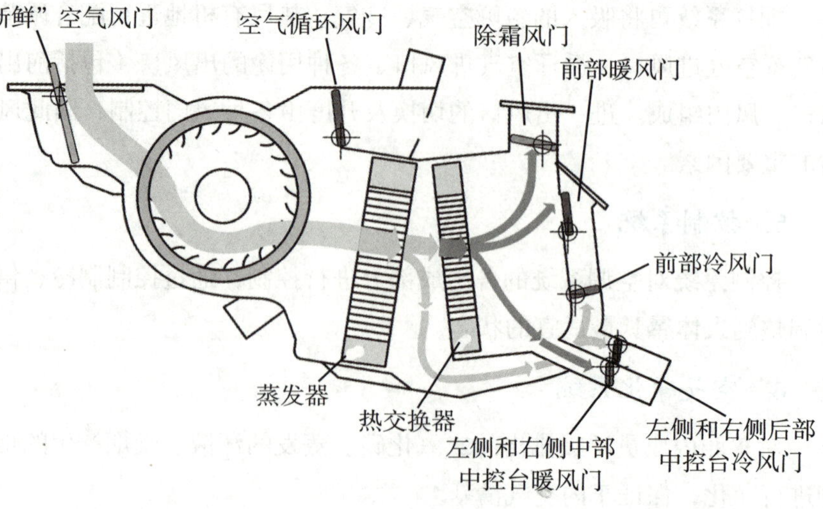

图 1–4　新能源汽车送风系统的组成

二、汽车空调暖风系统的组成及工作原理

汽车空调暖风系统的主要作用是与蒸发器配合一起将空气调节到乘员舒适的温度；在冬季向车内提供暖气，升高车内环境温度；当车上玻璃结霜或结雾时，输送热风用来除霜或除雾。汽车空调暖风系统常见的有发动机余热式、PTC 加热式及余热 +PTC 加热式。

（一）发动机余热水暖式暖风系统

轿车、载货汽车和小型客车多采用发动机余热水暖式暖风系统，发动机余热水暖式暖风系统的组成及工作原理如图 1–5 所示。该系统将发动机冷却液引入加热器芯，由鼓风机将车厢内或车外部空气吹过加热器芯而使之升温。水阀安装在发动机缸体出水口处，通过控制水阀的开度来调节水流量的大小，可调节暖风机的供热量。

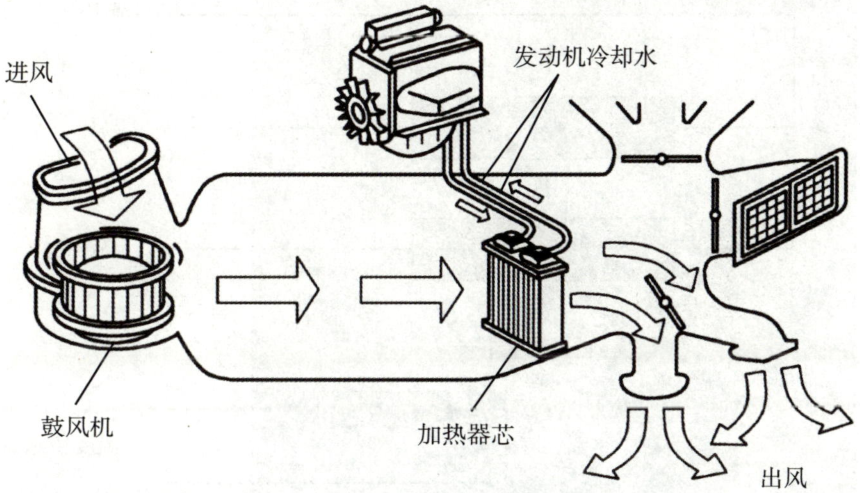

图 1–5　发动机余热水暖式暖风系统的组成及工作原理

（二）PTC 加热式暖风系统

1. PTC 加热器

新能源汽车由于没有发动机，而且其他发热部件产生的热量不足以满足车厢内的供暖需求，纯电动汽车需要用其他热源来进行供暖，通常采用的是 PTC 加热器。PTC 是正温度系数（positive temperature coefficient）的缩写。

2. PTC 加热器的加热方式

1950 年荷兰人 Haayman 偶然首次发现了 BaTiO3 陶瓷的 PTC 铁电效应后，探索这种效应的机理一直是引人瞩目的研究课题。PTC 自理论问世至工业化生产走过了 20 余年的历程，而 PTC 产品的大量使用是在近 40 年的事情。目前，PTC 技术已成为现代化工业的重要组成部分。作为一种新型热敏电阻材料，其主要用途可分为开关和发热两大类别。

利用 PTC 材料具有的热敏特性，可制成热敏开关类产品。专业人员利用发热类 PTC 性能稳定、升温迅速、受电源电压波动影响小等特性，制成的各种加热器产品已成为金属电阻丝类发热材料最理想的

替代产品。PTC 加热器目前已大量应用于电动汽车暖风系统、电动汽车除霜机等。

PTC 加热器采用热敏陶瓷元件，由若干单片组合后与波纹散热铝条经高温胶粘结而成，具有热阻小、换热效率高的显著优点。它的最大特点在于其安全性，即遇鼓风机故障堵转时，PTC 加热器因得不到充分散热，功率会自动急剧下降。此时加热器的表面温度维持限定温度（一般为 240 ℃左右），从而不致产生电热管类加热器表面的“发红”现象，避免了发生事故的隐患。

PTC 加热器的结构与参数如图 1-6 所示，具体内容如下。

（1）加热器：由两组电阻丝并联组成，单独控制。

（2）温度传感器：检测加热器本体的温度，控制加热器导通和切断。

（3）熔断器：防止加热器失控发生火灾。

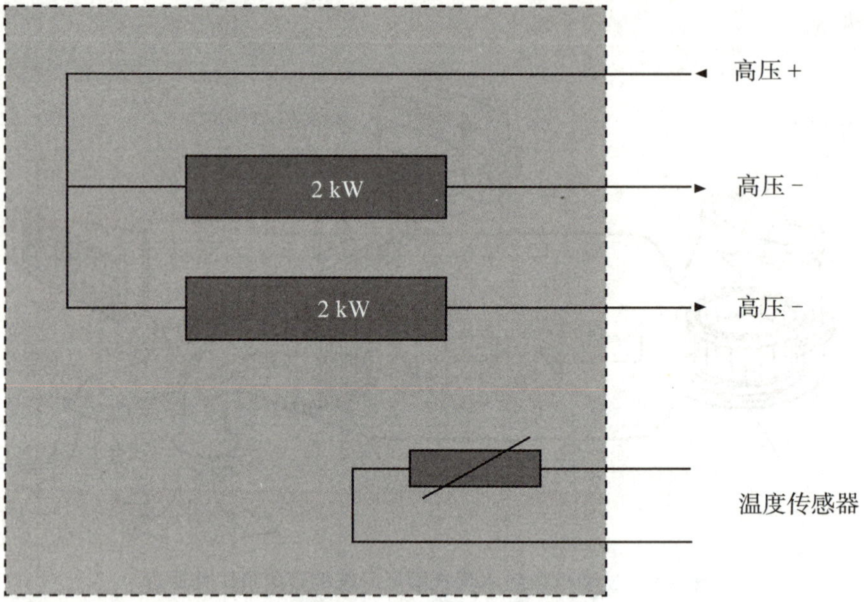

图 1-6　PTC 加热器的结构与参数

PTC 加热器内部结构参数如图 1-7 所示。

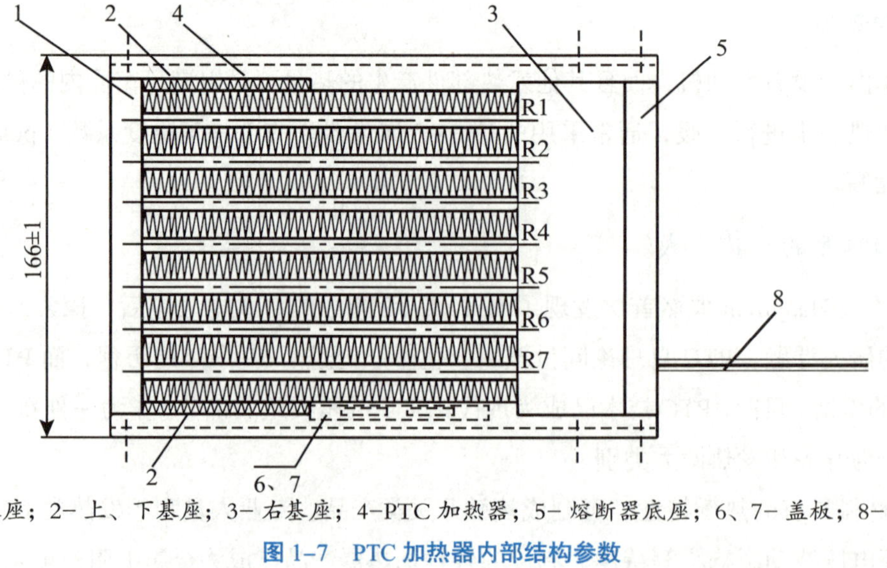

1- 左基座；2- 上、下基座；3- 右基座；4-PTC 加热器；5- 熔断器底座；6、7- 盖板；8- 导线。

图 1-7　PTC 加热器内部结构参数

PTC 加热器的控制原理如图 1–8 所示（以北汽 EV 系列新能源汽车为例）。

点火开关打开后，空调继电器为压缩机控制器、PTC 控制器和 PTC 提供电源。PTC 控制器根据来自空调面板的暖风请求信号（CAN–H 和 CAN–L）及温度传感器信号，控制 PTC 加热器工作。

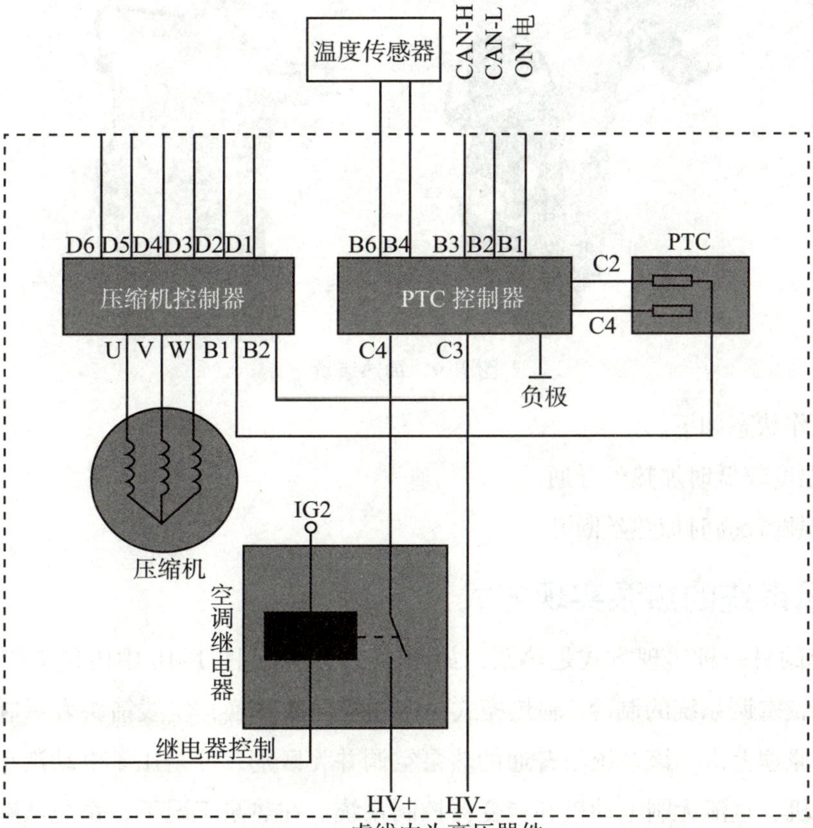

图 1–8　PTC 加热器的控制原理

（三）余热 +PTC 加热式暖风系统

为了更快地达到供暖效果，部分内燃机汽车、混合动力汽车采用余热 + PTC 加热式暖风系统。例如，奔驰 SLK 及 E350 轿车的头颈加热系统是将 PTC 加热器置于座椅头枕内，产生的热风直接导向驾乘人员的头部与颈部；混合动力卡罗拉轿车将 PTC 加热器安装在蒸发箱内（称为快速加热器），目的是快速加热和补偿混合动力汽车发动机余热不足。

新能源汽车冷却液的作用，一方面是给汽车上容易发热的元件（如电机等）散热；另一方面在温度较低的情况下需要提供热量来供驾驶室采暖。纯电动汽车没有传统汽车的发动机，所以没有足够的热源，这样一来在温度较低的情况下，仅靠电动汽车上的电器元件工作的热量来加热冷却液是远远不够的，无法给驾驶室提供足够的热量。

为保证在温度较低的情况下，给车内提供足够的热量，在冷却液循环系统上安装一个加热装置，如图 1–9 所示。加热装置串联在冷却液循环系统中来加热冷却液，使冷却液的温度达到合适的温度给车内提供足够的热量，加热器由控温器和限温器组成。控温器一般都设置在插入冷却液中的金属管内，其最高控制温度一般设定在合适的温度区域，这样就可保证加热器有较大的蓄热量。为了避免控温器失灵时加热冷却液温度过高影响车辆的工作性能，还在加热器上安装了限温器，其限温值设定在略高于控温器的最高控制温度。一旦加热温度达到设定值时，限温器便立即切断电源，避免了加热失控，影响整车性能。

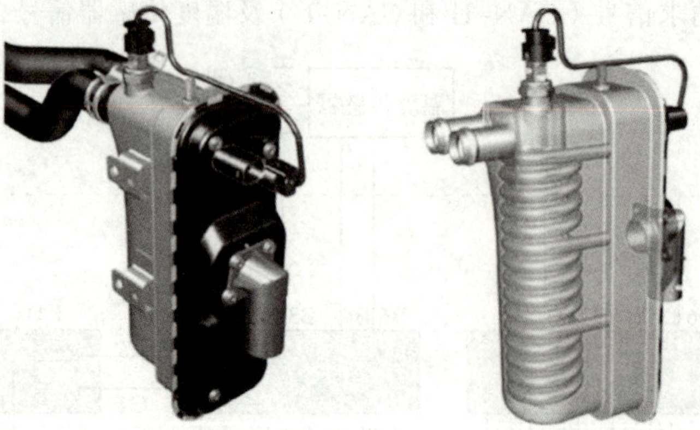

图 1-9　加热装置

加热装置的工作状态如下。

（1）冷却液温度较低时加热丝导通。

（2）冷却液温度较高时加热丝断开。

（四）暖风系统的热泵实现方式

暖风加热系统的另一种实现方式是热泵，如图 1-10 所示。图 1-10 中由传动带驱动直流无刷电动机的电动汽车热泵，空调系统的制冷 / 制热模式由四通换向阀转换，实线箭头表示制冷工况，虚线箭头表示制热工况。从原理上讲，该系统与普通的热泵空调并无区别，但是用于电动汽车上，其专门开发了双工作腔滑片压缩机、直流无刷电动机和逆变器控制系统。在热泵工况下，系统从融霜模式转为制热模式时，风道内换热器上的冷凝水将迅速蒸发，在风窗玻璃上结霜，影响驾驶的安全性。

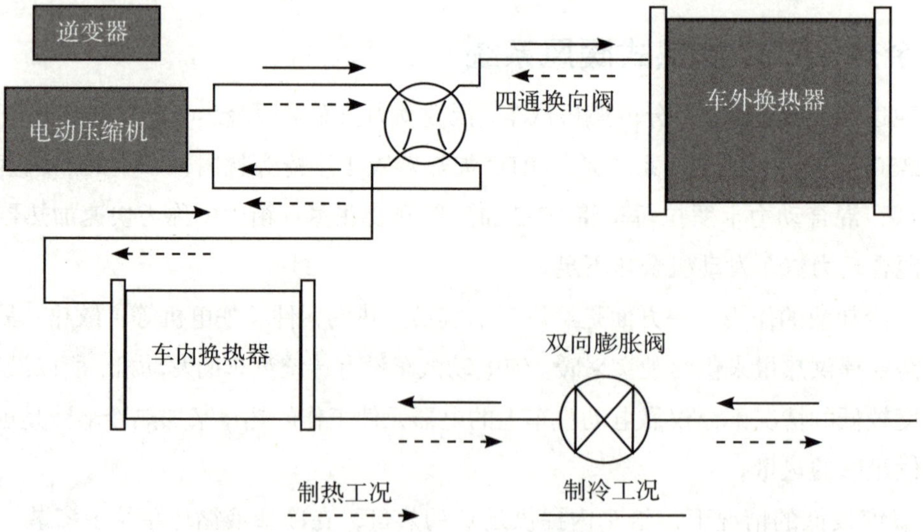

图 1-10　热泵式空调示意图

课堂讨论

说一说暖风系统的优缺点，分别适合什么车型？

三、暖风系统工作过程

（一）汽车空调暖风系统

1. 汽车空调暖风系统的主要作用

汽车空调暖风系统的主要作用如下。

（1）加热器和蒸发器一起将冷热空气调节到人所需要的舒适温度和湿度。现代汽车空调为冷暖一体化模式，可以全年对车厢内的空气温度进行调节。

（2）冬季供暖。冬天由于天气寒冷，人在运动的汽车内会感到更寒冷。这时汽车空调可以向车内提供暖气，提高车厢内的温度，使乘员感觉到舒适。

（3）车上玻璃除霜。冬季或者春秋季，室内外温差较大，车上玻璃会结霜或起雾，影响驾驶人和乘员的视线，这样不利于行车安全，这时可以用热风除霜和除雾。

2. 内燃机汽车空调暖风系统的分类

内燃机汽车空调暖风系统的种类很多，根据热源不同，汽车暖风装置可分为如下几种形式。

（1）水暖式暖风装置，利用发动机冷却液的热量供暖，这种形式多用在轿车、大型载货汽车及供暖要求不高的大客车上。

（2）气暖式暖风装置，利用发动机排气系统的热量供暖，这种形式多用在风冷式发动机的汽车上和有特殊要求的汽车上。

（3）独立燃烧式暖风装置，装有专门燃烧的机构供暖，这种形式多用在大客车上。

（4）综合预热式暖风装置，既可以利用发动机冷却液的热量，又可以利用装有燃烧预热器来供暖，这种形式多用于豪华大客车上。

根据空气循环方式，汽车暖风系统可分为以下几种。

（1）内气式（又称为内循环式）：利用车内空气循环，将车厢内部空气（用过的）作为载热体，让其通过换热器升温，使升温后的空气进入车厢内供暖。这种方式消耗热源少，升温快，但从卫生标准方面来看是最不理想的。

（2）外气式（又称为外循环式）：利用车外空气循环，全部使用车外新鲜空气作为载热体，让其通过换热器升温，使升温后的空气进入车厢内供暖。从卫生标准方面来看，外气式是最理想的，但消耗热源最大，初始升温慢，经济性较差。

（3）内外气并用式（又称为内外混合式）：既引进车外新鲜空气，又利用部分车内的原有余气，以新旧空气的混合体作为载热体，通过换热器，向车厢里供暖。从卫生标准和热源消耗来看，介于内气式和外气式之间，但此种方式控制比较复杂，多应用在高档轿车自动空调系统中。

无论是利用何种热源，热量都是通过热交换装置传递给空气，并通过风机把热空气送入车厢的。

（二）电动汽车空调系统暖风常用方案

1. 热泵式

电动汽车热泵式空调系统如图 1-11 所示，它主要由电动压缩机、单向阀、四通换向阀、节流装置（双向热力膨胀阀）、室内换热器、室外换热器和气液分离器等组成。

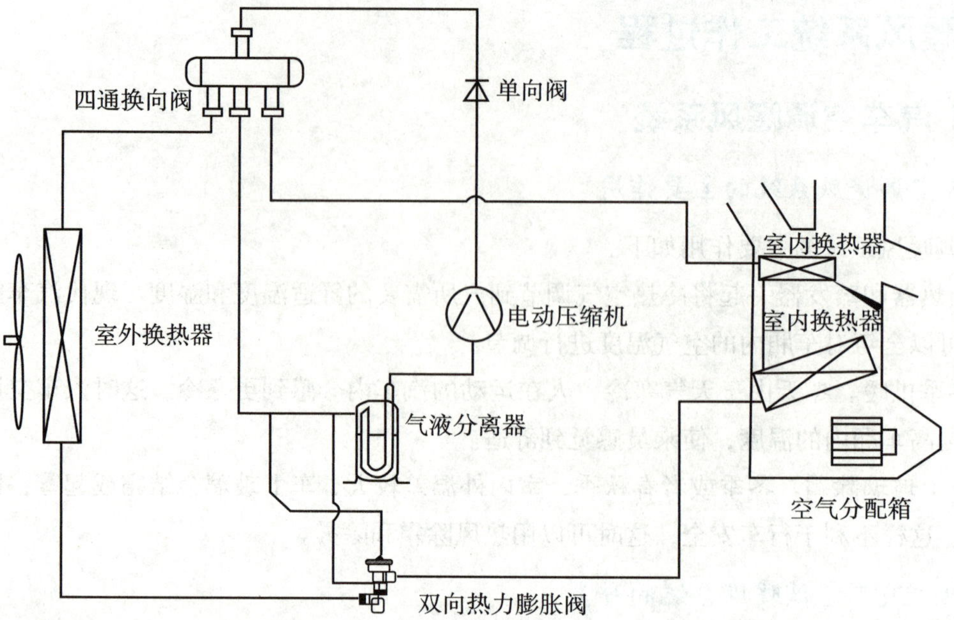

图 1-11 电动汽车热泵式空调系统

制冷模式下制冷剂的循环流动路线如图 1-12 所示。首先，压缩机出口排出的高温高压制冷剂气体经单向阀、四通换向阀进入室外换热器，在室外换热器，向外界空气放热，冷凝为高温高压的制冷剂液体，流经双向热力膨胀阀进行节流降压；然后，节流后制冷剂变为低温低压的制冷剂蒸气进入室内换热器，吸收室内空气热量，以达到降低车厢内温度的目的；最后，从室内换热器排出的低温低压制冷剂经四通换向阀、气液分离器被压缩机吸入气缸进行下一个制冷循环。

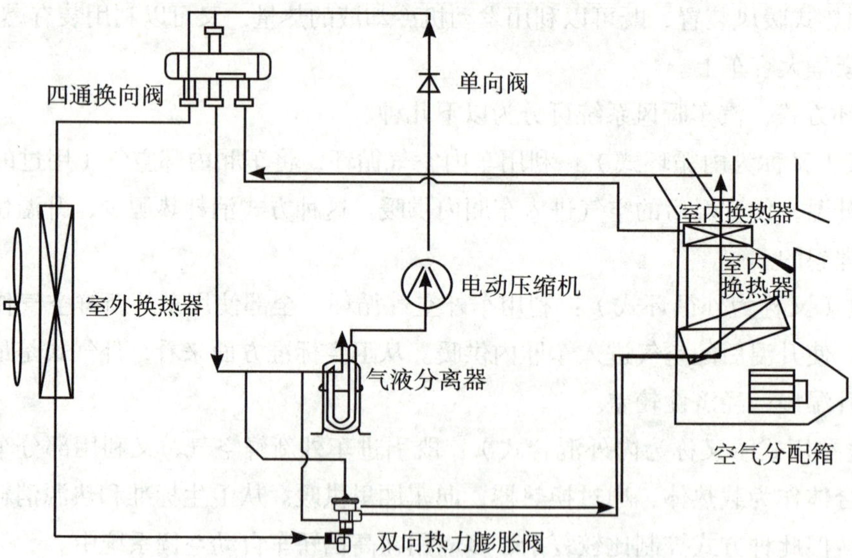

图 1-12 制冷模式下制冷剂的循环流动路线

制热模式下制冷剂的循环流动路线如图 1-13 所示。首先，从压缩机出口排出的高温高压制冷剂气体经单向阀、四通换向阀进入室内换热器，向车内空气放热，以达到提升车厢内温度的目的；然后，制冷剂放热后冷凝为低温高压的制冷剂液体流经双向热力膨胀阀进行节流降压，节流后的制冷剂蒸气进入室外换热器与室外空气进行热交换；最后，吸热后从室外换热器排出的低温低压制冷剂经四通换向阀、气液分离器被压缩机吸入气缸，进行下一个制热循环。

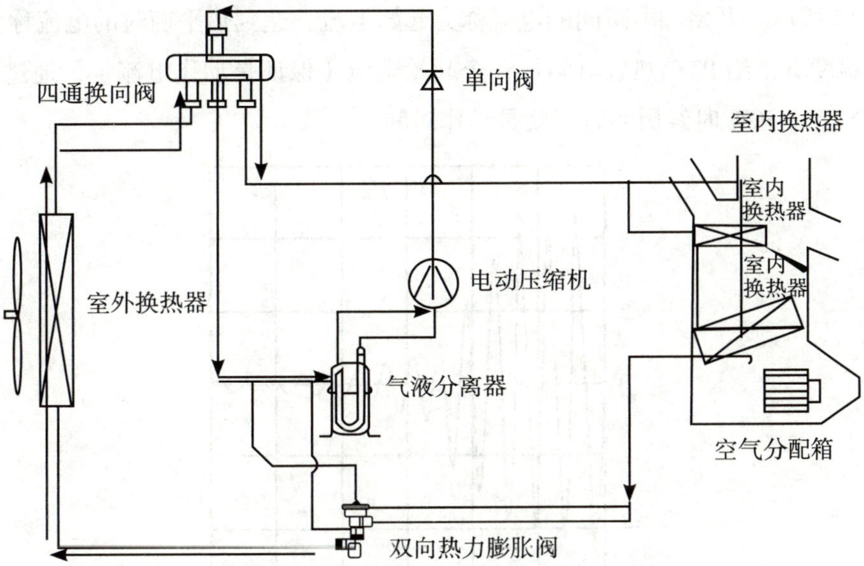

图 1-13　制热模式下制冷剂的循环流动路线

2. PTC 加热器式

PTC 加热器是采用 PTC 热敏电阻元件为发热源的一种加热器。PTC 热敏电阻通常是用半导体材料制成的，它的电阻随温度变化而急剧变化；当外界温度降低时，PTC 电阻值随之减小，发热量反而会相应增加。PTC 热敏电阻元件因具有阻值随环境温度高低的变化而变化的特性，所以 PTC 加热器具有节能、恒温、安全和使用寿命长等特点。常见的 PTC 加热器式暖风系统有 PTC 气暖式（PTC 加热器直接加热空气）和 PTC 水暖式（PTC 加热器加热冷却液）。

3. 余热 + 辅助 PTC 式

利用大功率器件（功率变换器、驱动电机、电机控制器等）工作时产生的热量，对车内环境进行热交换。当热量不足时，启用辅助 PTC 加热器。

（三）PTC 加热器特性

1. 电阻 – 温度特性（*R–T* 曲线）

PTC 元件的电阻 – 温度特性是指在规定的测量电压下，额定零功率电阻 R_{25}（指环境温度 25 ℃条件下测得的零功率电阻值）与电阻自身温度之间的关系。图 1–14 为 PTC 元件电阻 – 温度特性图，图中 T_e 至 T_p 的加粗实线部分为工作区间。

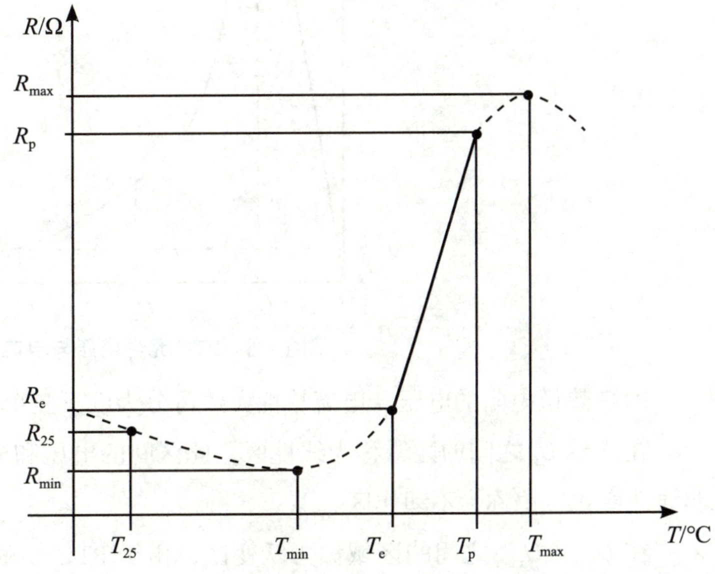

图 1–14　PTC 元件电阻 – 温度特性图

2. 电流 – 时间特性（*I–T* 特性）

PTC 元件的电流 – 时间特性，指当 PTC 元件两端加上额定工作电压时，其电流与时间的关系如图 1–15 所示。开始加电瞬间的电流称为起始电流，达到热平衡时的电流称为残余电流。

在一定环境温度下，给 PTC 热敏电阻加一个起始电流（保证是动作电流），通过 PTC 热敏电阻的电流降低到起始电流的 50% 时经历的时间就是动作时间。

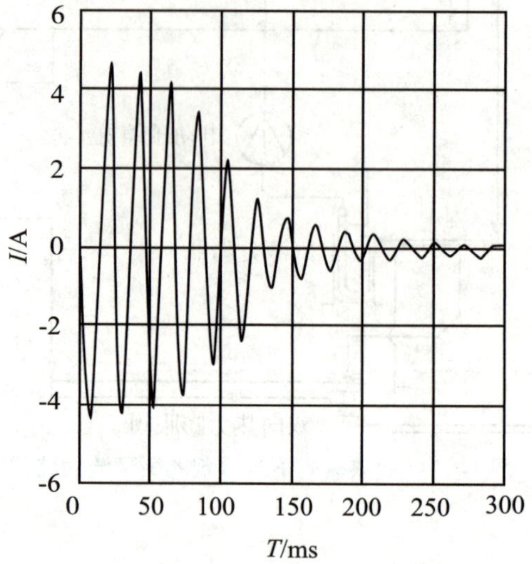

图 1–15 PTC 元件电流 – 时间特性图

3. 电压 – 电流特性（U–I 特性）

PTC 元件的电压 – 电流特性，又称为伏安特性，指常温下，PTC 热敏电阻在加电气负载达到热平衡的情况下，电压与电流的相互依赖关系如图 1–16 所示。

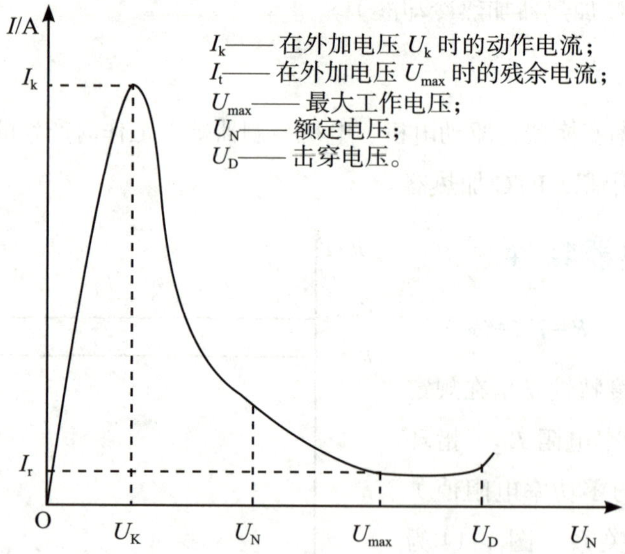

图 1–16 PTC 元件电压与电流的相互依赖关系

PTC 热敏电阻的电压 – 电流特性大致可分为以下三个区域。

在 0 ～ U_k 之间的区域称为线性区，此区间的电压和电流的关系基本符合欧姆定律，不产生明显的非线性变化，也称为不动作区。

在 U_k ～ U_{max} 之间的区域称为跃变区，由于 PTC 热敏电阻的自热升温，电阻值产生跃变，电流随着电压的上升而下降，因此此区也称为动作区。

在 U_D 以上的区域称为击穿区，电流随着电压的上升而上升，PTC 热敏电阻的阻值呈指数型下降，于是电压越高，电流越大。PTC 热敏电阻的温度越高，阻值反而越低，很快就导致 PTC 热敏电阻的热击穿。电压 – 电流特性是过载保护 PTC 热敏电阻的重要参考特性。

4. 调温特性

PTC 加热器的输出功率会随环境温度的升高而明显降低。从另一方面来讲，可以理解为室温越低，PTC 输出功率越大，加温越迅速；随着室温升高，PTC 输出功率逐步下降，升温效果就越趋缓慢。在风量不变的情况下，当环境温度上升时，PTC 功率下降，这一特征在一定程度上起到了功率自动调节的作用。

（三）PTC 加热器的分类及传热方式

1. 空调 PTC 加热器的分类

空调 PTC 加热器可以分为粘接式陶瓷 PTC 加热器和金属 PTC 管状加热器。

（1）粘接式陶瓷 PTC 加热器。粘接式陶瓷 PTC 加热器是将多个陶瓷 PTC 芯片及铝波纹散热片用耐高温树脂胶粘接在一起的加热器，其散热性好，电气性能稳定。粘接式陶瓷 PTC 加热器可分为加热器表面带电型和加热器表面不带电型。采用 PTC 陶瓷发热体制造的暖风机具有优异的调温与节能特性、极低的热惯性和无明火、无辐射的安全性，良好的抗振性等优点。丰田卡罗拉、凯美瑞等很多车型都装了粘接式陶瓷 PTC 加热器辅助加热暖风装置，北汽 EV160 纯电动汽车空调暖风系统采用的也是粘接式陶瓷 PTC 加热器。

（2）金属 PTC 管状加热器。金属 PTC 管状加热器采用镍铁合金丝作为发热材料，发热管外镶铝散热片，其散热效果非常好。加热器配用温度控制器和热熔断器，使产品更安全可靠。

2. PTC 加热器的传热方式

（1）热传导。以热传导为主的 PTC 加热器，其特点是通过 PTC 发热元件表面安装的电极板（导电兼传热）、绝缘层（隔电兼传热）、导热蓄热板（有的附加导热胶）等多层传热结构，把 PTC 元件发出的热量传到被加热的物体上。

（2）对流。以所形成的热风进行对流式传热，常见的是各种 PTC 加热式热风器，其特点是输出功率大，并能自动调节吹出风温。

（3）热辐射。红外线辐射加热器，其特点是利用 PTC 元件或导热板表面迅速发出的热量直接或间接地激发接触其表面的远红外涂料或远红外材料，使之辐射出红外线。

PTC 气暖式的主要传热方式是热传导，PTC 加热器芯的热量通过热传导的方式传递到 PTC 加热器表面的金属翅片上，鼓风机产生的流动空气通过金属翅片并被其加热，加热后的空气被送入车厢从而产生供暖效果。PTC 水暖式的主要传热方式是热传导，PTC 加热器芯的热量通过热传导的方式传递到 PTC 加热器表面的金属翅片上，通过金属翅片加热冷却液；加热后的冷却液进入散热器，鼓风机产生的流动空气通过散热器并被其加热，加热后的空气被送入车厢从而产生供暖效果。

任务三 制冷及其他系统

一、汽车空调制冷系统的组成及工作原理

（一）汽车空调制冷系统的组成

汽车空调制冷系统可以分为压缩机断续工作的循环离合器系统和压缩机连续运转的蒸发器压力控制系统。循环离合器系统分为循环离合器膨胀阀系统和循环离合器孔管系统，循环离合器膨胀阀系统的组成，如图 1–17 所示。循环离合器膨胀阀系统主要由压缩机、冷凝器、膨胀阀、蒸发器、鼓风机、冷凝器散热风扇等部件组成，制冷剂和冷冻机油在封闭的系统中循环流动。循环离合器孔管系统的组成，如图 1–18 所示，循环离合器孔管系统主要由压缩机、冷凝器、积累器、孔管、蒸发器和冷凝器散热风扇等组成；节流装置采用孔管，过滤装置采用积累器。

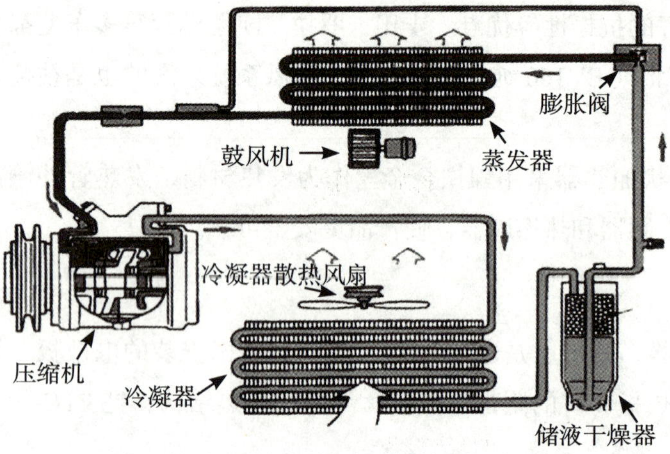

图 1–17 循环离合器膨胀阀系统的组成

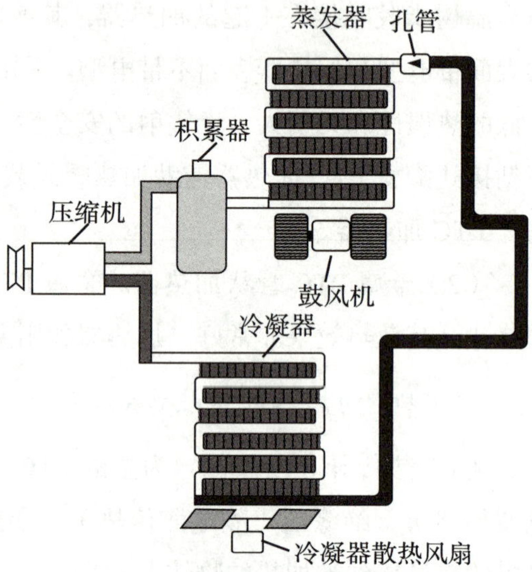

图 1–18 循环离合器孔管系统的组成

（二）汽车空调制冷系统的工作原理

汽车空调制冷系统的工作原理如图 1–19 所示。当压缩机运转时，将蒸发器内产生的低压低温蒸气吸入气缸，经过压缩后，形成高压高温蒸气并排入冷凝器。在冷凝器中，高压高温的制冷剂蒸气与外面的空气进行热交换，放出热量使制冷剂冷凝成高压高温液体，然后经储液干燥器干燥和过滤后流入膨胀阀。高压高温液态制冷剂经膨胀阀节流后压力和温度急剧下降，制冷剂以低压低温的气液混合状态进入蒸发器。在蒸发器里，低压低温液态制冷剂吸取车厢内空气的热量，汽化成低压低温蒸气并进入压缩机进行下一轮循环。这样制冷剂在封闭的系统内经过压缩、冷凝、节流和蒸发四个过程，完成了一个制冷循环。

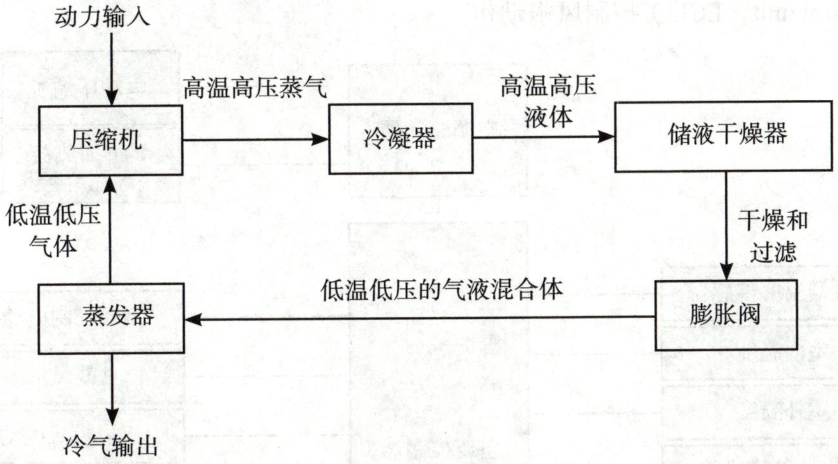

图 1–19　汽车空调制冷系统的工作原理

在制冷系统中，压缩机起着压缩和输送制冷剂的作用，它是整个系统的“心脏”。膨胀阀对制冷剂起节流降压的作用，同时调节进入蒸发器制冷剂液体的流量。蒸发器是输出冷量的设备，制冷剂在其中吸收空气的热量实现降温。冷凝器是放出热量的设备，制冷剂从蒸发器中吸收的热量连同压缩机消耗机械能所转化的热量一起经冷凝器散发到大气中。压缩机输出侧、高压管路、冷凝器和储液干燥器构成高压侧；蒸发器、低压管路、压缩机输入侧、低压管路和蒸发器构成低压侧。压缩机和膨胀阀是空调系统高、低压侧的分界点。

（三）新能源汽车制冷系统的控制原理

新能源汽车制冷系统的控制原理如图 1–20 所示（以北汽 EV 系列电动汽车为例）。空调控制面板根据用户的操作需求，发送 A/C 信号、冷暖选择信号、鼓风机信号到整车控制器，整车控制器同时接收空调压力开关、温度信号，通过控制器局域网络（controller area network，CAN）传输系统指令压缩机控制器驱动压缩机工作，同时整车控制器也控制冷凝风扇运转。

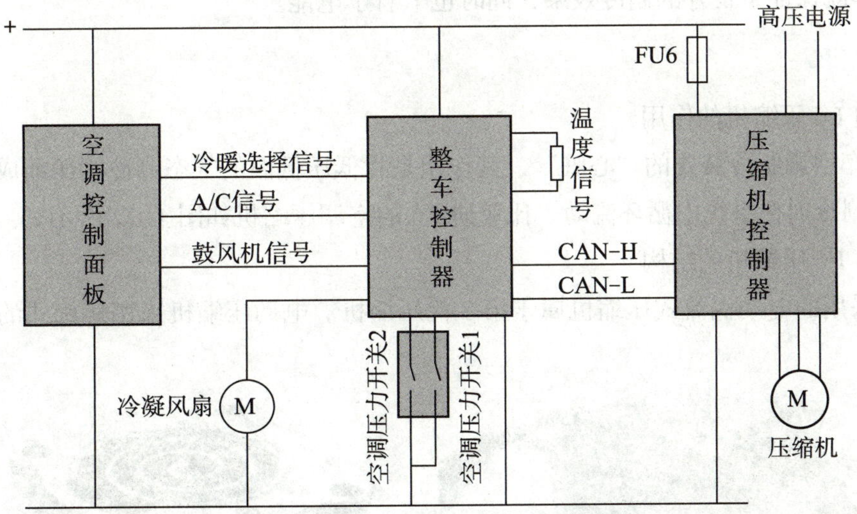

图 1–20　新能源汽车制冷系统的控制原理

比亚迪 E6 电动空调系统控制框图如图 1–21 所示。

空调控制器接收空调面板开关、各种相关传感器、冷媒压力开关信号，直接控制鼓风机及各风门电动机动作，同时通过 CAN 信号，指令空调驱动器驱动电动压缩机和 PTC 加热器，指令主控电子控制单元（electronic control unit，ECU）控制风扇动作。

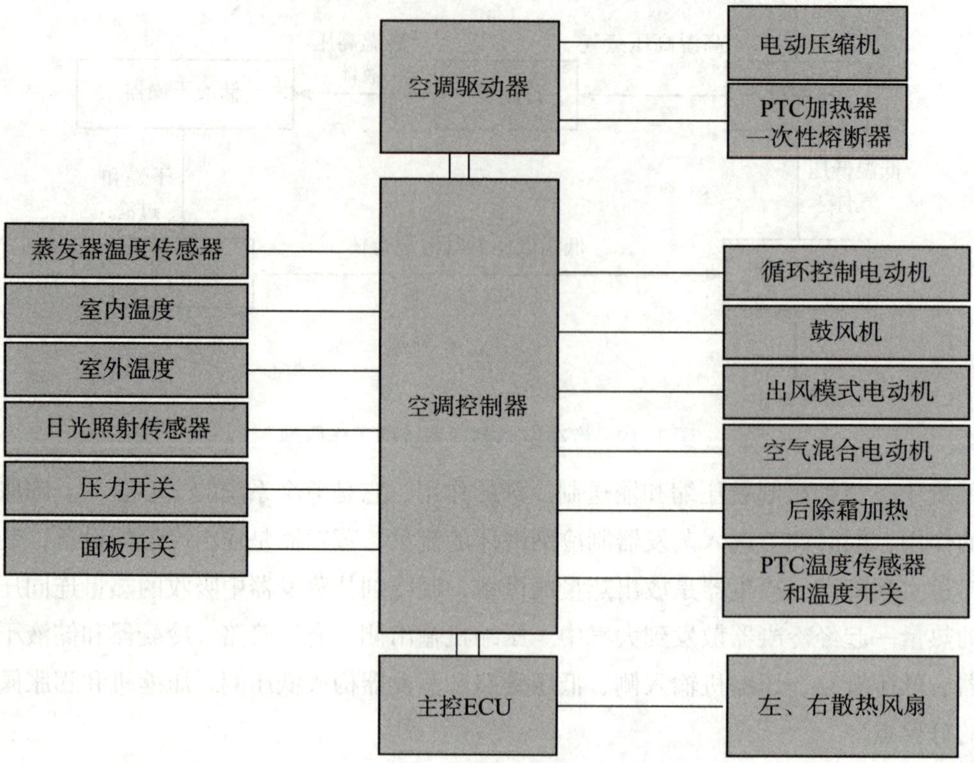

图 1–21　比亚迪 E6 电动空调系统控制框图

比亚迪 E6 车型的空调系统采用机电一体化压缩机制冷及 PTC 加热器采暖。与传统车型的空调系统相比，主要区别是电动压缩机及 PTC 制热。在传统车辆上，制冷压缩机靠带轮，通过发动机曲轴带动转动，其转速只能被动地通过发动机转速来调节，空调系统无法主动对压缩机转速进行调节。而比亚迪 E6 空调系统的压缩机为电动压缩机，其驱动靠高压电驱动，转速可以由控制系统主动调节，调节范围在 0～4 000 r/min。这样既保证了良好的制冷效果，同时也节省了电能。

1. 电动压缩机

（1）比亚迪 E6 压缩机的作用

压缩机是汽车空调制冷装置的“心脏”，其作用是将低压低温的气态制冷剂压缩成高压高温的气态制冷剂，并推动制冷剂在系统中循环流动。比亚迪 E6 的空调压缩机如图 1–22 所示。

（2）比亚迪 E6 压缩机的结构

比亚迪 E6 采用的电动涡流式压缩机属于第 3 代压缩机。电动压缩机采用螺旋式的压缩盘，结构如图 1–23 所示。

图 1–22　比亚迪 E6 空调压缩机

图 1–23　电动压缩机的压缩盘

涡流式压缩机结构主要分为动静式和双公转式两种。目前动静式应用最为普遍，它的工作部件主要由动涡轮（旋转涡管）与静涡轮（固定涡管）组成。动、静涡轮的结构十分相似，都是由端板和由端板上伸出的渐开线形涡旋齿组成，如图 1–24 所示。两者偏心配置且相互错开，静涡轮静止不动，而动涡轮在专门防转机构的约束下，由曲轴带动做偏心回转平动，即无自转，只有公转。

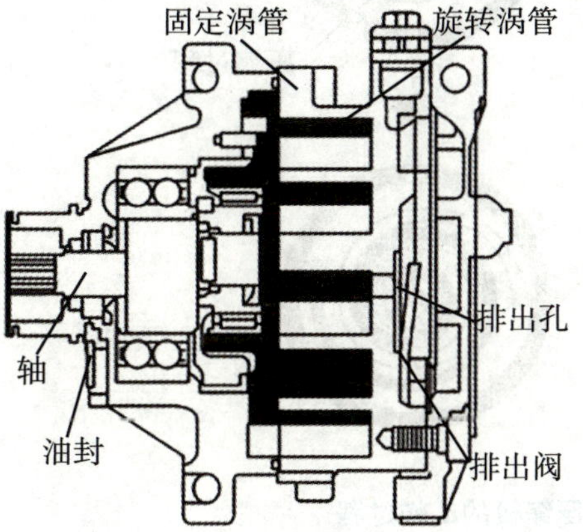

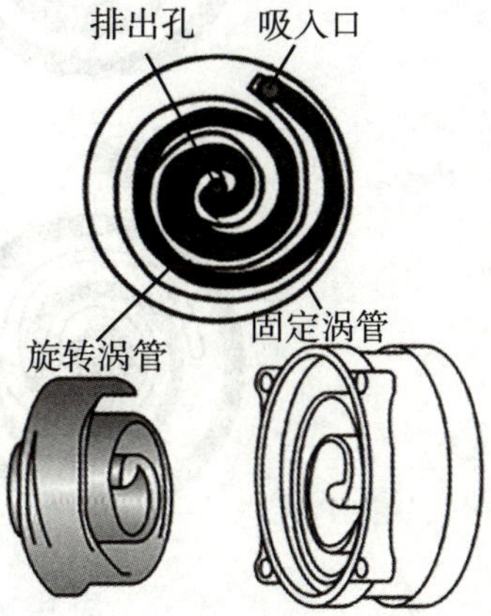

图 1–24　涡流式压缩机的结构

（3）比亚迪 E6 压缩机的工作过程

比亚迪 E6 电动压缩机的工作过程如图 1–25 所示。

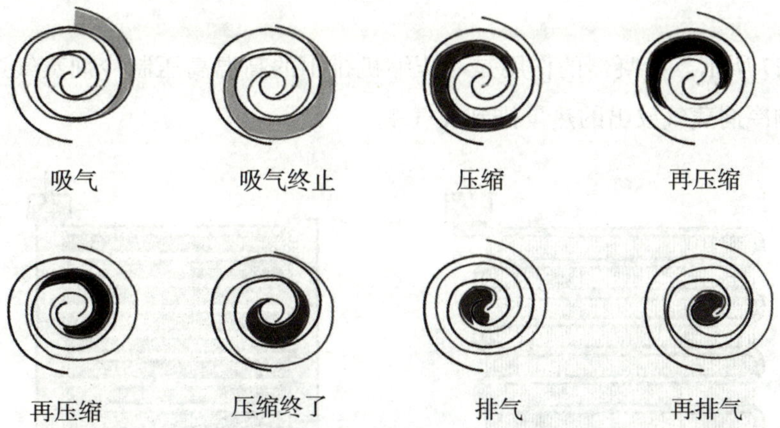

图 1–25　比亚迪 E6 电动压缩机的工作过程

涡流式压缩机的工作过程如图 1–26 所示，吸气口气腔设在固定涡旋轮外侧，由于曲柄的转动，气体由边缘吸入，并被封闭在月牙形容积内，随着接触线沿涡旋面向中心推进，月牙形容积逐渐缩小而压缩气体。高压气体则通过固定涡旋盘上的轴向中心孔排出，图 1–26（a）表示正好吸气完了的位置；图 1–26（b）表示涡旋外围为吸气过程，中间为压缩过程，中心处为排气过程；图 1–26（c）、图 1–26（d）表示连续而同时进行着吸气和压缩过程。在曲轴的每一转中，都形成一个新的吸气容积，所以上述过程不断重复，按顺序完成。

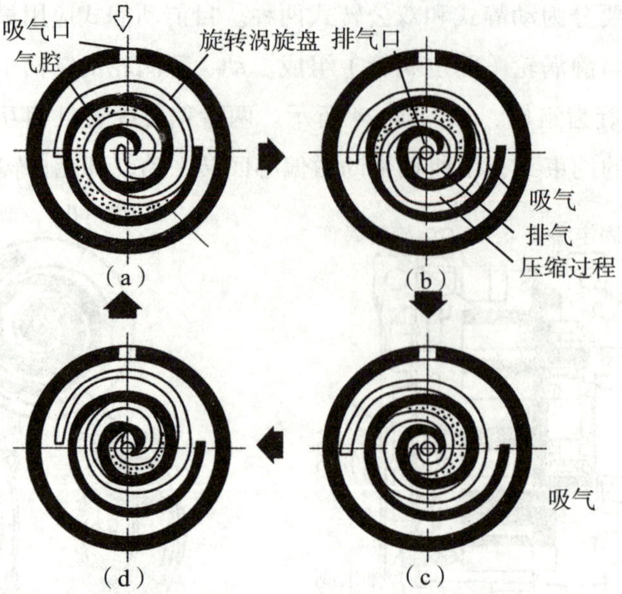

图 1-26　涡流式压缩机的工作过程

2. 空调制冷系统其他组成部件

比亚迪 E6 及其他新能源汽车空调制冷系统的其他部件与传统汽车基本一致，以下主要介绍这些部件的作用及结构原理。

（1）冷凝器

冷凝器如图 1-27 所示。冷凝器的作用是对压缩机排出的高温高压制冷剂蒸气进行冷却，使之凝结成高温高压液体，制冷剂蒸气放出的热量排到大气中。

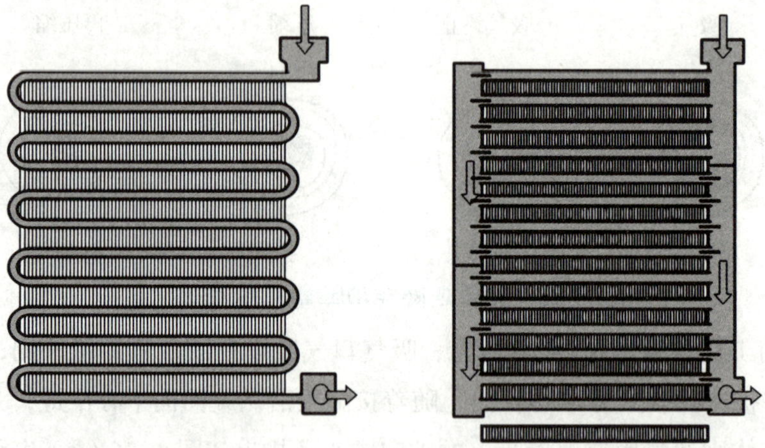
（a）管带式冷凝器　（b）平行流式冷凝器

图 1-27　冷凝器

（2）储液干燥器

储液干燥器如图 1-28 所示，储液干燥器作用如下。

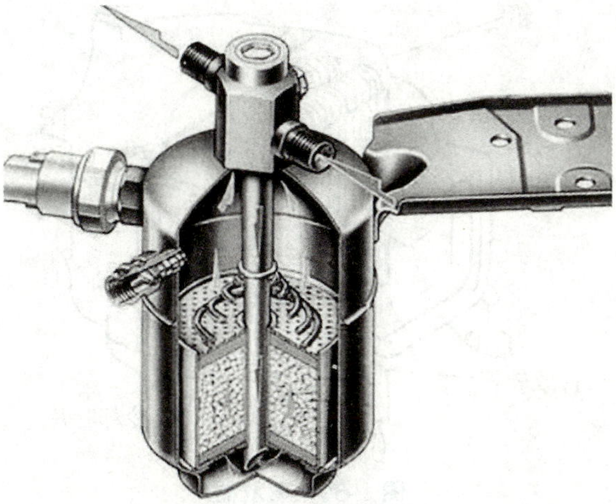

图 1-28　储液干燥器

① 储存制冷剂。接收从冷凝器来的液体并加以储存，根据蒸发器的需要提供所需的制冷剂量。

② 过滤。将系统中经常会出现的杂质和其他脏物，如锈蚀、污垢、金属微粒等过滤掉，这些杂质会损伤压缩机轴承，还会堵塞过滤网和膨胀阀。

③ 吸收系统中的湿气。汽车空调系统中要求湿气越少越好，因为湿气会造成“冰塞”并腐蚀系统管道等，使制冷系统不能正常工作。

（3）膨胀阀

膨胀阀如图 1-29 所示，膨胀阀的作用如下。

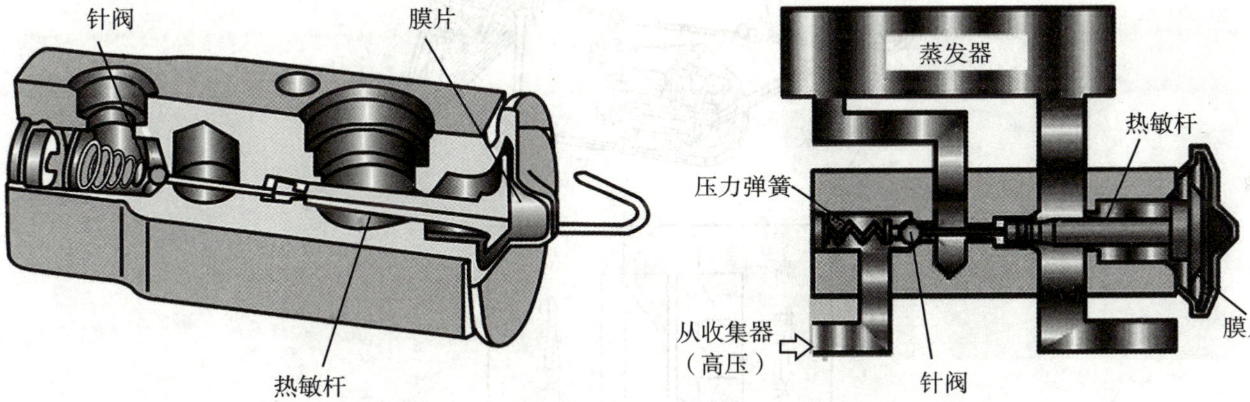

图 1-29　膨胀阀

① 节流降压。使从冷凝器过来的高温高压液体制冷剂节流降压成为容易蒸发的低温低压雾状制冷剂进入蒸发器，即分开了制冷剂的高压侧和低压侧。

② 自动调节制冷剂流量。根据制冷负荷的改变和压缩机转速的变化，自动调节制冷剂进入蒸发器的流量以满足制冷循环的需要。

（4）蒸发器

蒸发器如图 1-30 所示。蒸发器是汽车空调制冷系统中的另一个热交换器，作用与冷凝器相反，它是将经过节流降压后的液态制冷剂在蒸发器内沸腾汽化，吸收蒸发器表面周围空气的热量而使之降温，风机将冷风吹到车室内达到降温的目的。

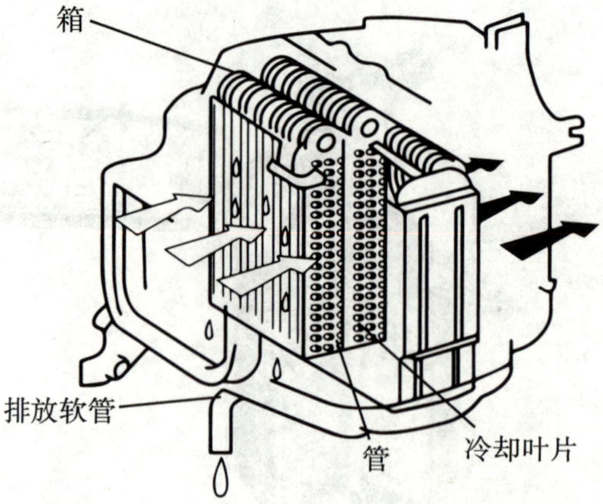

图 1-30　蒸发器

（5）压力开关

压力开关如图 1-31 所示。压力开关的作用是检测制冷系统内部压力，保护制冷系统。

新能源汽车空调系统采用三位开关，即低压、中压、高压。压力低于 0.18 MPa，低压开关断开；压力高于 3.14 MPa，高压开关断开，压缩机停止工作。压力高于 1.5 MPa，中压开关闭合，冷凝风扇高速旋转。

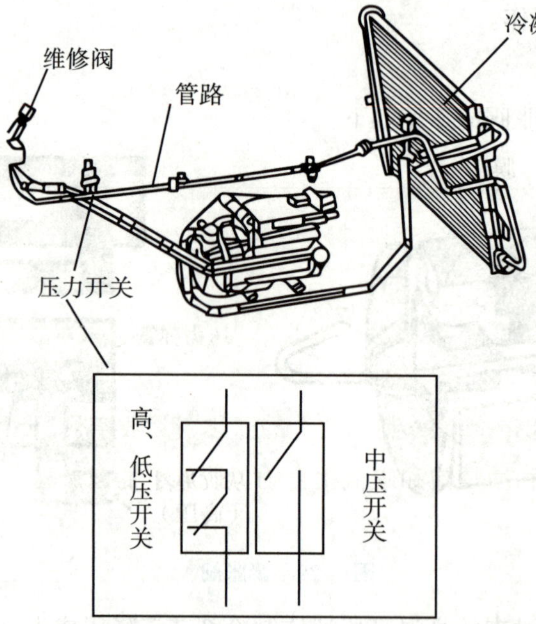

图 1-31　压力开关

二、汽车空调制冷剂

制冷剂又称为制冷工质，它是在制冷系统中不断循环流动并通过其本身的状态变换进行热量传递，以实现制冷的工作物质。它在低温下吸取被冷却物体的热量，然后在较高温度下转移给冷却液或空气。

（一）制冷剂的发展历程

1. 第一阶段

1834 年，帕金斯（J Perkins）首次开发了蒸气压缩制冷循环，并且获得了专利；在他所设计的蒸气压缩制冷设备中使用二乙醚（乙基醚）作为制冷剂。因此通常将从 1834 年到 1931 年使用 R12 制冷剂的压缩机批量生产为止，认定为制冷剂发展的第一个阶段。这一时期的制冷剂通常有乙醚、水 / 硫酸、氨、甲醚、二氧化硫、二氯乙烯。

2. 第二阶段

1931—1990 年为第二代制冷剂的发展时期。在这一时期，人们对人工制冷的需求急剧增长，迫切需要既安全又有耐久性的制冷剂。20 世纪 30 年代，一系列卤代烃制冷剂相继出现，杜邦公司将其命名为氟利昂（freon）。这些物质性能优良、无毒、不燃烧，能适应不同的温度区域，显著地改善了制冷机的性能。其中的几种制冷剂在空调中得到广泛的应用，如 CFC（R11、R12、R113、R114）和 HCFC（R22）。

3. 第三阶段

20 世纪 70 年代中期，臭氧层变薄的问题引起人们的重视，而 CFC 和 HCFC 族物质可能就是元凶，这导致在 1987 年蒙特利尔议定书中写下了将 CFC 和 HCFC 淘汰的计划。到了 20 世纪 90 年代，全球变暖成了对地球生命的新威胁，由于空调和制冷耗能巨大且大多数制冷剂本身就是温室气体，因此制冷剂被列入了讨论范围。

其解决方案是开发氢氟烃（HFC）作为 CFC 的替代品，而 HCFC 族作为过渡制冷剂也慢慢被淘汰。由于要同时注重臭氧保护和减小温室效应，即要求消耗臭氧潜能值（ODP 值）要小，全球变暖潜能值（GWP 值）也要小。因此满足要求的制冷剂所剩无几（主要有 R32、R134a、R125、R152a 等），而且热力性能很难覆盖原来的 CFC 和 HCFC 族物质，因此出现了多种混合制冷剂。

目前，汽车上使用的主要是 HFC 族的 R134a 制冷剂，也有个别车型使用 R410A 制冷剂，帝豪 EV450 新能源汽车空调系统制冷剂为 R134a。

（二）氟利昂类制冷剂的命名方法

制冷剂中英文字母 R 是 Refrigerant（制冷剂）的简称，其数字代号使用的是美国制冷工程师协会（ASRE）编制的代号系统。氟利昂是饱和碳氢化合物（烷族）的卤族元素的衍生物的总称。氟利昂的代号是 R（m–1）（n+1）（x）B（z）。其中，m 表示分子中 C 的个数，n 表示分子中 H 的个数，x 表示分子中 F 的个数，z 表示分子中溴的个数，Cl 原子个数不体现在代号中，由其补充为饱和。如果 m–1=0，则第一项可以省略；如果 z=0，则 B 可以省略。

下面以 R12 和 R134a 为例进行说明。R12 这类只有两位数字的可以写成 3 位数字的，即 R12 写成 R012，第 1 位数字是 0，则 m=1，即分子中 C 的个数是 1；第 2 位数字是 1，则 n=0，即分子中 H 的个数是 0；第 3 位数字是 2，则 x=2，即分子中 F 的个数是 2。为了将其补充为饱和烃，则 Cl 的个数应该是 $2m+2-n-x=2$，即分子中 Cl 的个数为 2；整个分子式可以写为 CCl_2F_2（二氟二氯甲烷）。

图 1–32　制冷剂 R134a

R134a 图 1–32 第 1 位数字是 1，则 m=2，即分子中 C 的个数是 2；第 2 位数字是 3，则 n=2，即分子中 H 的个数是 2；第 3 位数字是 4，则 x=4，即分子中 F 的个数是 4，为了将其补充为饱和烃，则 Cl 的个数应该是 $2m+2-n-x=0$，即分子中 Cl 的个数为 0；整个分子式可以写为 $C_2H_2F_4$（四氟乙烷）。字母 a、b 区分同分异构体，没有字母表示最对称的同分异构体。四氟乙烷有两种同分异构体：CHF_2-CHF_2 和 CH_2F-CF_3，因此 R134a 的分子结构为 CH_2F-CF_3。

（三）制冷剂 R12、R134a 与 R410a 的对比

制冷剂 R12、R134a 与 R410a 的热物理性能见表 1-2。

表 1-2　制冷剂 R12、R134a 与 R410a 的热物理性能

项目	R12	R134a	R410a
分子式 / 成分	CCl_2F_2	CH_2FCF_3	（R32）CH_2F_2/（R125）CHF_2CF_3
分子量	120．92	102．03	72.59
沸点 /℃	–29.80	–26.18	–51.56
临界温度 /℃	111.8	101.14	72.22
临界压力 /MPa	4.125	4.065	4.852
液体密度 /（kg/m^3）	1 311	1 188	1 060
液体比热 [kJ/（kg · ℃）]	0.21（30 ℃）	1.51（25 ℃）	1.78（30 ℃）
沸点下的蒸发潜热 /（kJ/kg）	165	215	256
ODP 值	1.0	0	0
GWP 值	10 900	1 300	1 730
与矿物油的相溶性	互溶	不溶	不溶
溶态导热系数	小	大	大

1. R12 制冷剂

车用空调中最初广泛使用的制冷剂为 R12，分子式为 CCl_2F_2，主要特性如下。

（1）无色、无刺激性臭味；一般情况下不具有毒性，对人体没有直接危害；不燃烧、无爆炸危险；热稳定性好。

（2）R12 制冷剂是一种中压制冷剂，正常蒸发温度低于 0 ℃，冷凝器压力小于 2.0 MPa，由于压力不是很高，降低了对冷凝器结构强度的要求。在大气压下 R12 的沸点为 – 29.8 ℃，凝固温度为 – 155 ℃，能在低温下正常工作。节流后损失小，有较大的制冷系数。

（3）R12 对一般金属没有腐蚀作用，但对镁和镁含量超过 2% 的铝合金除外。R12 在 60 ～ 70 ℃时遇氧化铁、氧化铜，可促使其分解。

（4）制冷系统的密封件不能使用天然橡胶制品，因为 R12 会导致橡胶变软、膨胀和起泡。R12 对氯丁乙烯和氯丁胶制品破坏作用较小，对尼龙和塑料制品破坏作用不明显。

（5）R12 有良好的绝缘性能，它对制冷系统电器绕组的绝缘性能无影响。

（6）R12 液态时对机油的溶解度无限制，可以以任何比例溶解；但气态时 R12 对机油的溶解度有限制并随压力增高、温度降低而增大。

（7）R12 对水的溶解度很小，而且面对气态与液态时，水的溶解度也不同，气态时的溶解度高于液态时的溶解度。在制冷系统中，R12 的含水量不得超过 0.002 5%。

总体来说，R12 是一种易于制造，原料来源丰富，价格相对低廉且可以回收重复使用的制冷剂。只

是它对大气同温层的臭氧层有很强的破坏作用，因此目前已经禁止使用。我国 2007 年已停止了 R12 制冷剂的生产，以及在新制冷空调设备上的初装。

2. R134a 制冷剂

制冷剂 R134a 的分子式为 CH_2FCF_3，是卤代烃类制冷剂中的一种，目前大多数汽车空调制冷系统使用的制冷剂是 R134a。R134a 作为 R12 的替代制冷剂，它的许多特性与 R12 很相像，具体内容如下。

（1）热物理性。R134a 的热力学性能包括分子量、沸点、临界参数、饱和蒸气压和汽化潜热等，均与 R12 相近，具有无色、无臭、不燃烧、不爆炸、基本无毒的特性，安全类别为 A1，是很安全的制冷剂。

（2）传热性能。R134a 制冷剂的传热性能优于 R12，当冷凝温度为 40 ～ 60 ℃、质量流量为 45 ～ 200 kg/s 时，R134a 蒸发和冷凝传热系数比 R12 高出 25% 以上。因此，在换热器表面面积不变的条件下，可减少传热温差，降低传热损失；当制冷量或放热量相等时，可减小换热器表面面积。

（3）化学稳定性。R134a 的化学稳定性很好，但是由于它的溶水性比 R12 高，因此对制冷系统不利，即使有少量水分存在，在机油等的作用下会产生酸、二氧化碳或一氧化碳，但会对金属产生腐蚀作用，或产生“镀铜”作用，所以 R134a 对系统的干燥和清洁要求更高。R134a 对钢、铁、铜、铝等金属未发现有相互化学反应的现象，仅对锌有轻微的作用。

（4）相溶性。用 R134a 替代 R12 后，原有的冷冻机油必须更换，这是因为 R134a 本身与矿物油是非相溶的，必须使用合成机油来取代，如 PAG 类机油等。否则，系统将会损坏。

（5）分子直径比 R12 略小，易通过橡胶向外泄漏，也较易被分子筛吸收。R134a 与 R12 相比，对臭氧层无破坏作用，是目前国际公认的替代 R12 的主要制冷剂之一；常用于车用空调，商业和工业用制冷系统，以及作为发泡剂用于硬塑料保温材料生产，也可以用来配置其他混合制冷剂，如 R404a 和 R407e 等。

3. R410a 制冷剂

R410a 是一种混合制冷剂，它是由 50%R32（分子式 CH2F2）和 50%R125（分子式 CHF2CF，）组成的混合物，是 R22 的替代产品。其优点是可以根据具体的使用要求对各种性质，如易燃性、容量、排气温度和效能加以考虑，量身合成一种制冷剂。R410A 外观无色，不浑浊，易挥发，沸点为 –51.5 ℃，凝固点为 –155 ℃；其主要特点如下。

（1）不破坏臭氧层。其分子式中不含氯元素，故其 ODP 值为 0，GWP 值为 1 730。

（2）毒性极低，安全类别为 A1，是很安全的制冷剂。

（3）不可燃，其在空气中的可燃极性为 0。

（4）化学和热稳定性高。

（5）水溶解性与 R22 几乎相同，不溶于水，溶于醇、醚。

（6）不与矿物油或烷基苯油相溶，与 POE（酯机油）、PVE（醚机油）相溶。

与 R22 相比，R410a 的制冷量显著提高，因此为设计更小、更紧凑的制冷设备提供了可能。由于 R410a 具有近共沸的物性，在整个运行范围内，制冷剂温度滑移小于 0.2 ℃，R410a 在制冷系统中不会发生显著的分离，即不会由于泄漏而改变制冷剂的成分，因此在售后维修再补充过程中，无须排放掉系统中剩余的制冷剂。R410a 是世界公认的家用空调 R22 制冷剂的中长期替代品。

课堂讨论

说一说，汽车制冷和空调制冷是否类似?

三、汽车空调冷冻机油

（一）冷冻机油的作用

冷冻机油是制冷压缩机的专用机油，它保证压缩机正常运转、可靠工作和延长使用寿命。冷冻机油在空调制冷系统中的作用如下。

（1）润滑作用。压缩机是高速运动的机器，轴承、活塞、活塞环、曲轴和连杆等机件表面需要润滑，以减小阻力和减少磨损，延长使用寿命，降低功耗，提高制冷系数。

（2）密封作用。压缩机传动轴需要油封来密封，以防止制冷剂泄漏，有机油时油封才能起密封作用。同时，活塞环上的机油不仅起减小摩擦的作用，而且起密封制冷剂蒸气的作用。

（3）冷却作用。运动的摩擦表面会产生高温，需要用冷冻机油来冷却。若冷冻机油冷却不足，会引起压缩机温度过高，排气压力过高，降低制冷系数，甚至烧坏压缩机。

（4）减小压缩机噪声。

（二）冷冻机油的性能要求

在空调制冷系统中，冷冻机油完全溶于制冷剂中并随制冷剂一起循环。因此，冷冻机油的工作温度变化范围较大。为了保证其工作正常，对冷冻机油提出了以下性能要求。

（1）凝固点低。冷冻机油在实验条件下，冷却到停止流动的温度称为凝固点。制冷设备所用冷冻机油的凝固点应要低一些，否则会影响制冷剂的流动，增加流动阻力，从而导致传热效果差。

（2）黏度合适。冷冻机油黏度是油料特性中的一个重要参数，使用不同制冷剂要相应选择不同的冷冻机油。若冷冻机油黏度过大，会使机械摩擦功率、摩擦热量和起动力矩增大。反之，若黏度过小，则会使运动件之间不能形成所需的油膜，从而无法达到应有的润滑和冷却效果。

（3）浊点低。冷冻机油的浊点是指温度降低到某一数值时，冷冻机油中开始析出石蜡，使机油变得混浊时的温度。制冷设备所用冷冻机油的浊点应低于制冷剂的蒸发温度，否则会引起节流阀堵塞或影响传热性能。

（4）溶解性好。冷冻机油与制冷剂的溶解性能要好。在汽车空调制冷系统中，制冷剂与机油是混合在一起的。当制冷剂流动时，机油随之流动，这就要求制冷剂与机油能够互溶。若两者不互溶，机油就会聚集在冷凝器和蒸发器的底部，阻碍制冷剂流动，降低换热能力。由于机油不能随制冷剂返回压缩机，压缩机将会因缺油而加剧磨损。

（5）闪点高。冷冻机油的闪点是指机油加热到蒸气与火焰接触时发生打火的最低温度。制冷设备所用冷冻机油的闪点必须比压缩机的排气温度高 15 ～ 30 ℃，以免引起机油的燃烧和结焦。

（6）冷冻机油应无水分。机械杂质若机油中的水分过多，则会在膨胀阀节流口处结冰，造成冰堵，影响系统制冷剂的流动。同时，油中的水分会使冷冻机油变质分解，腐蚀压缩机材料。不同的制冷系统对其绝缘性有不同的要求。

知识拓展

冷冻机油的分类

为了保护臭氧层，国际上对空调设备的制冷剂都做了限制，出现了各种替代制冷剂，其冷冻机油也相应发生了变化。对于空调替代制冷剂为R134a、R410a/R407c，其替代冷冻机油分别采用PAG、POE型。在不同的空调系统中（如R134a、R12）所使用的冷冻机油往往是不同的，通常不能混用。

（1）PAG（聚乙二醇），PAG是polyalkylene glycol的缩写，是一种合成的聚乙二醇类机油。PAG油和HFC制冷剂具有很好的相溶性，而且黏度指数很高，因此在汽车空调中应用较为广泛。PAG油的主要缺点为吸湿性太高和电气绝缘性不佳。

（2）POE（聚酯类机油），POE是polyol ester的缩写，又称为聚酯油，它是一类合成的多元醇酯类油。POE按分子结构可以分为直线型（linear type）、分枝型（branched chain type）以及结合直线及分枝的复合结构型（complex type）三种。直线型POE有较佳的润滑性以及生物可分解性，但与制冷剂的相溶性、与水融合的稳定度和耐蚀性等性能则是分枝型POE较佳，复合结构型兼具了两者的优点。这三种POE由于成本及效能的差异被不同的制冷制造商使用，目前主流的POE为复合结构型，因为它适用范围广。

POE是目前世界上氢氟烃（HFC）制冷系统压缩机使用最广泛的冷冻机油。帝豪EV450新能源汽车电动空调压缩机采用的冷冻机油型号是MA68EV，是POE型冷冻机油。

四、汽车空调配气系统的组成及工作原理

（一）配气系统的类型

汽车空调配气系统主要有冷暖独立式、冷暖转换式、半空调式、全空调式四种。汽车空调配气系统的类型、构成及工作原理见表1-3。

表1-3　汽车空调配气系统的类型、构成及工作原理

类型	工作原理	构成
冷暖独立式	在夏季，车内空气在风机吹动下，通过蒸发器并被冷却后吹向车内，降低车内的温度； 在冬季，车内空气与车外空气混合，在风机的吹送下，通过加热升温，从中、下风门输送到车内，或经上风口吹向风窗玻璃进行除霜	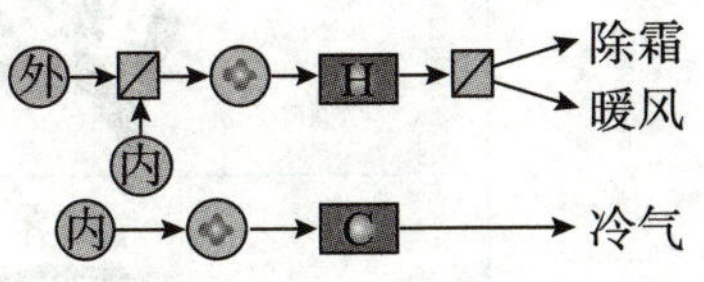
冷暖转换式	当选择制冷功能时，混合空气经蒸发器冷却后吹出； 当选择加热功能时，混合空气经加热器升温后由地板风口吹出； 当选择除霜功能时，热风由除霜风口吹向风窗玻璃； 当加热器和蒸发器全关闭时，送入车内的为自然风	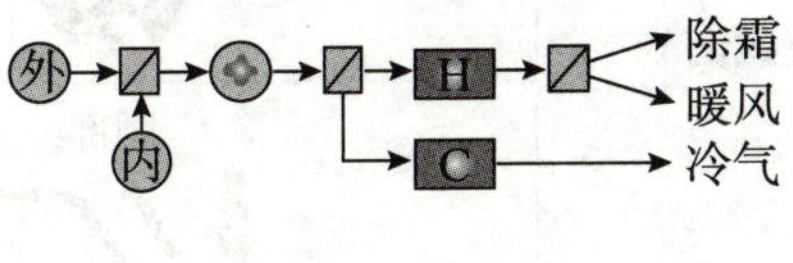
半空调式	车内循环空气和新鲜空气经风门调节混合后，先经过蒸发器冷却，后经风机送入风门调节，一部分或大部分进入加热器，冷风出口不再进行调节，已经被除湿； 如果不开蒸发器，送出的是暖风；若不开加热器，则送出的是冷风；若两者都不开，则送出来的是自然风	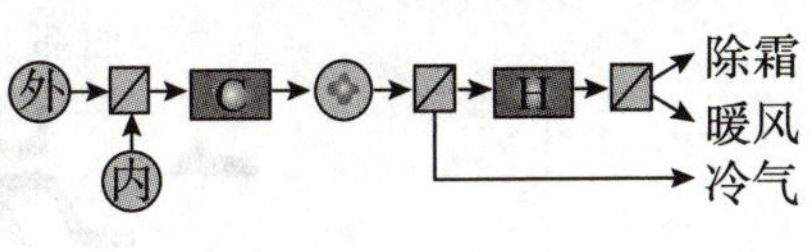

续表

类型	工作原理	构成
全空调式	全空调式也称为空气混合式，即新鲜空气和车内循环空气经风门调节后，由风机吹向蒸发器进行降温除湿，再经风门进入加热器加热，出来的冷气和热气混合后，按功能要求送入车内	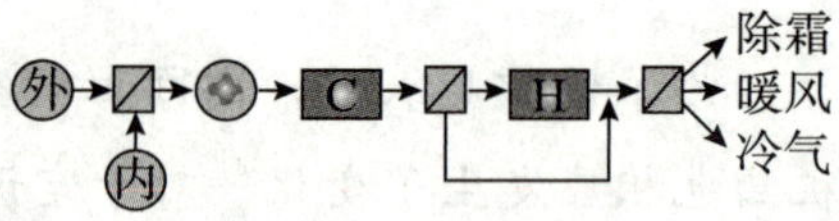
说明		

注：外外气；内内气；鼓风机；风门；C 蒸发器；H 加热器芯。

（二）空调配气系统的工作模式

帝豪 EV450 新能源汽车电动空调配气系统的形式如图 1–33 所示，其工作模式见表 1–4。

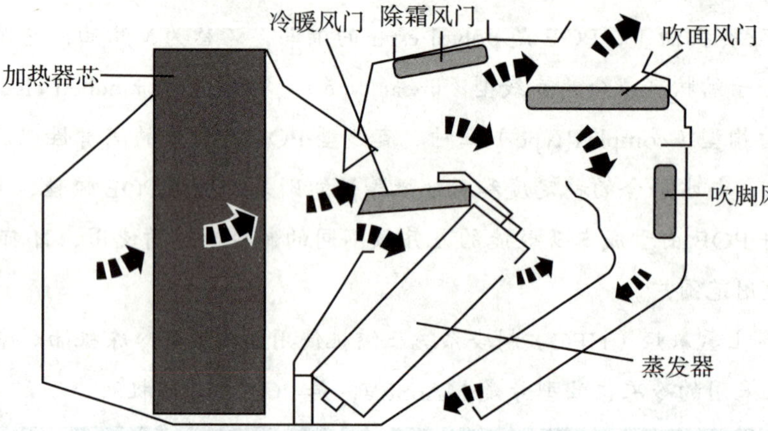

图 1–33　帝豪 EV450 新能源汽车电动空调配气系统的形式

表 1–4　帝豪 EV450 电动空调的工作模式

名称	工作位置	操作
进气风门	FRESH（新鲜）	外循环：吸入新鲜空气
	RECIRC（再循环）	内循环：再循环内部空气
混合风门	MAXCOLD（最冷）至 MAXHOT（最热）	改变新鲜空气和再循环空气的混合比来持续地调节从热到冷的温度
模式调节	脚部 / 除霜 	通过中央除霜器、侧除霜器和后中央调节器对风窗玻璃除霜，同时从前、后脚部调温导管中送出空气
	除雾 	通过中央除霜器、侧除霜器和侧调节器对风窗玻璃除霜 / 雾
	脚部 	空气从脚部调温导管和侧调节器中吹出，此外，中央除霜器、侧除霜器中也吹出少量空气
	面部 	空气从前中央调节器和侧调节器中吹出

五、汽车空调通风与净化系统的组成及工作原理

因为车厢内存有人呼出的二氧化碳、蒸发的汗液、吸烟产生的烟雾及从车外进入车内的灰尘、花粉等污染物，所以对车厢内进行通风换气及对车内空气进行过滤、净化是十分必要的。汽车通风和空气净化装置是汽车空调系统的重要组成部分。

（一）通风系统

将新鲜空气送进车内，取代污浊空气的过程，称为通风。汽车空调的通风方式一般有动压通风、强制通风和综合通风三种。

1. 动压通风

动压通风也称为自然通风，它是利用汽车行驶时对车身外部所产生的风压为动力，在适当的地方开设进风口和排风口，以实现车内的通风换气。轿车风洞试验的车身表面压力分布如图 1–34 所示，车身外部大多受到负压，只有在车前及前风窗玻璃周围为正压区。进风口应设置在正压区，并且离地面尽可能的高，以免吸入汽车行驶时的扬尘。排风口应设置在汽车车厢后部的负压区，并且应尽量加大排气口的有效流通面积，增强排气效果，注意防止粉尘、噪声及雨水的侵入。动压通风不消耗动力，结构简单，通风效果较好，因此，轿车大都设有动压通风口。

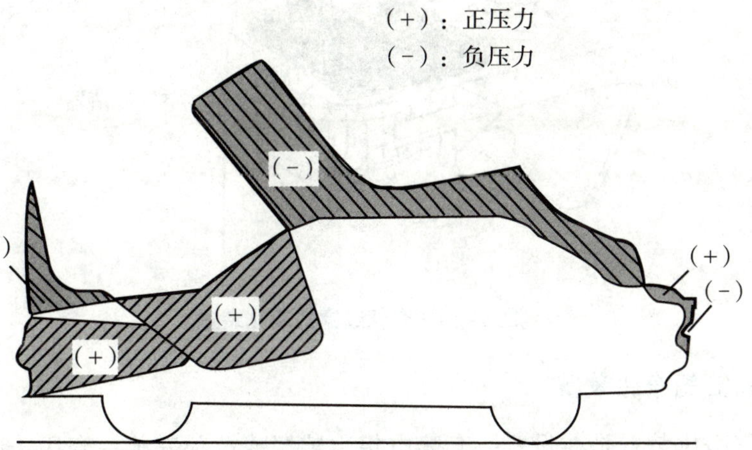

图 1–34　轿车风洞试验的车身表面压力分布

2. 强制通风

强制通风是利用风机强制将车外空气送入车厢内进行通风换气，进气口和排气口一般与自然通风的风口在相同位置，如图 1–35 所示。在冷暖一体化的汽车空调上，大多采用通风、供暖和制冷的联合装置，将外部空气与空调冷暖空气混合后送入车内。

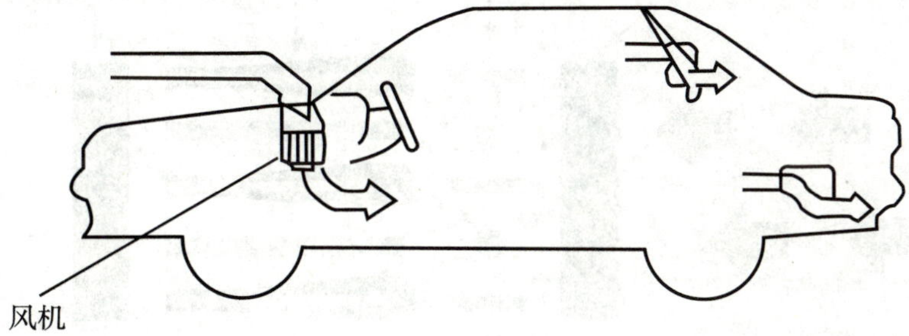

图 1–35　强制通风

3. 综合通风

综合通风是指同时采用动压通风和强制通风。综合通风系统结构复杂，但省电、经济性好、运行成本低。特别是在春秋季节的天气，用动压通风导入凉爽的外部空气，以取代制冷系统工作，同样可以保证舒适性的要求；这种通风方式近年来在汽车上的应用逐渐增多。

（三）空气净化装置

汽车空调系统采用的空气净化装置通常有空气过滤式和静电集尘式两种。

1. 空气过滤式空气净化装置

空气过滤式净化装置是在空调系统的进风口处设置空气滤清器，滤除空气中的灰尘和杂物，如图1–36所示。其结构简单，只需定期清理过滤网上的灰尘和杂物，广泛用于各种汽车空调系统中。帝豪EV450新能源汽车电动空调系统采用空气过滤式净化装置。

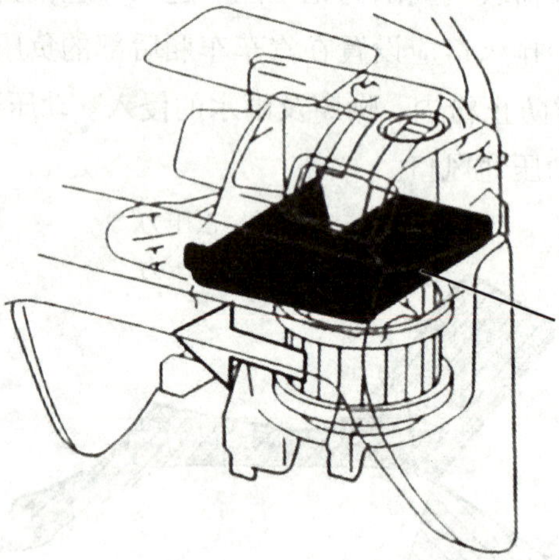

图 1–36　空气过滤式净化装置

2. 静电集尘式空气净化装置

静电集尘式空气净化装置是在设置一套静电集尘装置或单独安装一套用于净化车内空气的静电除尘装置，如图1–37所示。它具有过滤、除臭、杀菌和产生负氧离子的作用，被净化后的空气清洁度很高。粗滤器用于过滤大颗粒的杂质；静电集尘器以静电集尘方式吸附微小的颗粒和尘埃；除臭装置一般采用活性炭滤清器、纤维式或滤纸式空气滤清器来吸附烟尘和臭气等有害气体。负离子发生器供给负氧离子，其结构复杂、成本高，只用于高级轿车和旅行车。

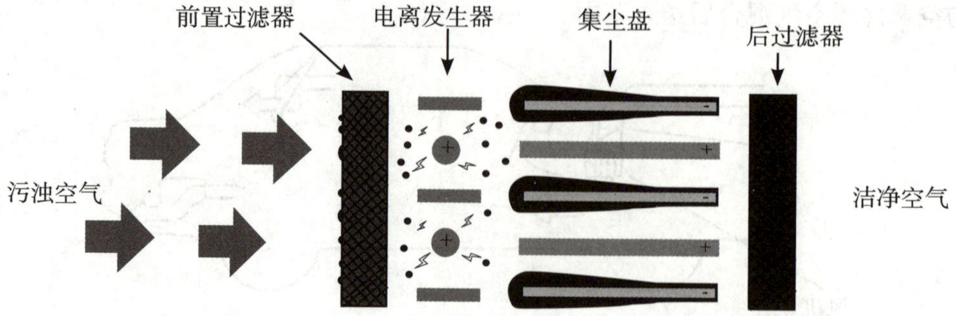

图 1–37　静电集尘式空气净化装置

六、空调制冷能力的检查

（一）主观检查

主观检查是指操作空调控制面板进入相应模式，通过人的主观感受进行评价的一种方式。常用的检查过程是：关闭所有车门，打开空调并将温度调节到最冷，风速调至适中，出风模式选择吹面，用手背或手腕部感受出风口温度，进行主观评价。

（二）定量检查

新装的或修理后的汽车空调应进行汽车空调性能测试，检查汽车空调的制冷效果。性能测试主要是测量出风口吹出的空气温度，是一种汽车室内空气调节效果的定量检查方法。轿车空调系统制冷效果的定量检查方法如下。

1. 测试条件

（1）将车辆停放在树荫下。

（2）发动机冷却液温度：在暖机以后，电动汽车发热部件发热量少，冷却系统热负荷不大，冷却液温度不高，因此可以不用暖机。

（3）所有的车门：全部打开。

（4）出风模式选择：FACE（吹面）。

（5）进风口选择开关：RECIRC（内循环）。

（6）发动机转速：1 500 r/min（R134a）左右；电动汽车压缩机由动力蓄电池通过电机驱动，因此转速不受其他条件制约。

（7）风速调节：最高。

（8）温度调节：MAXCOLD（最冷）。

2. 测试步骤

（1）放置温度计，测量进气口空气的干湿温度和出气口空气的温度。将干湿球温度计放在进气口处，将干球温度计放在冷气出气口的中央，如图 1-38 所示。当出气口空气温度稳定后（5 ～ 6 min 后），读取温度计的读数。

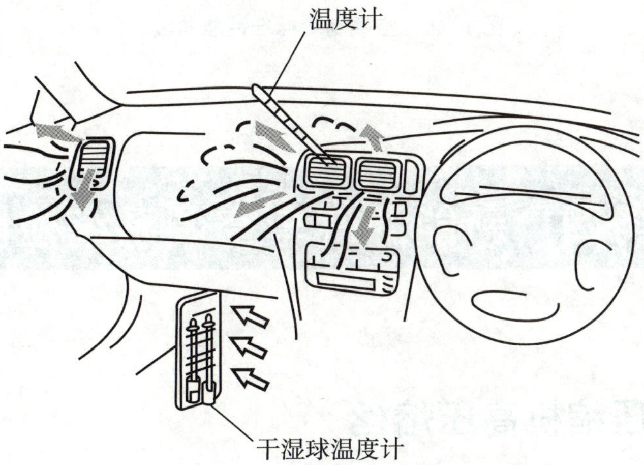

图 1-38 温度计放置位置

（2）计算进气口空气的相对湿度。测出进气口处干湿球温度计的干球温度和湿球温度，利用湿空气曲线（图 1–39），求出进气口处的空气相对湿度。例如，设干球温度和湿球温度分别为 25 ℃和 19.5 ℃，图 1–39 中虚线的交叉点即为相对湿度，此时的相对湿度为 60%。

（3）计算进气口和排气口的冷气温差。读出冷气出气口处的温度计指示值和进气口处干湿球温度计的指示值，两者之差即为所求温差。

（4）评定制冷性能。若空气相对湿度和进气口与排气口的冷气温差的交叉点，标准性能如图 1–40 所示的两条线的包围范围之内（两条阴影线之间），则说明制冷性能良好；如果交叉点在这个区域外，则说明所检测的空调系统制冷性能不好，需进一步检修和调整。

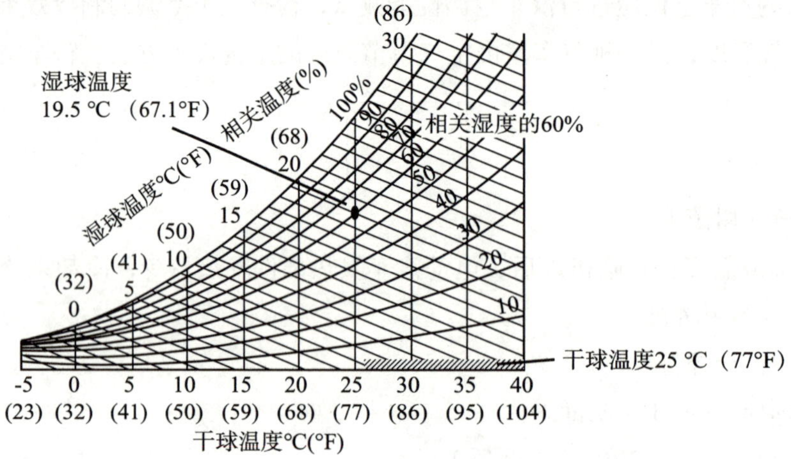

图 1–39　湿空气曲线图

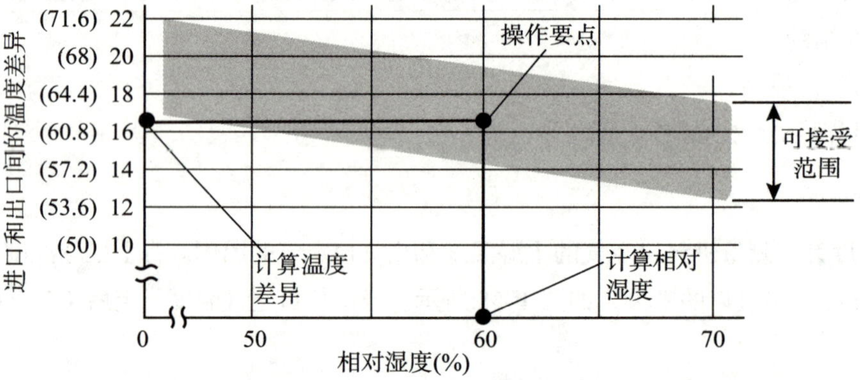

图 1–40　空调制冷标准性能曲线

任务四　新能源汽车空调系统检修

一、更换电动压缩机高压熔丝

帝豪 EV450 新能源汽车电动压缩机高压熔丝位于车载充电机总成内，进行更换时要先下电，以保证作业安全。

1. 下电操作

（1）操作启动开关使其处于 OFF 位置。

（2）拆卸辅助蓄电池负极电缆。

（3）佩戴绝缘手套，拔下车载充电机端直流母线插头，如图 1–41 所示。

图 1–41　拔下车载充电机端直流母线插头

2. 拆卸电动压缩机高压熔丝

（1）拆卸车载充电机总成上盖十四个紧固螺栓。

（2）取下车载充电机总成上盖，取下上盖时要注意密封圈。

（3）剪断高压配电板绝缘隔片及扎带，打开绝缘隔片并用绝缘胶带固定。

（4）拆卸高压熔丝两个紧固螺栓，从上往下依次是 PTC 加热器高压熔丝、电动压缩机高压熔丝、车载充电机高压熔丝。

（5）取下电动压缩机高压熔丝。

3. 更换新熔丝

更换一个同样容量的高压熔丝，按照与拆卸顺序相反的步骤进行安装。

4. 上电检查

（1）按照与下电顺序相反的步骤进行上电操作。

（2）打开空调，进行制冷操作。

（3）检查电动压缩机是否正常工作。

二、信号输入元件

（一）车内温度传感器

车内温度传感器的作用是检测车内空气温度，空调 ECU 根据其信号进行送风温度控制、鼓风机转速控制、工作模式控制、进气模式控制等。

车内温度传感器采用负温度系数的热敏电阻，一般安装在仪表板后面。由于车内温度传感器安装位置较封闭，为了准确及时地测量车内平均温度，必须采用强制通风装置将车内空气导向车内温度传感器。按强制导向气流方式的不同，车内温度传感器可分为吸气器型车内温度传感器和电机型车内温度传感器。

吸气器型车内温度传感器的结构如图 1–42 所示，它用一根抽风管连接车内温度传感器与空调管道，连接处空调管道上有一喉管。当鼓风机工作时，空气快速流过喉管，产生负压，将车内空气吸入，流过车内温度传感器。

电机型车内温度传感器的结构如图 1–43 所示，它的强制通风装置是由电动机带动一个小风扇，风扇旋转产生吸力，使车内空气流过传感器。电动机一般由空调 ECU 来控制，在空调系统工作或点火开关打开时，电动机就运转。

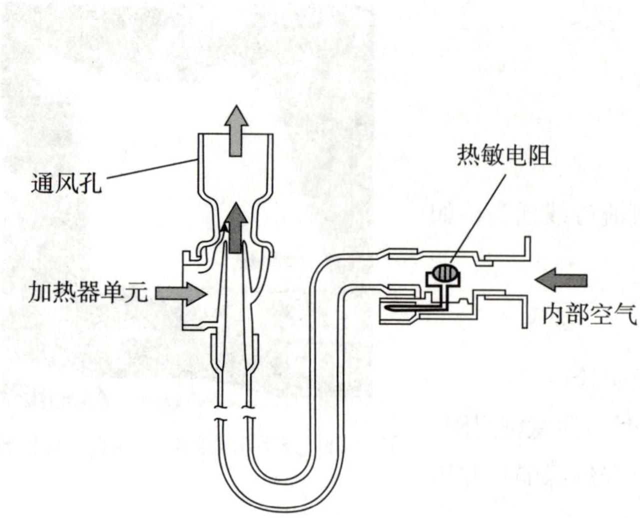

图 1-42　吸气器型车内温度传感器的结构

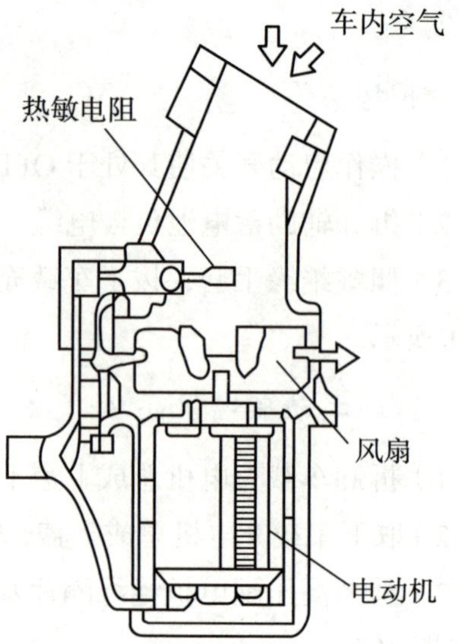

图 1-43　电机型车内温度传感器的结构

（二）车外温度传感器

车外温度传感器的作用是检测车外环境温度，又称为环境温度传感器。空调 ECU 根据其信号进行送风温度控制、鼓风机转速控制、工作模式控制、进气模式控制和压缩机控制等。

车外温度传感器一般安装在前保险杠内或散热器之前，如图 1-44 所示。由于车外温度传感器极容易受到环境（散热器温度、前面车辆的排气等）影响，为此可用两种方法消除环境影响，一种是将车外温度传感器包在一个注塑料树脂壳内，避免环境温度突然变化，使其能准确地检测车外的平均气温；另一种是在空调 ECU 内部设置防假输入电路。

图 1-44　车外温度传感器的安装位置

（三）阳光传感器

阳光传感器也称为太阳能传感器、光照强度传感器，它的作用是检测阳光强弱。空调 ECU 根据其信号进行送风温度控制、鼓风机转速控制、工作模式控制和进气模式控制等。

阳光传感器安装在仪表台上面，靠近前风窗玻璃的底部，如图 1-45 所示。帝豪 EV450 新能源汽车空调系统的阳光传感器工作原理如图 1–46 所示，传感器内含有 1 个光电二极管、1 条用于阳光传感器的放大驱动电路和 1 条检测比较电路。根据经过内置光电二极管电流的变化检测来自车头方向左、右两侧的日照量变化，并将这些日照强度信号发送到空调控制面板。

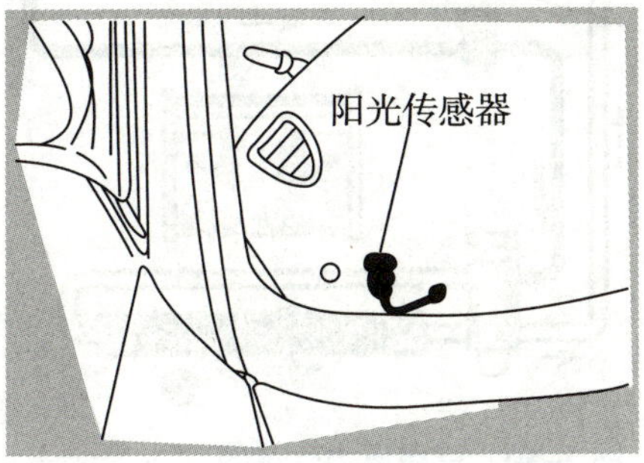

图 1–45　阳光传感器的安装位置

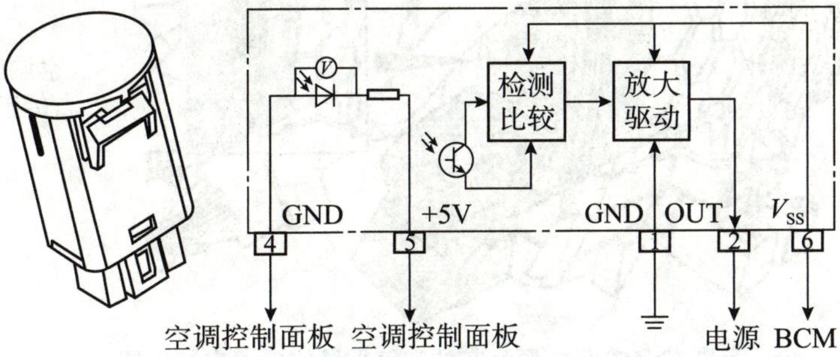

图 1–46　帝豪 EV450 新能源汽车空调系统的阳光传感器工作原理

（四）蒸发器温度传感器

蒸发器温度传感器安装在蒸发器的表面，帝豪 EV450 新能源汽车蒸发器温度传感器的安装位置如图 1–47 所示。其作用是检测蒸发器表面的温度，修正混合门位置，调节车内温度；控制压缩机，防止蒸发器表面结冰。有些车型有两个蒸发器温度传感器，一个用来修正混合门位置；另一个用来防止蒸发器表面结冰。

（五）空气质量传感器

空气质量传感器安装在车辆前面部分，如图 1–48 所示。其作用是检测一氧化碳、碳氢化合物和氮氧化物的含量，以便控制进气风门在 FRESH 和 RECIRC 之间切换。帝豪 EV450 新能源汽车的空气质量传感器安装在空调箱总成上，位于右侧吹脚风道内，如图 1–49 所示。

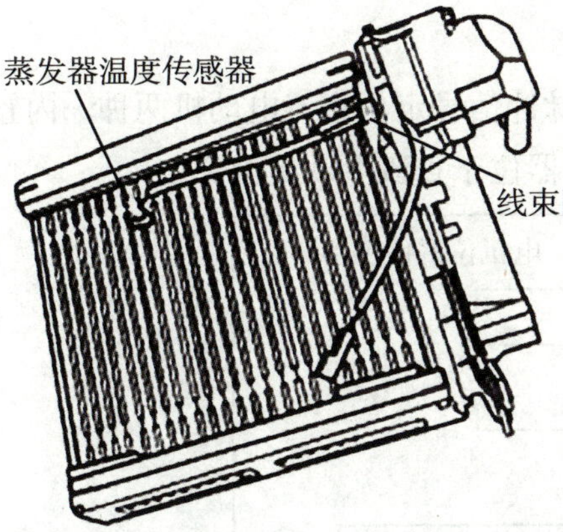

图 1–47　帝豪 EV450 新能源汽车蒸发器温度传感器的安装位置

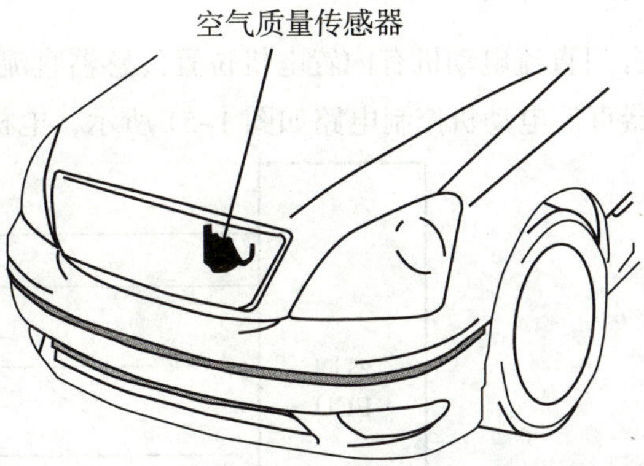

图 1–48　空气质量传感器

（六）空调压力传感器

空调压力传感器安装在高压管路上，如图 1–50 所示。其作用是检测制冷管路系统压力，当压力过低或过高时，空调 ECU 控制压缩机停转；当处于中等压力时，冷凝器散热风扇高速旋转。

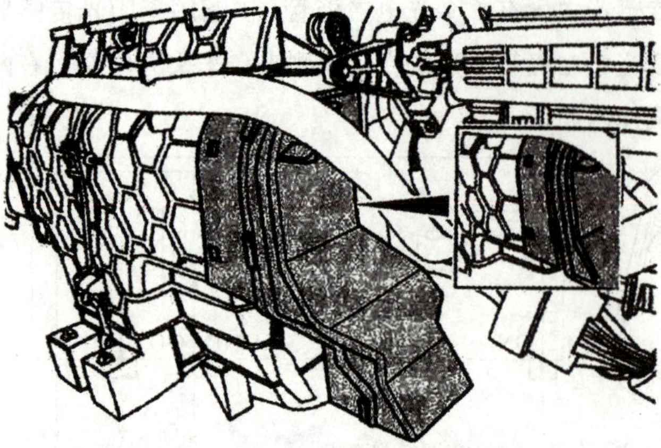

图 1-49　帝豪 EV450 新能源汽车的空气质量传感器安装位置

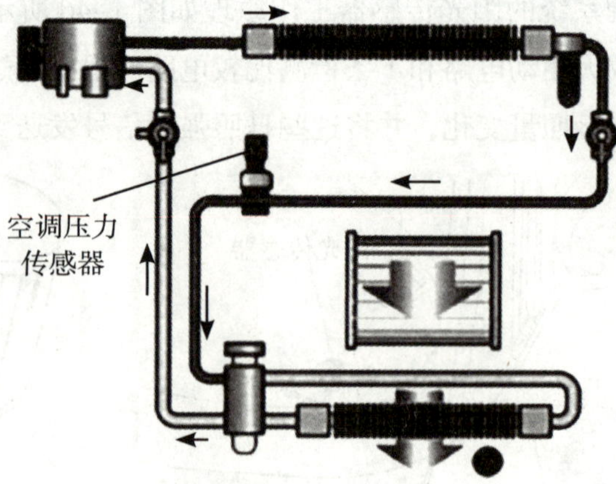

图 1-50　空调压力传感器

（七）空调压缩机转速传感器

空调压缩机转速传感器的作用是检测压缩机的转速并转换成电信号送到空调 ECU。空调 ECU 将压缩机转速和发动机转速进行比较，判断压缩机传动带是否打滑或断裂。当压缩机传动带打滑或断裂时，空调 ECU 或空调控制器控制压缩机停转，防止损坏压缩机。

电动压缩机的转速可以通过传感器（霍尔式传感器）检测，也可以通过反电动势来检测。

三、执行元件

（一）混合门电动机

混合门电动机驱动混合门，改变进入车内的冷气和热气的比例，调节车内空气温度。混合门电机可分为混合门直流电动机、混合门步进电动机、内含微芯片的伺服电动机三种。

1. 混合门直流电动机

混合门直流电动机有内置电机位置传感器直流电动机和脉冲信号定位直流电动机两种。内置电机位置传感器直流电动机控制电路如图 1-51 所示，电机位置传感器位于直流电动机内部。

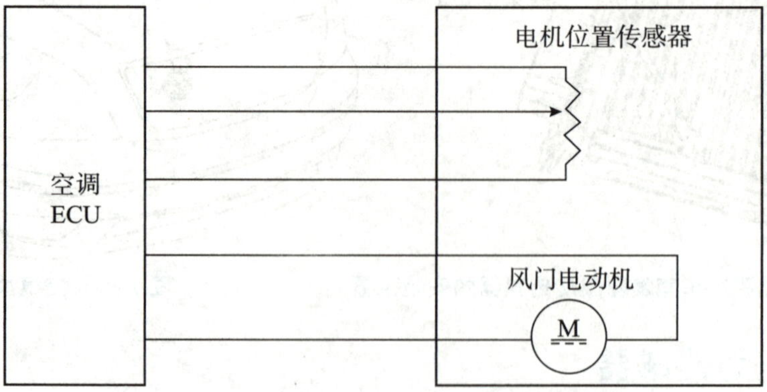

图 1-51　内置电机位置传感器直流电动机控制电路

脉冲信号定位直流电动机的控制电路如图 1-52 所示，空调 ECU 通过计算风门控制回路的脉冲确定风门位置。当风门电动机转动时，电刷会在两个换向器接触时短路，由此产生的电压波动会引起脉冲信号。空调 ECU 监测压降，并根据内部电阻检测脉冲，以此确定风门电动机的位置。

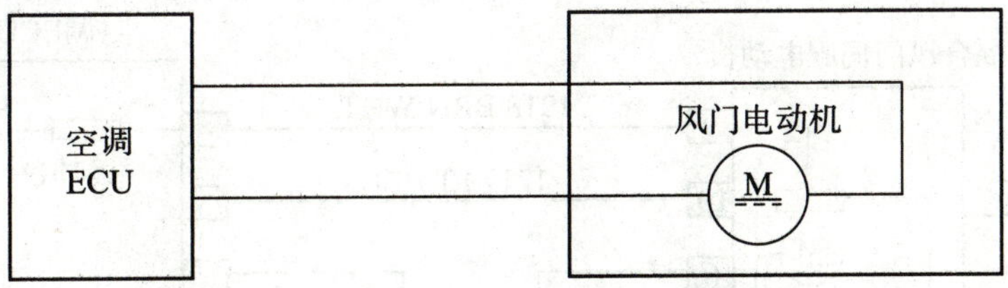

图 1–52　脉冲信号定位直流电动机的控制电路

2. 混合门步进电动机

混合门步进电动机的控制电路如图 1–53 所示，由于步进电动机具有自定位的功能，无混合门电机位置传感器。

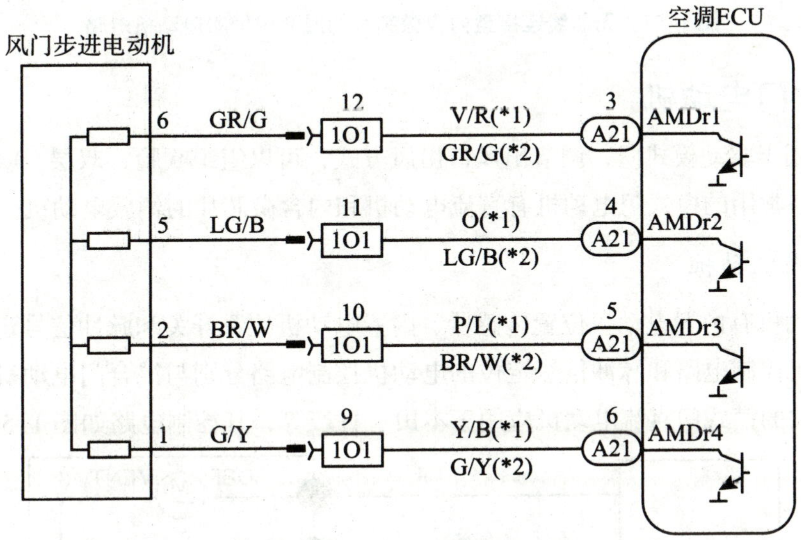

图 1–53　混合门步进电动机的控制电路

3. 内含微芯片的混合门伺服电动机

按照电动机与空调 ECU 连接方式的不同，内含微芯片的混合门伺服电动机分为总线连接型和无总线连接型。总线连接型内含微芯片的风门伺服电动机电路如图 1–54 所示，普遍用在新款车型上，如风度、新款奔驰等。

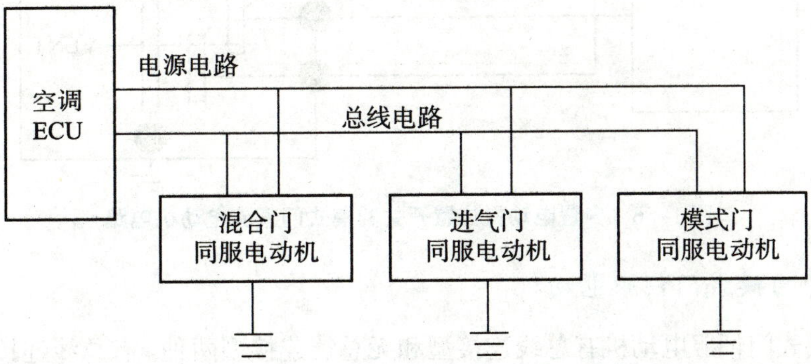

图 1–54　总线连接型内含微芯片的风门伺服电动机电路

无总线连接型内含微芯片的混合门伺服电动机电路如图 1–55 所示，主要应用在通用车系上。

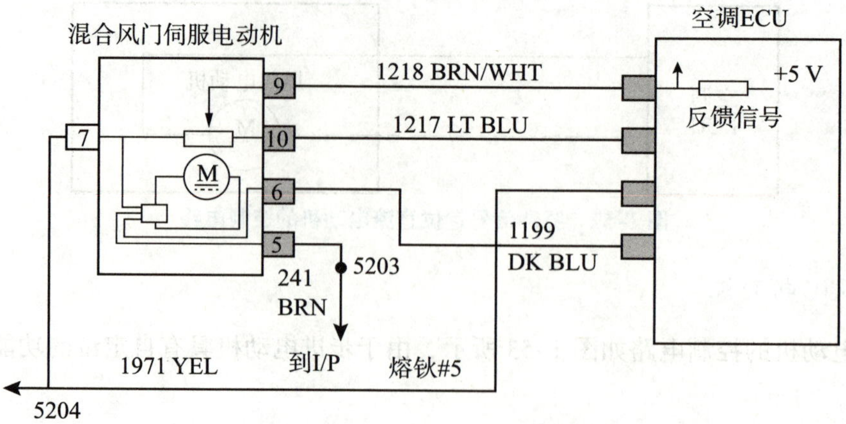

图 1-55　无总线连接型内含微芯片的混合门伺服电动机电路

（二）模式门电动机

模式门电动机用于驱动模式门，调节出风口出风方式，可以组织吹脸、双层、吹脚、吹脚 / 除雾、除雾五种出风类型。常用的模式门电动机有直流电动机和内含微芯片的伺服电动机。

1. 模式门直流电动机

模式门直流电动机有内置电动机位置传感器、内置电动机位置开关和脉冲信号定位 3 种。内置电机位置传感器的电动机控制电路和脉冲信号定位的电动机控制电路分别与混合门电动机的控制电路相似。内置电动机位置开关的模式门直流电动机应用于本田、日产等，其控制电路如图 1-56 所示。

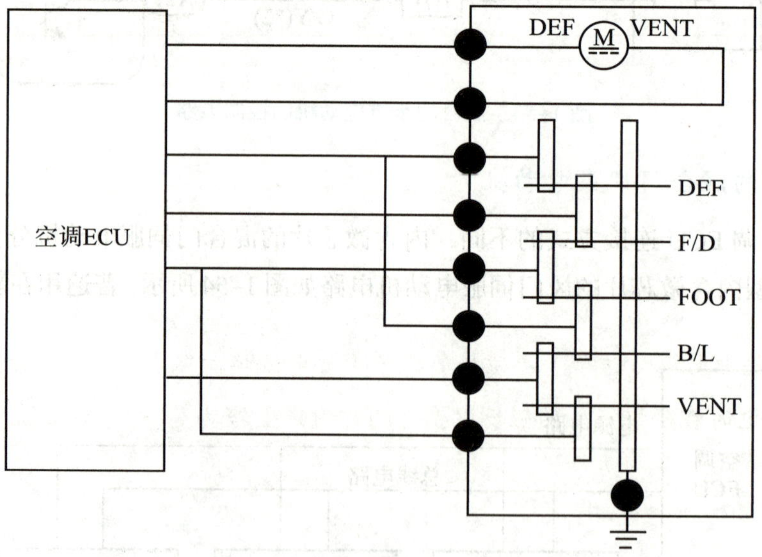

图 1-56　内置电动机位置开关的模式门直流电动机电路

2. 内含微芯片的模式门伺服电动机

内含微芯片的模式门伺服电动机有总线连接型和无总线连接型两种。有总线连接型的结构如图 1-54 所示，无总线连接型结构与图 1-55 类似，此处不再赘述。

（三）进气门电动机

进气门电动机驱动进气门，调节新鲜空气循环量。常用的进气门电动机有直流电动机和内含微芯片的伺服电动机两种。

1. 进气门直流电动机

进气门直流电动机有内置电动机位置传感器、内置限位开关和脉冲信号定位三种。内置电动机位置传感器的电动机控制电路和脉冲信号定位的电动机控制电路分别与混合门电动机的控制电路相似。内置限位开关的风门直流电动机控制电路如图 1–57 所示。

2. 内含微芯片的进气门伺服电动机

内含微芯片的模式门伺服电动机有总线连接型和无总线连接型两种。有总线连接型的结构如图 1–54 所示，无总线连接型结构与图 1–55 类似，此处不再赘述。

（四）鼓风机电动机

汽车鼓风机电动机通常由永磁电动机、笼型风扇组成，鼓风机转速通过调速模块进行控制。

图 1–58 为帝豪 EV450 新能源汽车鼓风机及调速模块，根据风量调节旋钮的位置有 7 个挡位。

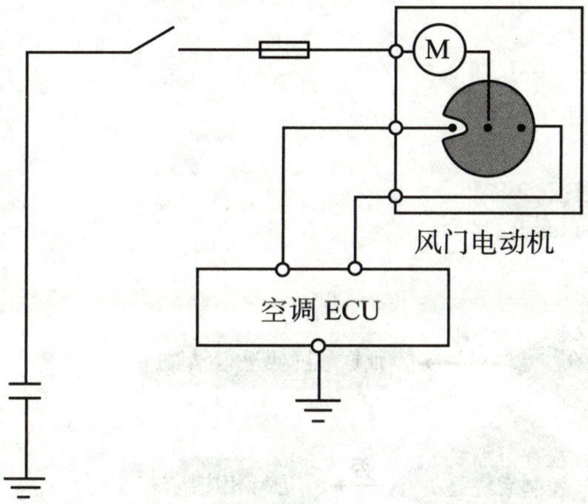

图 1–57　内置限位开关的风门直流电动机控制电路

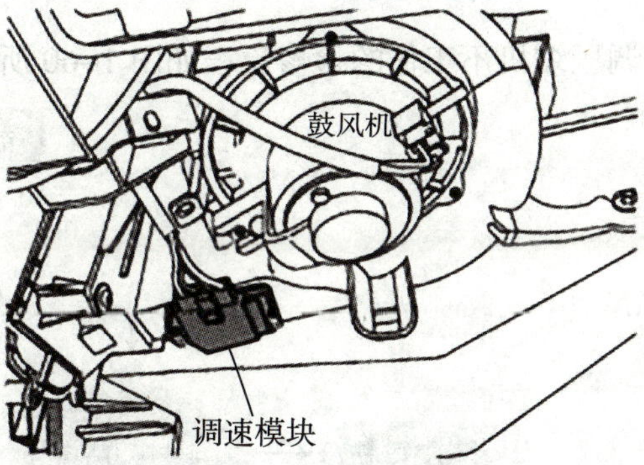

图 1–58　帝豪 EV450 新能源汽车鼓风机及调速模块

知识拓展

直流电动机的组成

直流电动机主要由电枢（转子）、磁极（定子）、电流换向器、端盖和电刷等组成，直流电动机的电枢（转子）通电时在磁极产生的磁场里受力的作用产生转动，是启动发动机的动力源；磁极（定子）用来产生磁场，各磁极绕组间常采用串联的连接方式，这样的直流电机称为直流串励磁式电动机。

四、电动压缩机不工作的诊断与修复

（一）故障点分析

电动压缩机不工作的原因如图 1–59 所示，其主要有制冷系统压力过低；制冷控制系统存在不能起动压缩机的信号，如蒸发器温度传感器温度过低、车外温度传感器温度过低、阳光传感器温度过低、鼓风机未起动、空调压力开关故障等；压缩机损坏、压缩机电动机高压供电异常、压缩机控制系统故障；空调 ECU 故障等。另外，空调设置温度高于环境温度时，压缩机也不会起动，这是正常现象不是故障。

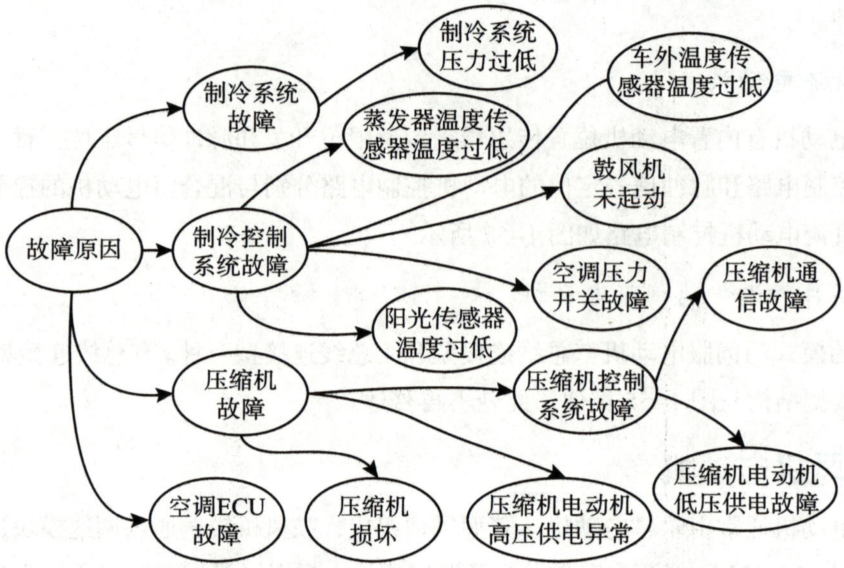

图 1-59　电动压缩机不工作的原因

（二）检修流程

空调压缩机不工作的检修流程如图 1-60 所示。

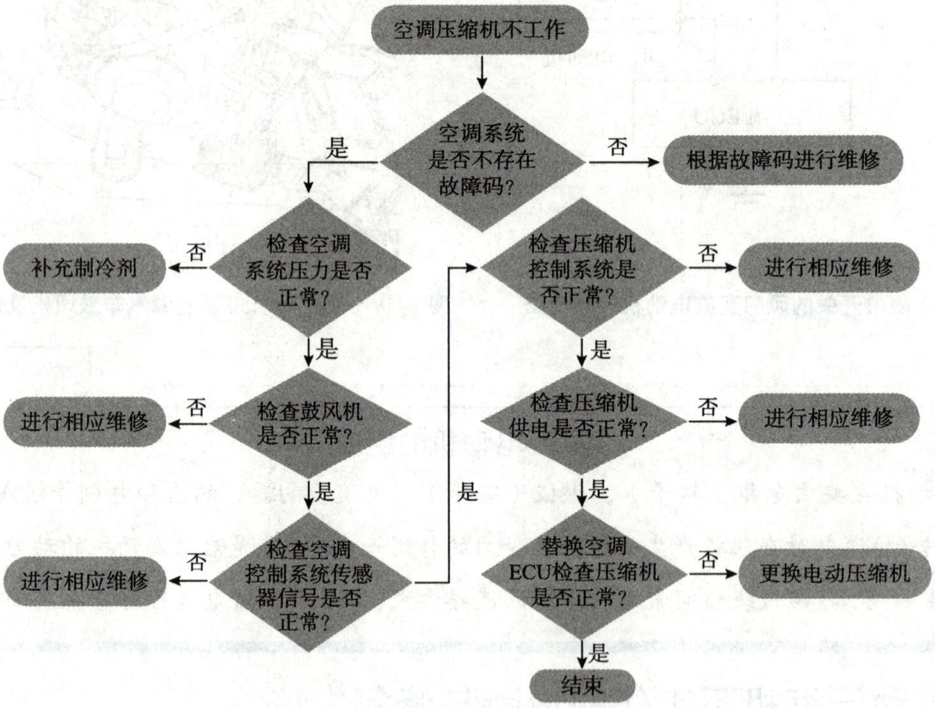

图 1-60　空调压缩机不工作的检修流程

1. 读取故障码

（1）操作启动开关使电源模式至 ON 状态。

（2）连接故障诊断仪，读取空调系统故障码。若存在故障码，则优先排除故障码指示的故障。

2. 检查空调制冷系统压力

连接歧管压力表，检查制冷系统压力是否正常。若压力过低，则进行相应处理。

3. 检查鼓风机是否工作

（1）操作启动开关使电源模式至 ON 状态。

（2）打开鼓风机，检查出风口是否有风。若鼓风机不工作，则优先排除鼓风机故障。

4. 检查空调控制系统传感器信号

（1）操作启动开关使电源模式至 ON 状态。

（2）连接故障诊断仪，读取蒸发器温度、车外温度和阳光传感器信号。

（3）读取蒸发器温度传感器信号并判断是否正常。当蒸发器温度传感器信号温度低于 2 ℃时，不接通压缩机。若显示异常，则更换蒸发器温度传感器。

（4）读取车外温度传感器显示温度是否低于 4 ℃。当车外温度传感器信号温度低于 4 ℃时，不接通压缩机。若显示异常，则更换车外温度传感器。

（5）读取阳光传感器显示温度是否低于 4 ℃。当阳光传感器信号温度低于 4 ℃时，不接通压缩机。若显示异常，则更换阳光传感器。

（6）断开空调压力开关插头（CA43）端子，分别测量空调压力开关端子 2 与搭铁、端子 4 与空调控制器插头（IP85）端子 33 之间的电阻，均应小于 1 Ω。若异常，则更换压力开关电路。测量空调压力开关端子 2 与端子 4 之间的电阻，应大于 10 kΩ 或更大。若异常，则更换压力开关。

5. 检查电动压缩机控制

（1）操作启动开关使电源模式至 OFF 状态并断开蓄电池负极连接。

（2）拔下电动压缩机低压供电熔丝 EF30，检查电阻是否小于 1 Ω。若异常，则更换熔丝。

（3）断开压缩机低压线束插接器 BV08。

（4）连接蓄电池负极并操作启动开关使电源模式至 ON 状态。

（5）测量压缩机低压线束插接器 BV08 的端子 1、3 之间的电压，正常应在 11 ~ 14 V 范围内。若异常，则更换线束。

（6）检查端子 2 与空调控制器插头（IP85）端子 3 之间的电阻，应小于 1 Ω。若异常，则更换压缩机低压线束。

6. 检查压缩机高压供电

（1）操作启动开关使电源模式至 OFF 状态并断开蓄电池负极连接。

（2）断开车载充电机直流母线。

（3）拆卸车载充电机上盖。

（4）测量空调压缩机高压熔丝两端电阻，应小于 1 Ω。若异常，则更换熔丝。

（5）断开压缩机高压线束插接器 BV30。

（6）分别测量车载充电机 BV33 插头端子 3、4 与压缩机高压线束插接器端子 1、2 之间的电阻，均应小于 1 Ω。若异常，则更换压缩机高压线束。

7. 更换空调控制面板

更换一个新的空调控制面板，然后检查空调系统是否正常。若异常，则更换空调压缩机总成。

五、专用维修工具及设备

汽车空调专用维修工具及设备包括歧管压力表、检漏设备、制冷剂注入阀、维修阀、专用成套维修工具、真空泵及制冷剂回收装置等。

（一）电子检漏仪

对于汽车空调系统制冷剂泄漏的检查常用到电子检漏仪。电子检漏仪的外部结构如图 1–61 所示。内部结构如图 1–62 所示，在圆筒状铂金阳极里设有加热器，可以将阳极加热到 80 ℃左右，阳极的外侧设有圆筒状阴极。

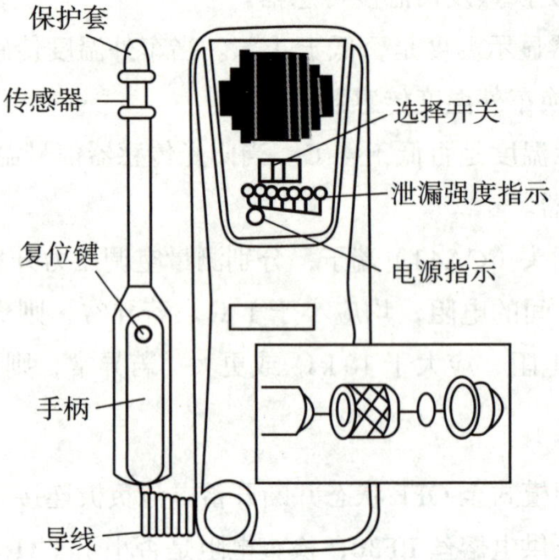

图 1–61　电子检漏仪的外部结构

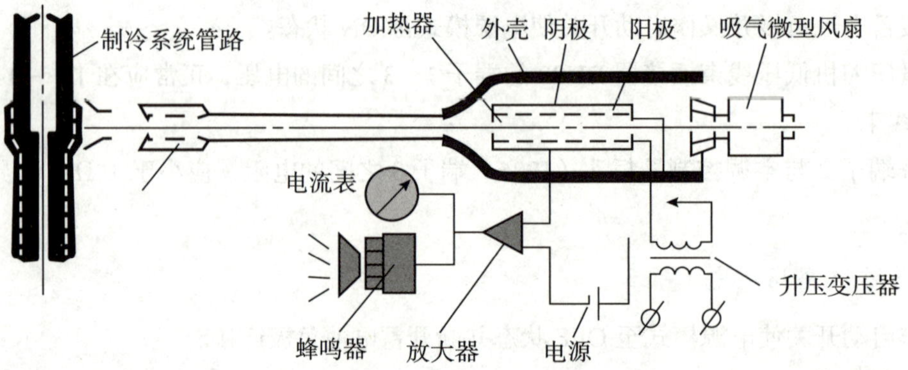

图 1–62　电子检漏仪的内部结构

在两电极之间加有 12 V 直流电压。为了使气体在两电极间流动，在电极的前面设有吸气孔，在其后面设有小风扇。当有制冷剂通过电极时，就会产生几个微安的电流，通过直流放大器放大后，电流表指示或蜂鸣器发出声响，以提示制冷剂泄漏的程度。

（二）歧管压力表

歧管压力表也称为压力表组，是维修汽车空调制冷系统必不可少的工具。它与制冷系统相接可以进行压力检测、排空、抽真空、充注制冷剂、加冷冻机油等。

1. 歧管压力表的结构

歧管压力表的结构如图 1–63 所示。低压表用于检测制冷系统低压侧的压力和真空度，真空度读数范围为 0 ～ 0.10 kPa，压力不低于 0. 42 MPa。高压表用于检测制冷系统高压侧的压力，量程不小于 2.110 MPa，它可以外接三根橡胶软管低压软管（蓝色）、高压软管（红色）和维修软管（黄色、绿色或白色）。低压表与低压软管相通，高压表与高压软管相通。低压维修阀控制维修软管与低压软管的通断，高压维修阀控制维修软管与高压软管的通断。

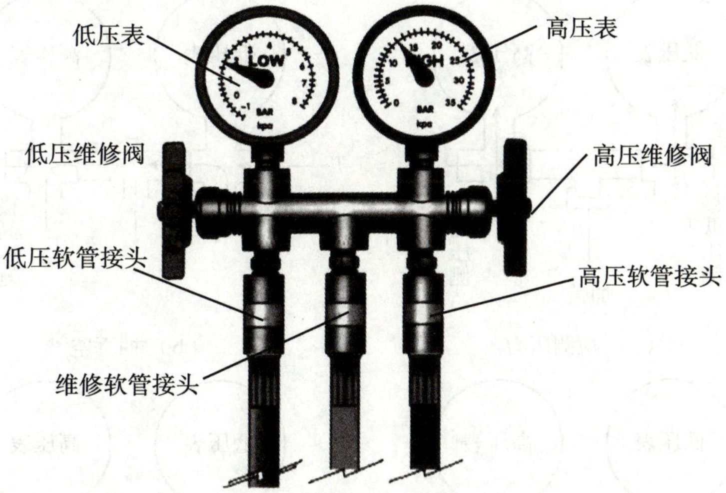

图 1–63　歧管压力表的结构

2. 歧管压力表的连接

歧管压力表的连接方法如图 1–64 所示。在工作时，高、低压软管接头分别通过软管与制冷系统高、低压维修阀相接，维修软管接头与真空泵或制冷剂罐等相接。

注意：压力表接头与软管连接时，只能用手拧紧，不能用工具拧紧。

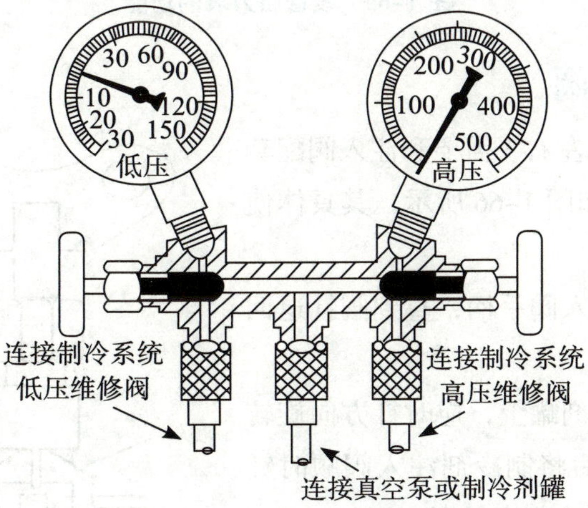

图 1–64　歧管压力表的连接方法

3. 歧管压力表的功能及使用方法

歧管压力表的功能如图 1–65 所示，具体使用方法如下。

（1）双阀关闭测压力。低压表和高压表分别显示制冷系统高低压侧压力。

（2）双阀打开抽真空。在中间接头接上真空泵，对制冷系统抽真空。

（3）单阀打开做充注。当高压维修阀关闭，低压维修阀打开，中间接头接到制冷剂罐上或冷冻机油瓶上，则可以从低压侧向系统充注制冷剂或冷冻机油。当高压维修阀打开，低压维修阀关闭，可以从高压侧充注制冷剂。

（4）先高后低放排空。先打开高压维修阀，当压力下降到 0.35 MPa 时，再打开低压维修阀，则可使系统排出制冷剂。

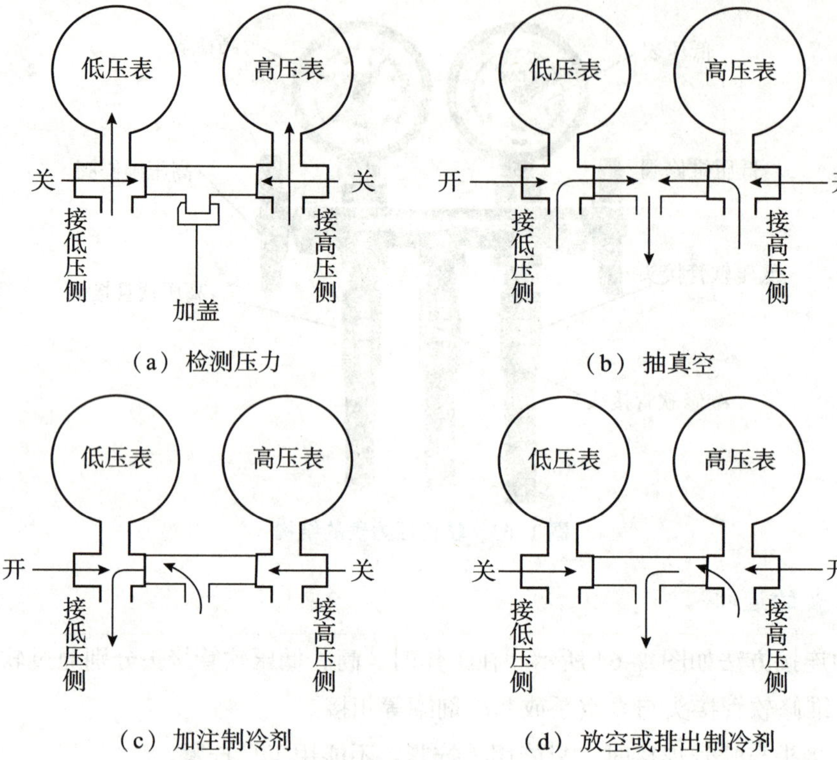

图 1–65 歧管压力表的功能

（三）制冷剂注入阀

制冷剂罐（一般为 250 g 左右）需要和注入阀配套使用。制冷剂注入阀的结构如图 1–66 所示，其具体使用方法如下。

（1）逆时针方向旋转注入阀手柄，直到阀针退回为止。

（2）将注入阀装到制冷剂罐上，逆时针方向旋转板状螺母直到最高位置，然后将制冷剂注入阀顺时针方向拧动，直到注入阀嵌入制冷剂密封塞。

（3）将板状螺母按顺时针方向旋转到底，将歧管压力表上的中间软管固定到注入阀的接头上。

（4）拧紧板状螺母。

（5）按顺时针方向旋转手柄，使阀针刺穿密封塞。

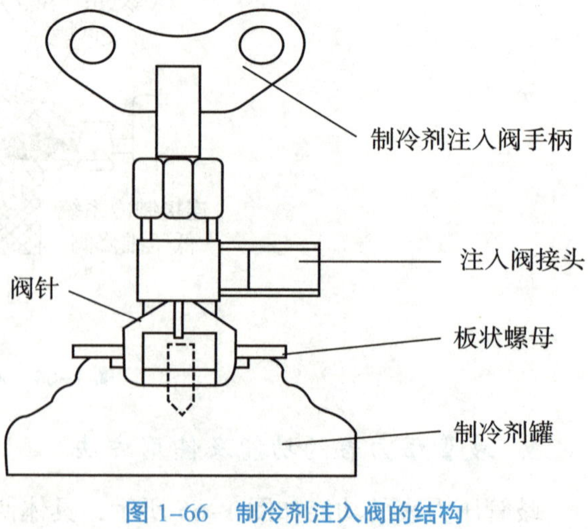

图 1–66 制冷剂注入阀的结构

（6）若要充注制冷剂，则逆时针方向旋转手柄，使阀针抬起，同时打开歧管压力表上的手动阀。

（7）若要停止加注制冷剂，则顺时针方向旋转手柄，使阀针再次进入密封塞，起到密封作用，并同时关闭歧管压力表上的手动阀。

（四）维修阀

汽车空调系统是一个封闭的系统，目的是便于检修。一般在制冷系统高、低压侧各设一个维修阀，用于连接歧管压力表。维修阀有手动阀和气门阀两种。

1. 手动阀

手动阀是三位三通阀，安装在压缩机上。高、低压侧的手动阀结构相同，只是低压手动阀直径稍大。手动阀有前位、后位和中间三个工作位置，如图 1–67 所示。

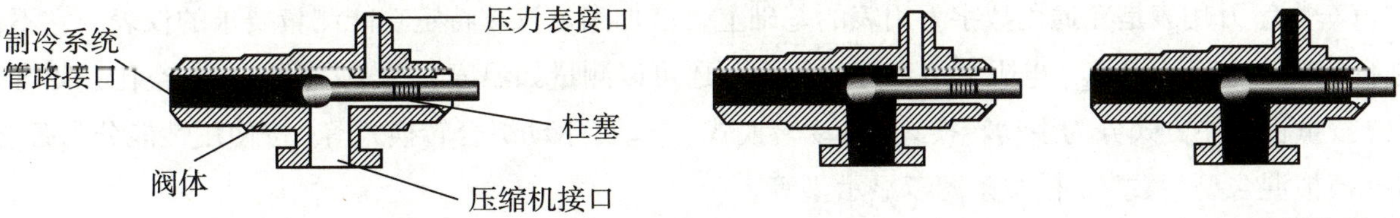

图 1–67　手动阀的结构

前位位置：顺时针将阀杆拧到底，此时为关闭位置，系统与压缩机的连接被切断。在此位置可拆卸压缩机，而不必打开整个系统，从而减少了许多工作量。

后位位置：将阀杆逆时针拧到底，此时为开启位置，压缩机和系统连通。当系统正常工作时，高、低压维修阀均应处于此位置。

中间位置：将阀杆拧至前座、后座之间的位置，此时压缩机、系统及维修接口均连通。在此位置时，可通过歧管压力表对制冷系统抽真空、加注制冷剂或检测压力。

2. 气门阀

气门阀是二位二通阀，安装在高、低压管路中。两个气门阀的接头尺寸不同，可以防止高、低压两侧接错，其结构如图 1–68 所示。当气门阀处在正常位置时，靠系统内压力和弹簧压力可使阀芯关闭；当外接软管时，软管接头上的顶销使阀芯打开，此时可对系统进行检测压力、抽真空或加注制冷剂。

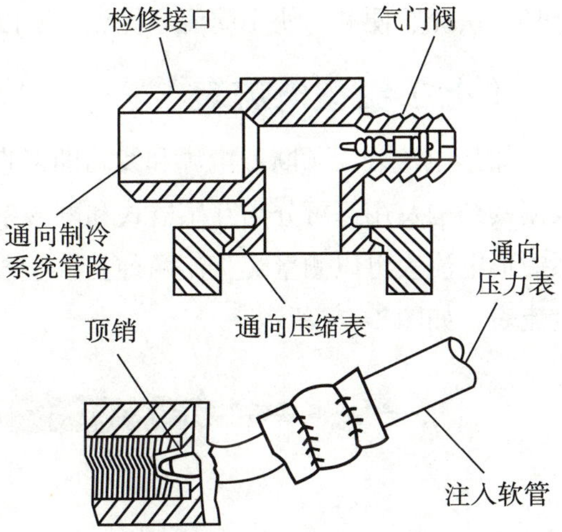

图 1–68　气门阀的结构

（五）数字万用表

数字万用表不仅是传统汽车电器维修的必备测量仪器，在新能源汽车维修作业中也是十分重要的测量仪器。通用数字万用表如图 1–69 所示，可以测量交流和直流电压、交流和直流电流、电阻和电平等电参数。档次稍高的数字万用表还可测量频率、电容量、电感量、二极管压降及晶体管共发射极直流电流放大倍数等。

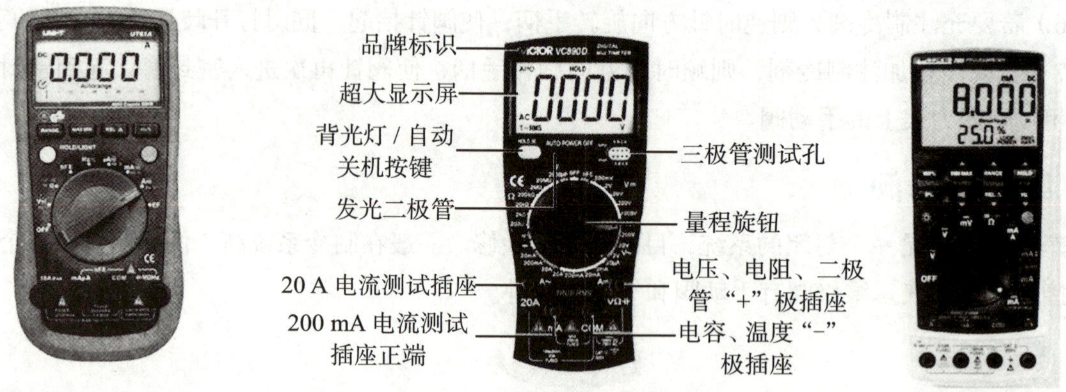

（a）优利特牌自动量程万用表　（b）胜利牌手动量程普通万用表　（c）福禄克牌精密万用表

图 1-69　数字式万用表

汽车数字万用表是在通用数字万用表的基础上，增加满足汽车特定功能测量要求的仪表。它不仅可以进行常规的电压、电流、电阻、电容等的测量，还可以测量如温度、转速、频率、占空比、闭合角等参数。按量程转换方式分为手动转换式、自动转换式、自动 / 手动综合转换式等；按使用性能分为智能型、数字 / 模拟混合型、数字 / 模拟条图双显示型等。

新能源汽车进行维护与故障诊断要用的数字万用表，要求电流的测量范围值至少要达到 250 A，如果要对充电设备进行检修，这个量程还需调整到 500 A，如果无此功能，就要配备一块能够进行交直流测量的钳形电流表。

（六）发光二极管试灯

发光二极管试灯如图 1-70 所示，可用来检测汽车电路是否有电、导线是否断路或短路等故障。试灯具有快捷、便利、使用简便等优点，所以在新能源汽车电器维修中起着积极的作用。

（七）钳型电流表

钳形电流表无须断开电源和线路即可直接测量运行中电气设备的工作电流，其体积小，携带方便。根据其结构及用途可分为互感器式和电磁系两种，常用的互感器式钳形电流表只能测量交流电流，电磁系钳形电流表可以测量交直流两种。汽车电气维修检测启动电流和充电电流常用数字式交直流两用钳型电流表，如图 1-71 所示。

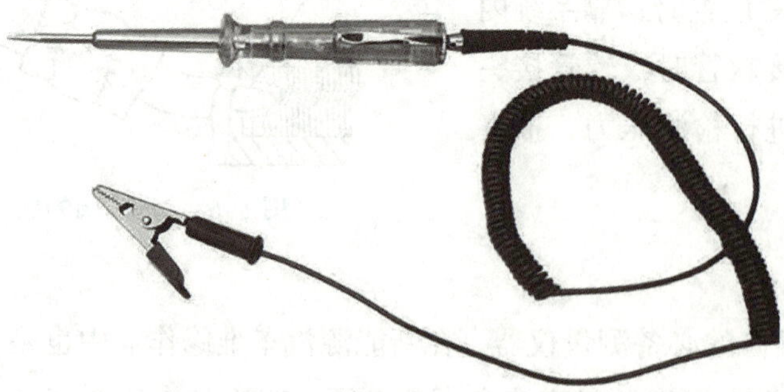

图 1-70　发光二极管试灯

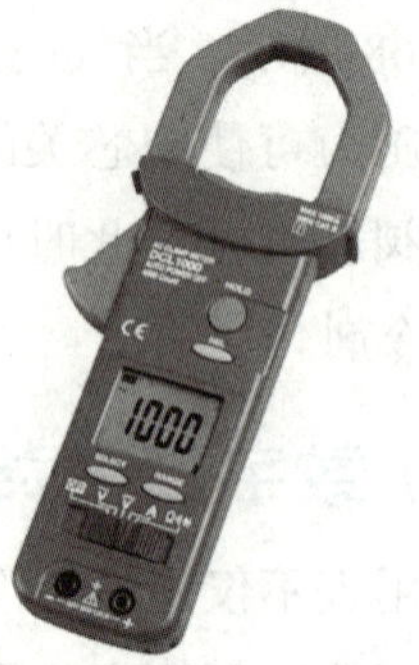

图 1-71　钳型电流表

（八）数显式绝缘兆欧表

绝缘兆欧表也称绝缘电阻表，是电力、邮电、通信、机电安装、维修及新能源汽车维修作业中必不可少的仪表。它适用于测量各种绝缘材料的电阻值及变压器、电机、电缆、电器设备等的绝缘电阻。

电气设备绝缘性能的好坏，关系到电气设备的正常运行和操作人员的人身安全。如果新能源汽车高压系统的绝缘材料由于发热、受潮、污染、老化等原因而损坏，就会造成人身重大安全事故。所以在维修新能源汽车高压系统故障时，需要经常测量高压系统的绝缘电阻。

绝缘电阻不能用万用表的欧姆档测量，因为绝缘电阻的阻值比较大，几十兆欧姆以上，万用表在测量电阻时的电源电压很低（9 V 以下）。在低电压下呈现的电阻值，并不能反映在高电压作用下的绝缘电阻的真正数值，因此检测绝缘电阻必须用备有高压电源的兆欧表进行测量。

绝缘兆欧表有指针式和数显式两种，数字兆欧表通过电池驱动，具有精度高、读数直观、操作方便、安全可靠、体积小、便于携带等优点，是测量绝缘电阻最常用的仪表。图 1–72 为数显式兆欧表。

（九）北汽 BDS 诊断仪

1. 组成

北汽 BDS 诊断仪由 VC 诊断盒、内装程序的笔记本电脑、诊断插头和连接导线组成，如图 1–73 所示。北汽 BDS 诊断仪可以检测北汽各型号的新能源汽车，也可以检测北汽的电控发动机汽车（采用 OBD 接头）。

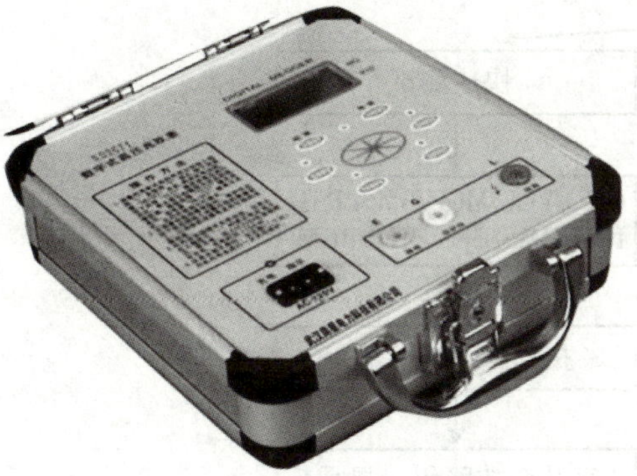

图 1–72　数显式兆欧表

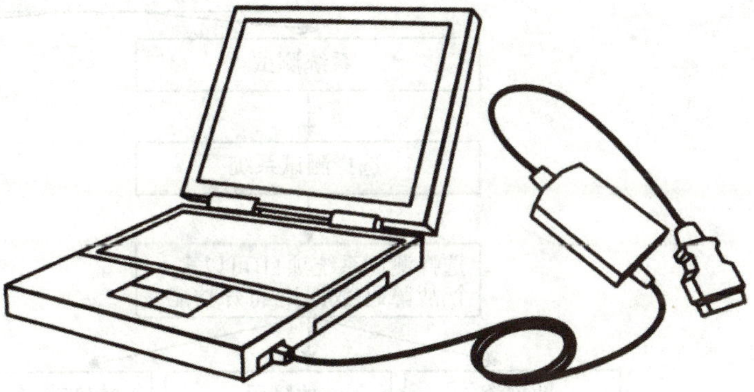

图 1–73　北汽 BDS 诊断仪的连接

2. 测试系统

北汽 BDS 诊断仪可以检测北汽纯电动汽车的十一个系统：整车控制系统（VCU 或 VBU，根据是否涵盖电动真空制动助力系统区分）、驱动电机系统（MCU）、动力电池系统（BMS PPST）、组合仪表（ICM）、车载充电机（CHG）、动力电池系统（BMS BESK）、远程监控系统（RMS）、电动助力转向系统（EPS）、中控信息娱乐系统（EHU）、车身电控模块（BCM）、安全气囊（SDM）等。

3. 操作方法

（1）VC 诊断盒上插着两根导线，一根导线上带有可与车上诊断插座相连的诊断插头；另一根带有与电脑相连的 USB 插头。

（2）汽车启动开关置于 OFF 位置。将 VC 诊断盒上的诊断插头插在汽车的诊断座上，另一根导线的 USB 插头插到装有北汽诊断程序的笔记本电脑 USB 接口上；启动开关也可以开启蓝牙功能，直接进行连接。

（3）打开汽车电源开关 ON，诊断仪进入诊断工作状态。

4. 诊断仪的诊断功能框架

北汽 BDS 诊断仪的诊断功能框架如图 1–74 所示。

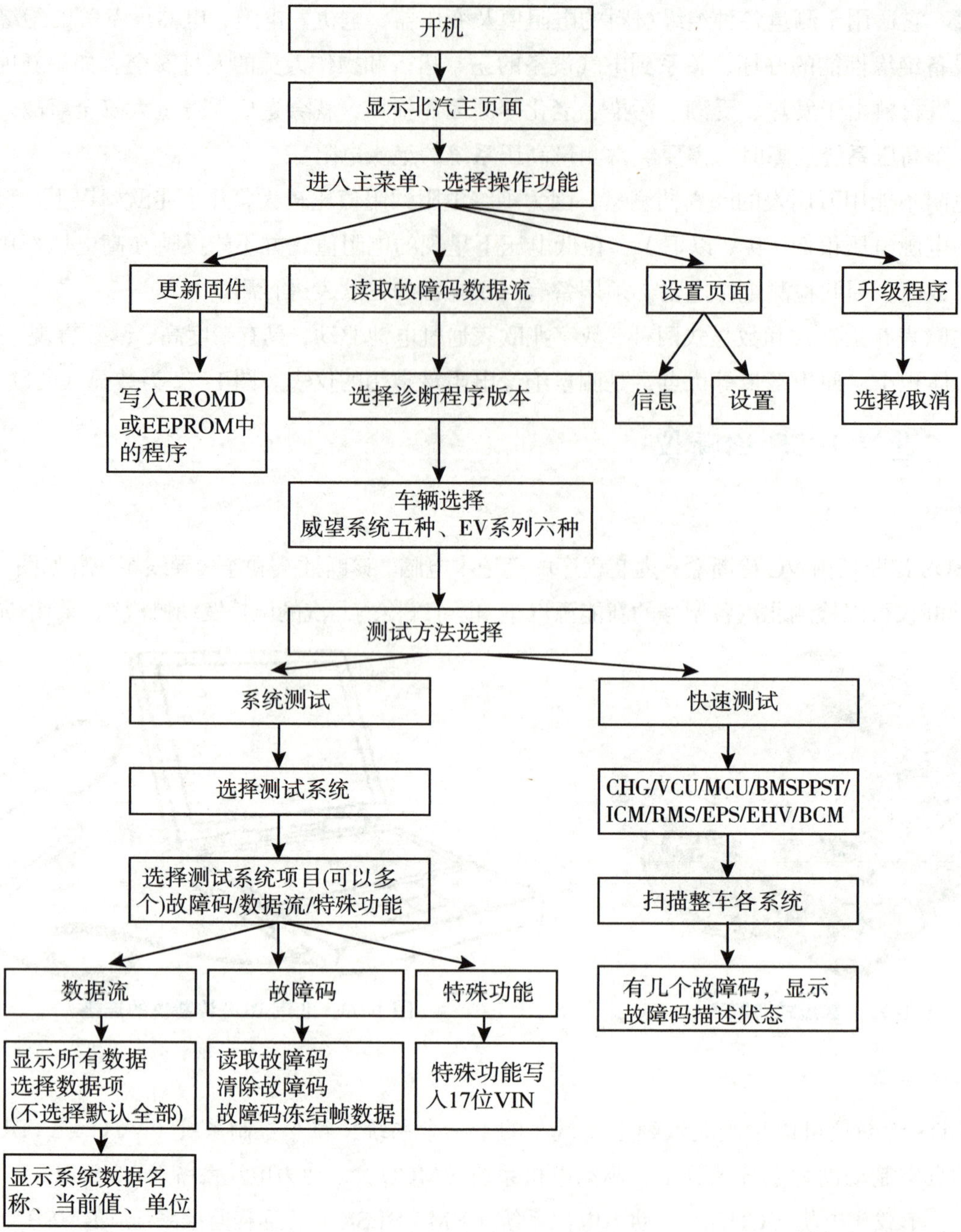

图 1–74　北汽 BDS 诊断仪的诊断功能框架

（十）比亚迪 VDS1000 诊断仪

1. 组成

比亚迪 VDS1000 诊断仪由内装程序的比亚迪专用笔记本电脑、诊断插座和连接导线组成。新开发的 VDS2000 诊断仪如图 1–75 所示。比亚迪 VDS1000 诊断仪可以检测所有的比亚迪混合动力汽车和纯电动汽车。

图 1–75　比亚迪 VDS2000 诊断仪

2. 可测试系统

比亚迪 VDS1000 诊断仪的功能框架如图 1–76 所示。

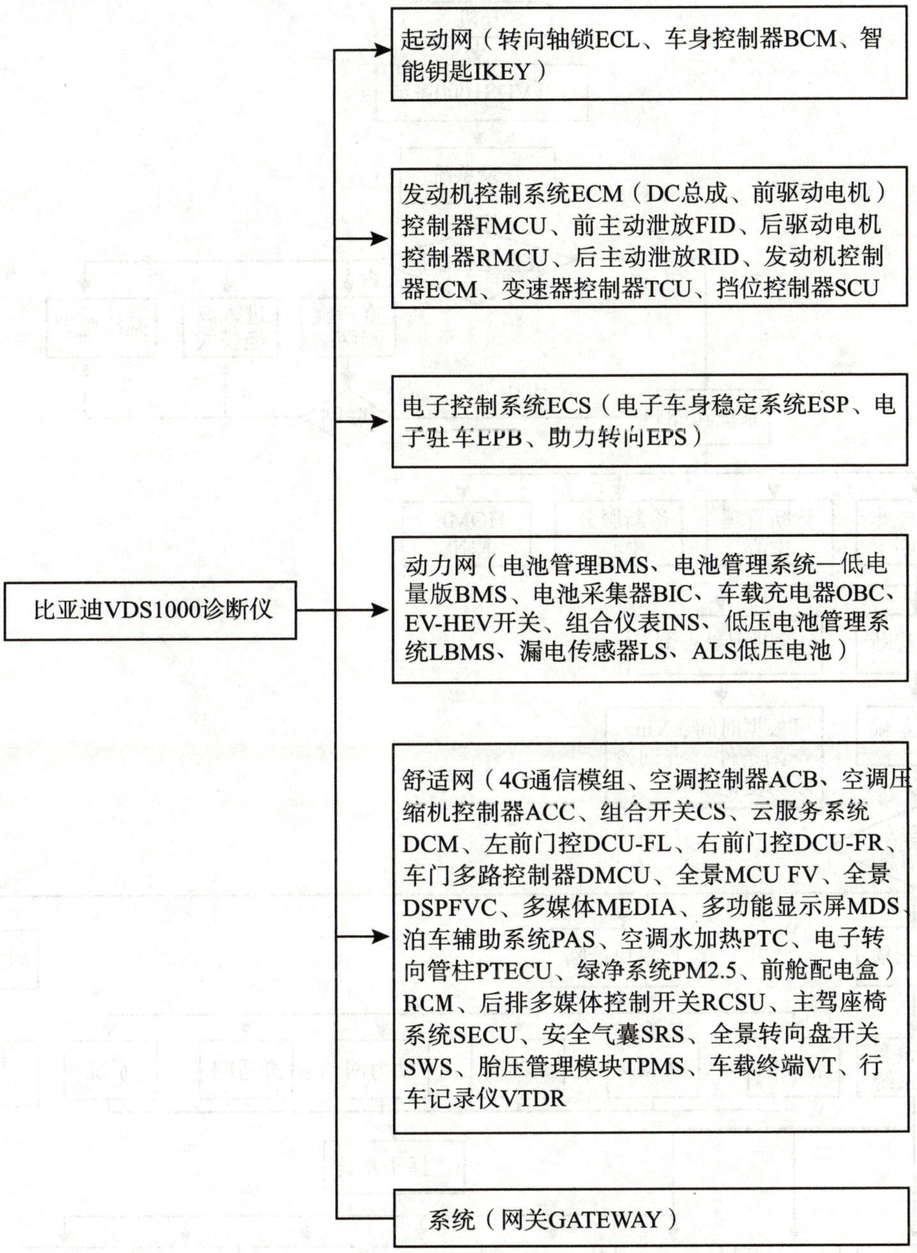

图 1–76　比亚迪 VDS1000 诊断仪的功能框架

3. 操作方法

（1）比亚迪 VDS1000 诊断仪有一根连接导线，这根导线一端带有诊断插头，另一根带有电脑 USB 插头。

（2）点火开关 OFF。将导线上的诊断插头插在汽车的诊断座上，导线上的 USB 插头插到比亚迪专用笔记本电脑的 USB 接口上。

（3）点火开关 ON，诊断仪进入诊断工作状态。

4. 诊断仪的诊断功能框架

比亚迪 VDS1000 诊断仪的诊断功能框架如图 1-77 所示。

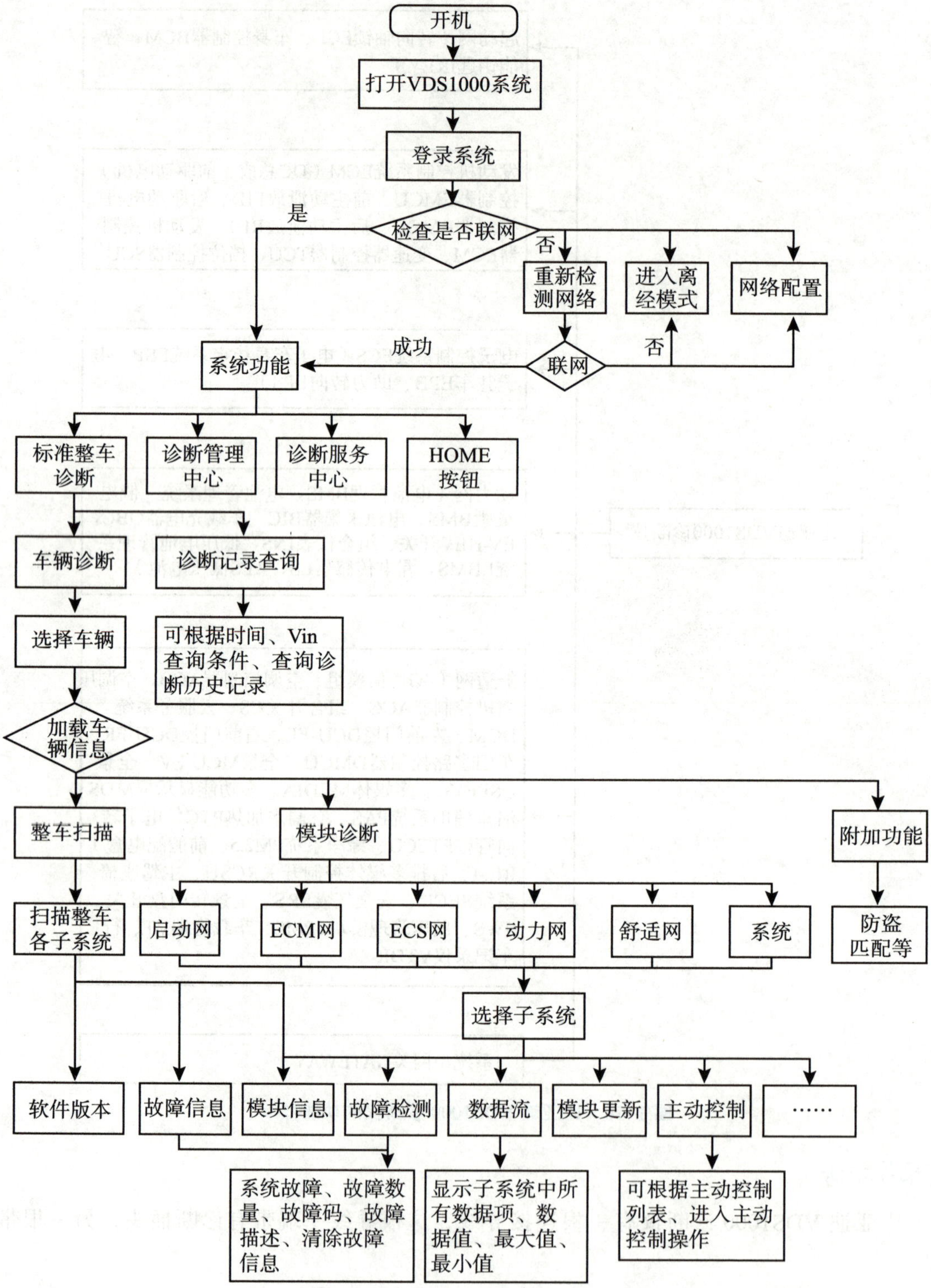

图 1-77　比亚迪 VDS1000 诊断仪的诊断功能框架

（十一）元征 X–431 EV 诊断仪

1. 组成与功能

元征 X–431 EV 诊断仪是深圳市元征科技股份有限公司基于 Android 系统研发的一款新能源汽车故障诊断仪，如图 1–78 所示。元征 X–431 EV 诊断仪拥有 5.5 英寸彩色电容触摸屏，支持 WIFI 无线上网，支持蓝牙 4.0、GPS，支持摄像功能。X–431 EV 诊断仪支持检测 12 V 新能源车型的电控系统，覆盖市面上 40 个品牌新能源车系。元征 X–431 EV 诊断仪可以进行全系统诊断，支持读码、清码、读数据流、动作测试等功能；具有在线资料一键升级的特点。

2. 诊断流程

元征 X–431 EV 诊断仪的诊断流程如图 1–79 所示。

图 1–78　元征 X–431 EV 诊断仪

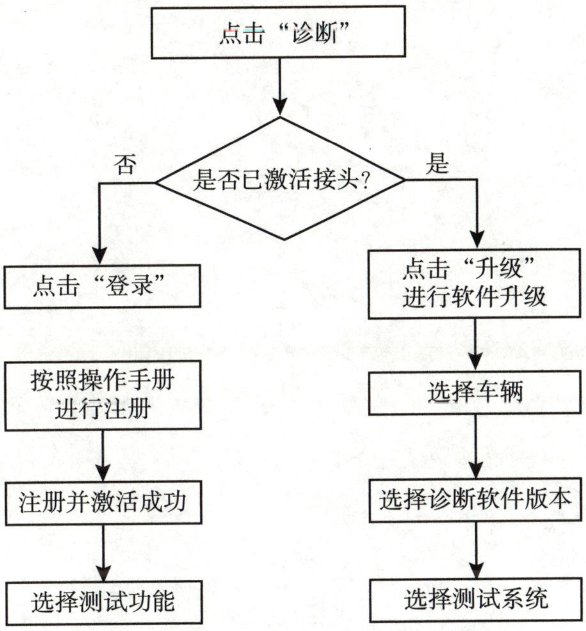

图 1–79　X431 EV 诊断仪的诊断流程

课后练习

一、填空题

1. 新能源汽车空调的主要功能是调节车内的________、________、________和________等，从而为乘员创造清新舒适的车内环境。

2. 新能源汽车空调一般由________、________、________、配气系统、________和空气净化系统组成。

3. 汽车空调暖风系统常见的有________、________及________。

4. 根据空气循环方式，汽车暖风系统可分为________、________、________。

5. 循环离合器膨胀阀系统主要由________、________、________、________、________、空调压力开关、制冷管路、________、冷凝器散热风扇等部件组成。

6. 冷冻机油的作用：________、________、________、减小压缩机噪声。

7. 汽车空调配气系统主要有________、________、________、全空调式四种。

二、简答题

1. 简述新能源汽车的暖风系统与传统汽车的区别。

2. 什么是空调制冷剂？

项目二

新能源汽车制动系统

项目概述

新能源汽车制动系统与传统汽车类似，但仍有区别。本项目主要学习新能源汽车制动系统的结构组成及检修，分为以下三个任务。

任务一：制动系统的认知。

任务二：制动系统的检修。

任务三：防抱死制动系统。

通过以上三个任务的学习，希望读者掌握新能源汽车制动系统的结构组成及检修方法，能够区分新能源汽车制动系统与传统汽车的区别，以及能对新能源汽车制动系统进行检修。

学习目标

知识目标

◆ 能够描述纯电动汽车制动系统和传统汽车制动系统的区别。

◆ 能够描述混合动力汽车制动系统和传统汽车制动系统的区别。

能力目标

◆ 能够进行电动真空助力制动系统的拆装。

素质目标

◆ 培养学生实践能力，加深学生创新思想。

思政目标

◆ 坚定理想信念，传承中华优秀传统文化，树立社会主义主流意识形态。以培养“三有”青年为任务，提高学生使命感与责任感，强化学生自身教育能力和社会实践能力。

任务工单

实训表 1

任务名称	制动系统故障检测			任务成绩	
姓名		班级		学号	
学时		日期		实训地点	
实训设备、工具及仪器	新能源汽车、智能测试仪、个人防护用具				
小组组长	小组成员				
任务目的	能够正确规范地对制动系统拆卸、检查、更换零件				

一、任务描述

张某是一位电动货车司机，有一天他开车行驶在山区路段连续下坡后，发生了制动系统失灵的现象。万幸的是车辆没有发生事故，在制动系统失灵后，车辆滑行过程中存在异响现象。

二、分组讨论

全班学生以 3 ～ 6 人为一组，选出各自组长，组长对组员进行任务分工并将分工情况记录在实训表 2 中。

实训表 2

成员	任务
组长：	
组员：	
组员：	
组员：	
组员：	
组员：	

问题 1：什么情况下容易发生制动系统故障？

问题 2：发生制动系统故障应该如何自救？

问题 3：如何维修制动系统故障？

三、任务实施

在实际操作过程中，将操作内容及实施过程中遇到的问题和解决办法记录在实训表 3 中。

实训表 3

序号	操作内容	遇到的问题	解决办法

四、任务评价

请各组选出一名代表展示任务实施的成果，并配合指导老师完成实训表 4 的任务评价。

实训表 4

项目名称	评价内容	分值	评价分数		
			自评	互评	师评
职业素养考核项目（40%）	考勤、仪容仪表	10 分			
	责任意识、纪律意识	10 分			
	团队合作与交流	20 分			
专业能力考核项目（60%）	积极参与教学活动并正确理解任务要求	10 分			
	认真搜集任务所需资料	10 分			
	任务实施过程中记录表的完成度	10 分			
	对制动系统的掌握程度	20 分			
	独立完成相应任务的程度	10 分			
合计：综合分数____自评（20%）+ 互评（20%）+ 师评（60%）		100 分			
综合评语		教师（签名）：			

任务一　制动系统的认知

一、纯电动汽车制动系统

（一）纯电动汽车制动系统概述

制动系统是汽车上依靠外界在汽车某些部分施加一定的力，从而对其进行一定程度的强制制动的一系列专门装置。制动系统的作用是使行驶中的汽车按照驾驶人的要求进行强制减速甚至停车，使已停驶的汽车状态保持静止稳定。制动系统主要由供能装置、控制装置、传动装置和制动器组成。

（二）纯电动汽车制动系统与传统汽车的区别

纯电动汽车采用的液压制动系统与传统汽车基本结构区别不大，但是在液压制动系统的真空辅助助力系统和制动主缸两个部件上存在较大差异。

绝大多数汽车采用真空助力伺服制动系统，人力和助力并用；真空助力器利用前、后腔的压差提供助力。传统内燃机汽车真空助力装置的真空源来自于发动机进气歧管，真空度负压一般可达 0.05 ~ 0.07 MPa。对于纯电动汽车，由于没有发动机总成，即没有了传统的真空源，仅由人力所产生的制动力无法满足行车制动的需要，通常需要单独设计一个电动真空泵来为真空助力器提供真空源，这个助力系统就是电动真空助力系统（electric vacuum pump，EVP）。

电动真空助力系统由真空泵、真空罐、真空泵控制器，以及与传统汽车相同的真空助力器、12 V 电源组成，如图 2-1 所示。

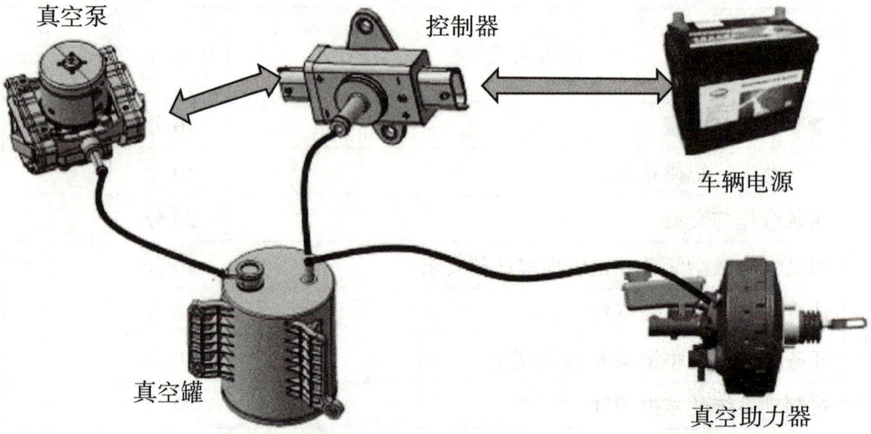

图 2-1　电动真空助力系统

电动真空助力系统的工作过程是当用户起动汽车时，车辆电源接通，控制器开始进行系统自检；如果真空罐内的真空度小于设定值，真空罐内的真空压力传感器输出相应电压信号至控制器，此时控制器控制电动真空泵开始工作；当真空度达到设定值后，真空压力传感器输出相应的电压信号至控制器，此时控制器控制真空泵停止工作。当真空罐内的真空度因制动消耗，真空度小于设定值时，电动真空泵再次开始工作；如此循环。

（三）电动真空助力系统的主要组成元件

电动真空助力系统的主要组成元件有真空泵、真空罐、真空泵控制器，具体内容如下。

1. 真空泵

真空泵是指利用机械、物理、化学或物理化学的方法对被抽容器进行抽气而获得真空的器件或设备。真空泵是用各种方法在某一封闭空间中改善、产生和维持真空的装置。汽车上通常采用图 2-2 所示的电动真空泵。

电动真空泵按常用结构形式可分为叶片式、摇摆活塞式和膜片式；按使用功能可分为辅助电动真空泵和独立电动真空泵。

（1）叶片式电动真空泵的外部结构如图 2-3 所示，它主要由泵体、转轴、转子和叶片等组成。

图 2-2 电动真空泵

图 2-3 叶片式电动真空泵的外部结构

叶片式电动真空泵内转子在电动机的带动下旋转，转子上嵌入的叶片由于离心力被甩出，紧贴在泵体内壁上。在转子转动过程中，由叶片、泵室、转子封闭的容积不断变化，产生进气和排气的效果。转子与叶片旋转过程中，吸入侧腔体空间逐渐增大，排气侧腔体空间逐渐减小。空气由吸气侧吸入，从排气侧排出，从而达到抽真空的作用。

叶片式电动真空泵的优点如下。

① 抽、排气的流量较为均匀，运转平稳，噪声小。

② 工作压力较高，容积效率较高。

③ 易于实现流量调节，结构紧凑，轮廓尺寸小而流量大。

叶片式电动真空泵的自吸性较差；同时由于在转子转动过程中，叶片与缸体之间贴紧并相对转动，所以叶片泵升温很快，易磨损，易产生较大的噪声；叶片式电动真空泵对叶片的材料、耐温性和耐磨性等要求极高，因此制造成本较高。

（2）摇摆活塞式电动真空泵的结构如图 2-4 所示，主要由电动机和泵组成。

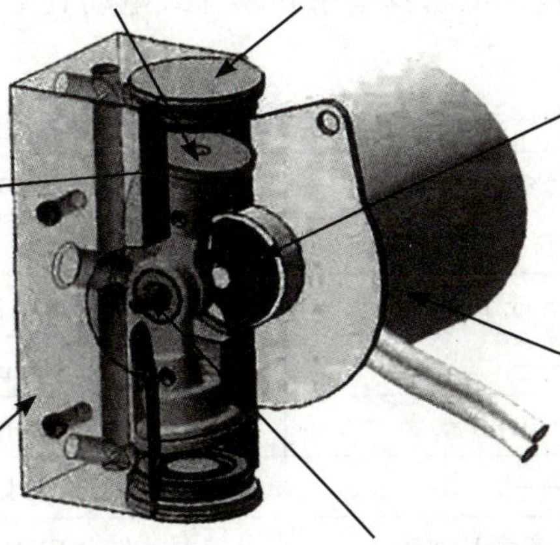

图 2-4 摇摆活塞式电动真空泵的结构

摇摆活塞式电动真空泵包含两个 180° 角对置的工作腔。电动机主轴连接一个偏心机构，偏心机构驱动连杆及活塞做往复运动，在往复运动的过程中，活塞会发生偏转摇摆。活塞的往复运动引起工作腔容积的变化，产生进气和排气的效果。

摇摆活塞式电动真空泵活塞和缸体之间相对滑动，工作时真空泵温度会升高，活塞上活塞环与缸体之间过盈量可以通过设计进行调整，其温升比叶片式电动真空泵低，磨损较慢，噪声相对较小。由于摇摆活塞式真空泵采用双腔对置结构，当一腔失效时，摇摆活塞式电动真空泵仍拥有一定抽取真空的能力。

（3）膜片式电动真空泵的结构如图 2-5 所示。

图 2-5　膜片式电动真空泵的结构

膜片式电动真空泵包含两个 180° 角对置的工作腔，膜片由一个曲柄机构驱动，此曲柄机构包括一个偏心机构，上面装有两个偏心轴承，推动作用在膜片上的连杆，使膜片受到推力和拉力的作用引起变形。膜片的变形使工作腔容积发生变化，产生进气和排气的效果。膜片式电动真空泵的特点如下。

① 无须任何工作介质（无油），不产生污染。

② 由于膜片与腔体之间无相对运动，摩擦较小，升温速度慢，可以使真空泵延长使用寿命且噪声较小。

③ 可以空运行，不会产生危险，无须润滑，维修简便。

叶片式电动真空泵、摇摆活塞式电动真空泵和膜片式电动真空泵的特点及在汽车上的应用情况见表 2-1。

表 2-1　叶片式电动真空泵、摇摆活塞式电动真空泵和膜片式电动真空泵的特点及在汽车上的应用情况

项目	叶片式电动真空泵	摇摆活塞式电动真空泵	膜片式电动真空泵
摩擦及温升	高摩擦、温升速度快	温升速度一般	低摩擦、温升速度慢
使用寿命	小于 400 h 或 1 200 h	大于 400 h	大于 1 200 h
持续工作时间	——	小于 15 min	大于 200 h
噪音	小于 70 dB	小于 60 dB	小于 60 dB
质量	——	小于 1.6 kg	小于 2.5 kg
应用车型	奥迪 Q5、帝豪 EV450	北汽 EV160	比亚迪 E5
应用领域	重量轻、噪音大，技术成熟，应用范围广，可做独立泵或辅助泵	质量较好，噪音小，可作为辅助泵	质量大、噪音小、工作时间长、价格高，主要作为独立泵

2. 真空罐

真空罐用于储存真空，并通过真空压力传感器感知真空度并把信号发送给真空泵控制器，如图 2–6 所示。

3. 真空泵控制器

真空泵控制器是电动真空系统的核心部件，真空泵控制器根据真空罐真空压力传感器发送的信号控制真空泵工作，如图 2–7 所示。

图 2–6 真空罐

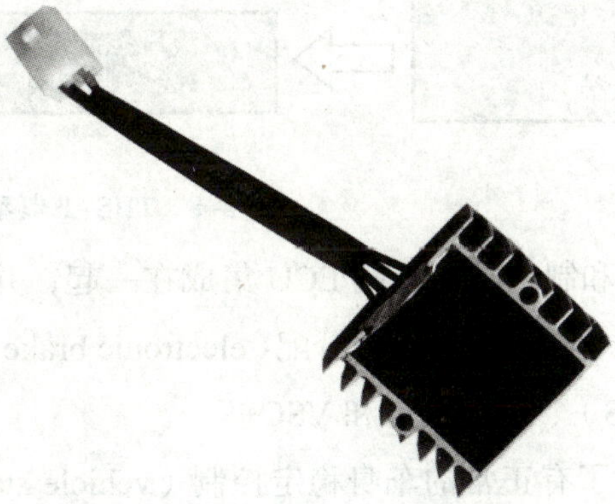

图 2–7 真空泵控制器

课堂讨论

想一想，纯电动汽车的制动和传统汽车相比，有哪些细节上的区别?

二、混合动力汽车制动系统

（一）混合动力汽车的制动系统概述

制动系统

下面以典型的丰田普锐斯混合动力汽车的 THS–Ⅱ（第二代再生制动）制动系统为例，介绍混合动力汽车的制动系统。

丰田普锐斯混合动力汽车的 THS–Ⅱ 制动系统属于电子控制制动（electronically controlled brake，ECB）系统。THS–Ⅱ 制动系统可根据用户踩制动踏板的程度和所施加的力计算所需的制动力，此系统施加需要的制动力（包括再生制动力和液压制动系统产生的制动力）并有效地吸收能量。

THS–Ⅱ 制动系统的组成包括制动信号输入、电源和液压控制部分，取消了传统的真空助力器。当正常制动时，总泵产生的液压力转换成液压信号，不直接作用在轮缸上，通过调整作用于轮缸的制动执行器上液压源的液压获得实际控制压力。THS–Ⅱ 制动系统组成如图 2–8 所示。

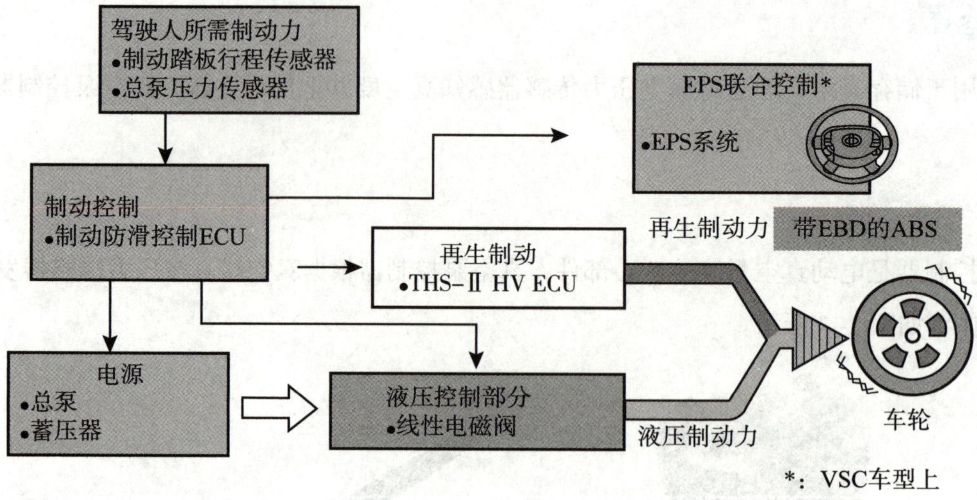

图 2-8　THS-Ⅱ制动系统组成

ECB 的 ECU 和制动防滑控制 ECU 集成在一起，并和液压制动系统一起对制动进行综合控制，液压制动系统包括带电子控制制动力分配（electronic brake distribution，EBD）的防抱死制动系统（anti-lock brake system，ABS）、制动助力和 VSC+。

VSC+ 系统除了有正常的车身稳定控制（vehicle stability control，VSC）功能外，还能根据车辆行驶情况和电子助力转向（electric power steering，EPS）配合，提供转向助力来帮助用户转向。

THS-Ⅱ系统采用电动机牵引控制系统，该系统不但具有旧车型上的 THS 系统拥有的保护行星齿轮和电动机的控制功能，而且还能对滑动的车轮施加液压制动控制，把驱动轮的滑动减小到最低程度，并产生适合路面状况的驱动力。THS-Ⅱ系统制动系统的功能见表 2-2。

表 2-2　THS-Ⅱ系统制动系统的功能

制动控制系统	功能	概述
ECB 系统	VSC+	当 VSC+ 系统可以转向时，防止前轮或后轮急速滑动产生的车辆侧滑和 EPS ECU一起联合控制，以根据车辆的行驶条件提供转向助力
	ABS	当制动过猛或在易滑路面上采取制动时，ABS 能防止车轮抱死，保证车辆及人员安全
	EBD	EBD 控制利用 ABS，根据行驶条件在前轮和后轮之间分配制动力，另外，当转向制动时，它还能控制左、右车轮的制动力，以保持车辆平衡行驶
	再生制动联合控制	通过尽量使用 THS-Ⅱ系统的再生制动能力，控制液压制动来补充电能
	制动动力	制动助力有两个功能：当紧急制动时，如果制动踏板力不足，可以增大制动力；当需要强大制动力时，增大制动力

（二）混合动力汽车电子制动控制系统的主要组成元件

ECB 系统的主要部件有制动踏板行程传感器、制动灯开关、行程模拟器、制动防滑控制 ECU、制动执行器、制动总泵、备用电源装置。丰田普锐斯混合动力汽车的主要制动组件及 位置如图 2-9 所示。

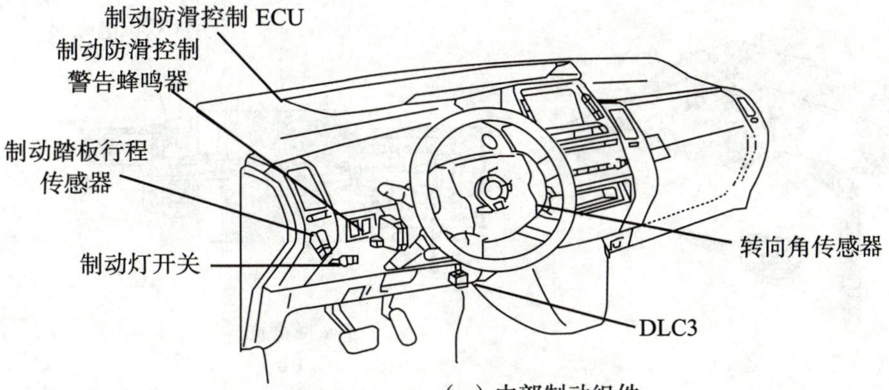

（a）内部制动组件

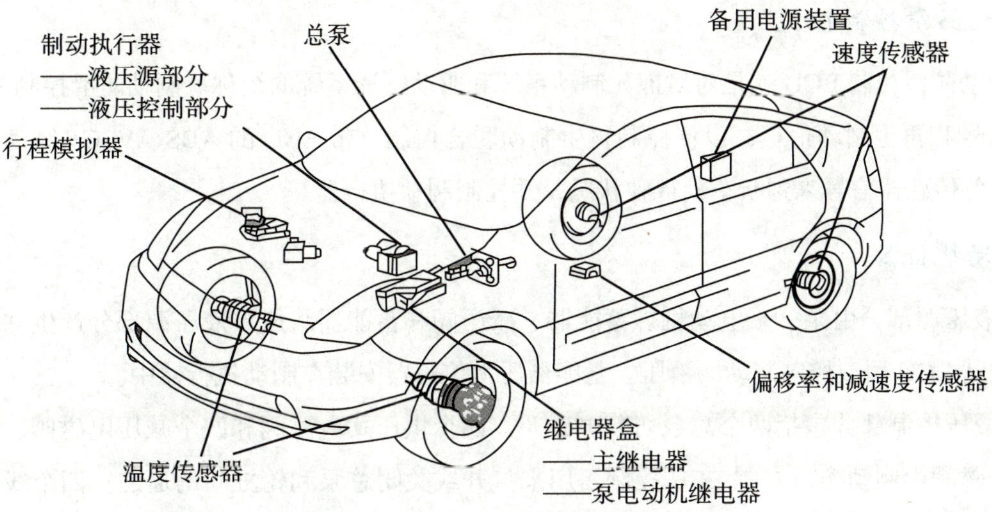

（b）外部制动组件

图 2-9　丰田普锐斯混合动力汽车的主要制动组件及位置

1. 制动踏板行程传感器和制动灯开关

制动踏板行程传感器可直接检测到用户踩下的制动踏板的程度。此传感器包括触点式可变电阻器，它用于检测制动踏板行程踩下的程度并发送信号到制动防滑控制 ECU，信号采用反向冗余设计。

制动灯开关的作用与传统汽车相同，作为控制制动灯及制动踏板动作信号。

2. 行程模拟器

行程模拟器如图 2-10 所示，制动时根据踏板力度产生踏板行程。行程模拟器位于总泵和制动执行器之间，它根据制动中用户踏制动踏板的力产生踏板行程。行程模拟器包括弹簧系数不同的两种螺旋弹簧，具有对应于总泵压力的两个阶段踏板行程特征。

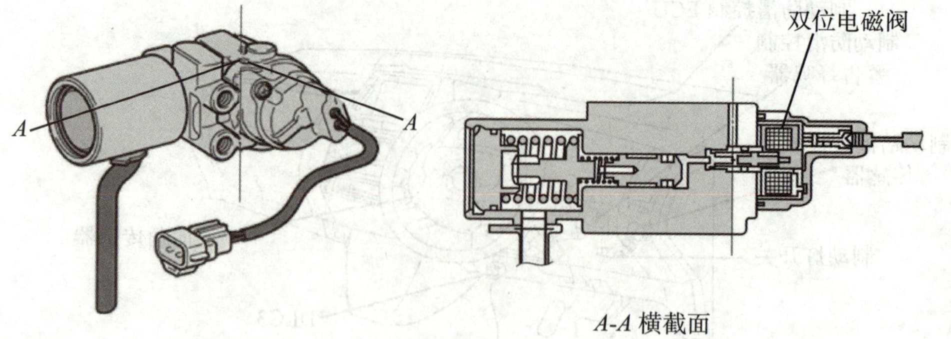

图 2-10　行程模拟器

3. 制动防滑控制 ECU

汽车制动防滑控制 ECU 就是对防抱死制动系统和驱动防滑系统的统称。制动防滑控制 ECU 处理各种传感器信号和再生制动信号，以便控制再生制动联合控制、带 EBD 的 ABS、VSC+ 制动助力和正常制动；根据各传感器信号来判断车辆行驶状况，并控制制动执行器。

4. 制动执行器

（1）液压源部分由泵、泵电动机、蓄能器、减压阀和蓄能器组成，液压源部分产生并存储压力，制动防滑控制 ECU 用于控制制动的液压。蓄能器压力传感器安装在制动执行器中。

（2）液压控制部分包括两个总泵切断电磁阀、四个供压式电磁阀和四个减压电磁阀。两个双位型总泵切断电磁阀由制动防滑控制 ECU 控制，用来打开或关闭总泵和轮缸间的通道；四个线性供压电磁阀和四个线性减压电磁阀由制动防滑控制 ECU 控制，以增减轮缸中的液压。

（3）总泵压力传感器和轮缸压力传感器都安装在制动执行器中。

5. 制动总泵

传统汽车制动总泵上的真空助力器被取消，采用了电动机液压助力。制动总泵仍采用双腔串联形式，一旦电动机液压助力失效，制动总泵的前腔和后腔将分别对汽车的左前轮和右前轮进行制动，所以这个总泵也称为前轮制动总泵。

6. 备用电源装置

备用电源装置如图 2-11 所示，用作备用电源以保证给制动系统稳定供电。该装置包括 28 个电容器电池，用于储存车辆电源（12 V）提供的电量。当车辆电源电压（12 V）下降时，电容器电池中的电就会作为辅助电源向制动系统供电。关闭电源开关后，当混合动力系统停止工作时，存储在电容器电池中的电量放电。维修中电源开关关闭后，备用电源装置就处于放电状态，但电容器中仍有一定的电压。在从车辆上拆下备用电源装置或打开检查它的盒内部之前，一定要检查它的剩余电压；如有必要，应使其放电。

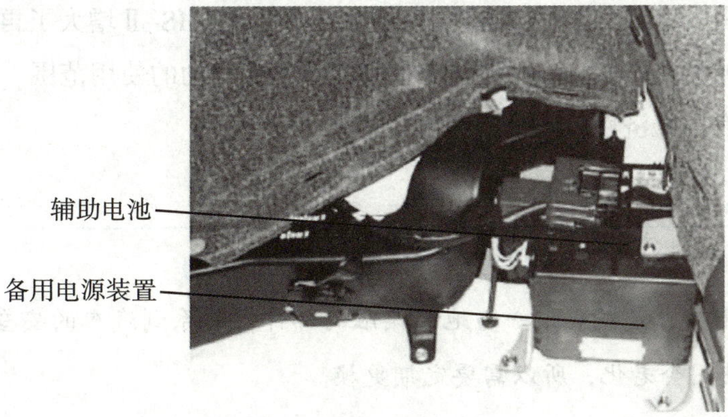

图 2-11　备用电源装置

（三）混动汽车制动系统的工作原理

电源开关（电源信号）打开后，蓄电池向控制器供电，控制器开始工作，此时电子制动信号灯显示系统正常工作。当用户进行制动操作时，首先由电子踏板行程传感器探知用户的制动意图（踏板速度和行程）；然后把这一信息传给 ECU，ECU 汇集轮速传感器、踏板位置传感器等各路信号，根据车辆行驶状态计算出每个车轮的最大制动力；最后再发出指令给执行器（电动机）执行各车轮的制动。电动机械制动器能快速而精确地提供车轮所需制动力，从而保证最佳的整车减速和车辆制动效果。

（四）再生制动联合控制

在制动时，电动机 MG2 起到发电作用，和电动机 MG2 转动方向相反的转动轴产生的阻力是再生制动力的来源，如图 2-12 所示。发电量（蓄电池充电量）越多，阻力也越大。

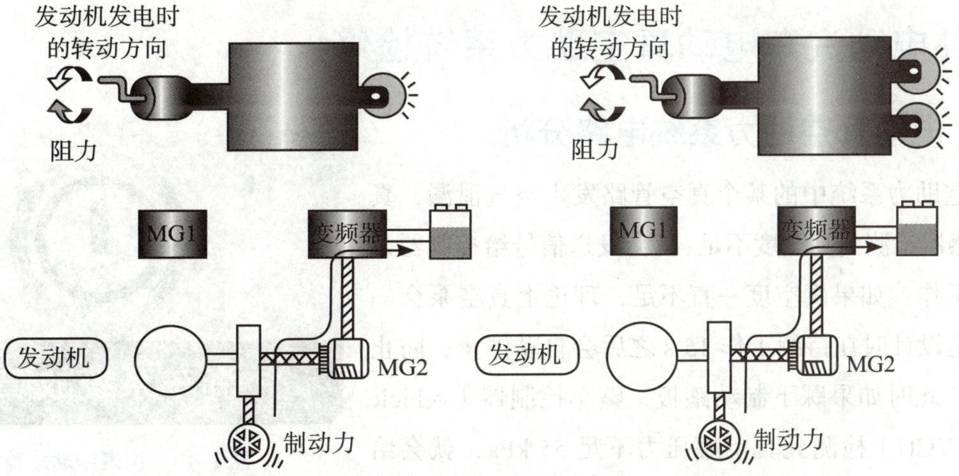

图 2-12　再生制动联合控制

驱动桥和 MG2 通过机械方式连接在一起，驱动轮带动 MG2 转动而发电，MG2 产生的再生制动力就会传到驱动轮，这个力由控制发电的 THS-Ⅱ系统进行控制。

再生制动联合控制和传统制动方式最大的区别是再生制动联合控制并不单靠液压系统产生用户所需的制动力，而是同 THS-Ⅱ系统一起联合控制提供再生制动的合制动力。这样控制能够最大限度地减少正常液压制动的动能损失，并把这些动能转化为电能。

由于采用了 THS-Ⅱ系统使 MG2 的输出功率得到了增加，THS-Ⅱ增大了再生制动力。另外，由于采用 ECB 系统，制动力得到了改善，从而有效地增加了再生制动的使用范围。这些提高了系统恢复电能的能力，从而提高了燃油经济性。

知识拓展

轮胎对汽车制动性的影响

轮胎对汽车非常重要，是汽车唯一与地面接触的部件，关系到汽车的安全性和稳定性。轮胎是一种橡胶制品，长期使用会老化，所以需要定期更换。

在正常情况下，安装在汽车上的轮胎可以使用四年，所以建议每四年更换一次轮胎。当购买轮胎时，一定要看清生产日期。在正常情况下，轮胎的保质期是三年；如果轮胎出厂超过三年，就不要买了。

轮胎的抓地力会影响制动距离，如果轮胎抓地力差，会导致汽车制动距离延长；如果轮胎的抓地力好，会缩短汽车的制动距离。

任务二　制动系统的检修

一、纯电动汽车电动真空助力系统检修

（一）电动真空助力系统电路分析

电动真空助力系统中的某个真空管路发生空气泄漏，真空罐压力传感器检测到真空度不足，就会发送信号给控制器，控制真空泵工作。如果真空度一直不足，理论上真空泵会一直工作，但是设计时在持续工作 15 s 之后会自动停止，防止真空泵过热。此时如果踩下制动踏板，整车控制器（vehicle control unit，VCU）检测到真空罐压力不足 55 kPa，就会给真空泵报警继电器和组合仪表发出信号触发仪表报警，如图 2-13 所示。若 8 s 后真空仍未恢复到 55 kPa 以上，就会给驱动电动机控制器（motor control unit，MCU）发送信号，让车辆限速到 9 km/h。

图 2-13　仪表制动故障报警

电动真空助力系统电路如图 2-14 所示。12 V 直流常电接通后，真空泵控制器发送信号让真空泵开始工作，真空罐压力达到 55 kPa 以上时，真空罐压力传感器闭合，发出高电平信号到真空泵控制器和 VCU，真空泵控制器的时间模块延时 10 s，真空泵停止工作。等真空度下降到 -55 kPa 以下，真空罐压

力传感器断开，发出低电平信号给真空泵控制器和 VCU，真空泵控制器收到信号后控制真空泵再次开始工作，如此循环。

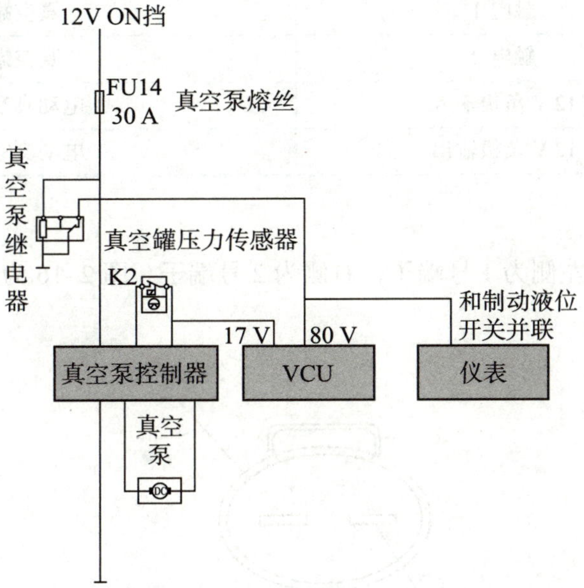

图 2-14　电动真空助力系统电路

（二）电动真空助力系统接线方式和针脚定义

1. 真空泵控制器

真空泵控制器一般有 6 个端子接口，端子接口的位置与功能为默认位置。图 2-15 所示是真空泵控制器插接器端子示意图，表 2-3 是真空泵控制器端子的定义。

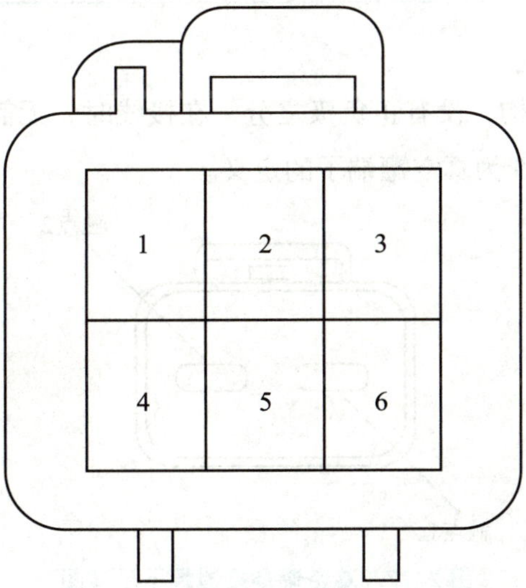

图 2-15　真空泵控制器端子示意图

表 2-3　真空泵控制器端子的定义

端子号	端子功能	线束走向
1	12 V 正极输入	前机舱低压电器盒（30 A 熔丝）
2	12 V 正极输出	负极接地

续表

端子号	端子功能	线束走向
3	触电 1	真空罐压力开关
4	触电 2	真空罐压力开关
5	12 V 负极输入	电动真空泵输入正极
6	12 V 负极输出	电动真空泵输出负极

2. 真空泵

真空泵的端子有两个，左侧为 1 号端子，右侧为 2 号端子。图 2–16 为真空泵插接器端子示意图，表 2–4 为真空泵端子的定义。

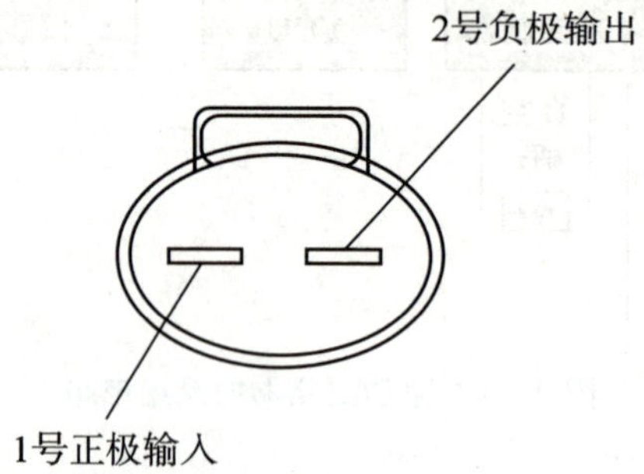

图 2–16　真空泵插接器端子示意图

表 2–4　真空泵端子的定义

端子号	端子功能	线束走向
1	12 V 正极输入	真空泵控制器
2	12 V 负极输出	真空泵控制器

3. 真空罐

真空罐的端子以是触点的结构，没有正负极之分，在接线时，无需区分输入与输出端。图 2–17 为真空罐插接器端子示意图，表 2–5 为真空罐端子的定义。

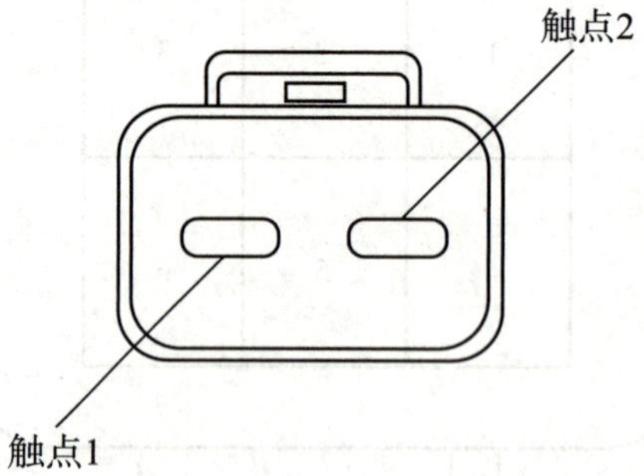

图 2–17　真空罐插接器端子示意图

表 2–5　真空罐端子的定义

端子号	端子功能	线束走向
1	触电 1	真空泵控制器
2	触电 2	真空泵控制器

（三）电动真空助力系统的检查与诊断

电动真空助力系统的检查与诊断步骤如下。

（1）检查熔丝是否熔断。若熔丝熔断，则需更换熔丝，确保电路安全。若正常，则进行下一步诊断。

（2）检查电动真空泵是否损坏。若电路有故障或电动真空泵损坏，则对电路进行检修或更换电动真空本。若正常，则进行下一步诊断。

（3）检查真空罐是否漏气。若真空罐漏气，则更换真空罐。若正常，则进行下一步诊断。

（4）正确检修操作后检查故障是否出现。若故障仍存在，则从其他症状查找问题根源。若正常，则诊断结束。

二、混合动力汽车制动系统检修

下面以丰田普锐斯为例，介绍典型的混合动力汽车制动系统的检修方法。

（一）检修时注意事项

（1）当端子触点或零件安装出现故障时，对被怀疑零件的拆除和重新安装可能使系统完全或暂时恢复到正常状态。

（2）为了准确地判断故障部位，必须检查故障发生时的各种情况。例如，故障码（diagnostic trouble code，DTC）输出和历史数据，以及在断开每一个插接器或安装拆除零件之前都要记录。

（3）因为该系统可受到除制动控制系统外所有系统的影响，所以一定要检查其他系统中的 DTC。

（4）由于 VSC+ 或 ECB 部分零件拆装后无法进行正确调整，包括转向传感器、偏移率传感器或制动踏板行程传感器等，因此，除非必要，否则不要对 VSC+ 或 ECB 的零件进行拆装。

（5）在按照维修手册中的指示完成 VSC+ 或 ECB 系统的修理工作后和进行确认前，一定要做好相应的准备工作。

（6）除非在检查步骤中有专门规定，否则一定要在电源开关关闭的情况下拆装 ECU、执行器及每个传感器。

（7）确保在拆装或者更换 VSC+ 或 ECB 零件之前拆下两个主继电器。

（8）执行器、制动总泵或行程模拟器的拆装以及其他步骤能够造成液面下降到储液罐端口以下。如果在进行后续作业时发生这种情况，一定要拆除两个电动机继电器，直到管路中的气体被完全排空。

（9）拆除主继电器和电动机继电器时，电源开关断开之后等待 2 min，在拆下两个继电器之前，停止制动踏板操作并且关闭驾驶人侧车门。

（10）在拆装 ECU、执行器和各传感器时，在安装所有零件后，一定要确认在进行测试模式检查和 DTC 输出检查时输出正常显示。

（11）DTC 注意事项：修理故障零件后并不能清除某些 DTC 的警告，如果在修理之后仍显示警告，则应在电源开关关闭之后清除 DTC。

（12）制动安全保护功能。

① 当制动控制系统发生故障时，制动防滑控制 ECU 点亮相应故障系统的警告灯（ECB、ABS、

VSC+ 和 BRAKE）并且禁止 ABS、VSC+ 和制动辅助系统操作。

② 根据故障情况，除了故障部件之外，正常部件能继续 ECB 的控制。

- 如果四轮中的任一个 ECB 控制被禁止，这个轮就会失去制动助力功能或制动能力。如果一个车轮失去制动助力功能，踩下制动踏板时的感觉变得像行程模拟器（踏板反作用力生成电磁阀）不起作用一样。
- 如果所有轮的 ECB 控制被禁止，则两个前轮制动助力丧失功能。

（13）鼓式测试仪注意事项。

① 确保 VSC 警告灯在闪（转到 TEST MODE 即测试模式）。

② 用锁链保证车辆的安全。

（14）CAN 通信系统注意事项如下。

① CAN 通信系统用于制动防滑控制，ECU、转向传感器、偏移率传感器（包括减速传感器）和其他 ECU 之间的数据通信。如果 CAN 通信线路有故障，系统会输出通信线路相应的 DTC。

② 如果系统输出 CAN 通信线路的 DTC，应首先修理通信线路的故障，数据通信正常后，还要对 VSC+ 系统进行故障排除。

③ 由于 CAN 传输线路有规定的长度和路线，因此不能临时使用旁路接线来修理。

（15）激活混合动力系统的注意事项如下。

① 警告灯亮起或蓄电池断开又重新连接，则初次按下电源开关可能无法启动该系统。如果是这样，则再次按下电源开关。

② 打开电源开关（IG），断开蓄电池。如果在重新连接时钥匙不在钥匙孔内，则可能输出 DTC B2799。

（二）制动控制系统测试模式步骤

1. 警告灯和指示灯检查

（1）松开驻车制动踏板。

（2）打开电源开关（READY），检查 ABS 警告灯、VSC 警告灯、BRAKE 警告灯、制动控制警告灯和 SLIP 指示灯是否点亮大约 3 s。警告灯和指示灯显示面板如图 2-18 所示。

图 2-18 警告灯和指示灯显示面板

2. 测试模式检查传感器信号

（1）将车辆设定在 TEST MODE（测试模式）下，检查减速传感器、制动总泵压力传感器、速度传感器和偏移率传感器的运行状况。

（2）检查仪在 TEST MODE（测试模式）下输出的 DTC 的结果，具体步骤如下。

测试模式的步骤如下。

- 关闭电源开关。
- 将智能测试仪Ⅱ连接到 DLC3 上，如图 2–19 所示。
- 检查转向盘是否在正朝前位置，并将变速杆移到“P”挡。
- 打开电源开关（READY）。
- 检查 ABS 警告灯和 VSC 警告灯是否指示 TEST MODE（测试模式），ABS 警告灯和 VSC 警告灯闪烁方式如图 2–20 所示。

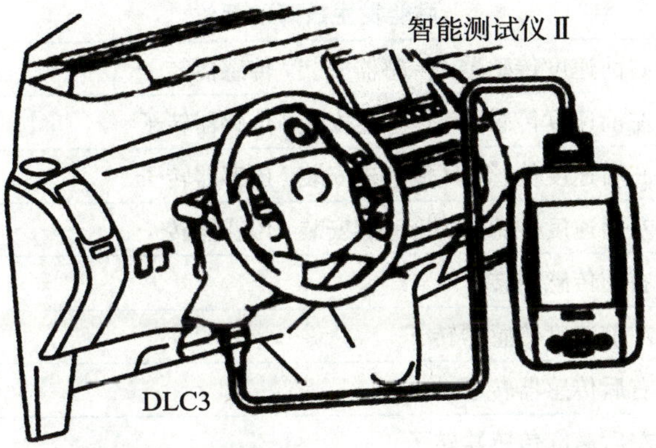

图 2–19　智能测试仪Ⅱ与 DLC3 连接位置

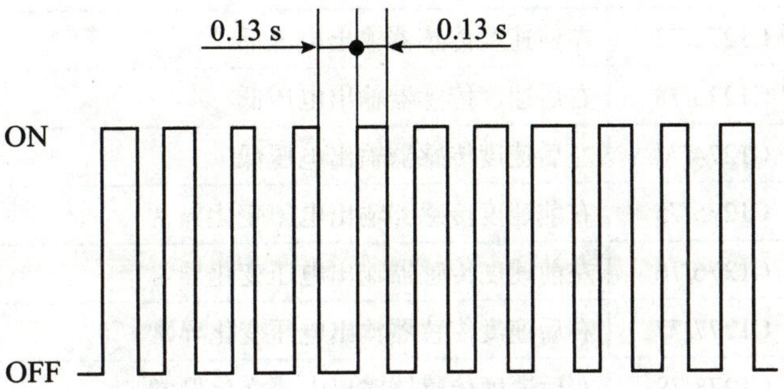

图 2–20　ABS 警告灯和 VSC 警告灯闪烁方式

② 减速传感器检查如下。

- 在 TEST MODE（测试模式）下，检查 ABS 警告灯闪烁情况。
- 在水平面保持车辆静止至少 1 s。

③ 偏移传感器检查。变速杆换到“D”挡，以大约 5 km/h 的车速行驶，然后向左或向右以大于 90° 的角度并保持 180° 圆弧行驶，如图 2–21 所示。

④ 制动总泵压力传感器检查如下。

- 检查 ABS 警告灯在 TEST MODE（测试模式）下闪烁，警告灯闪烁方式如图 2–20 所示。
- 保持车辆在静止状态下，松开制动踏板至少 1 s，然后迅速踩下制动踏板，并保持至少 1 s。
- 车辆停止时，松开制动踏板。
- 车辆停止时，迅速踩下制动踏板至少一次，检查 ABS 警告灯是否点亮 3 s。

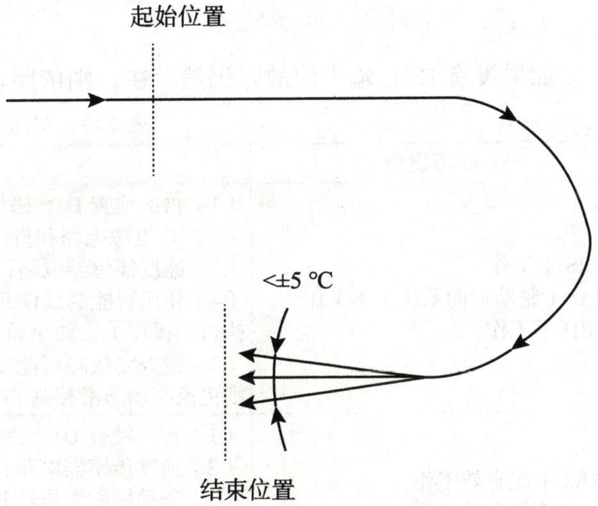

图 2–21　车辆偏移位置

⑤ 速度传感器检查如下。

- 检查 TEST MODE（测试模式）下 ABS 警告灯闪烁情况。
- 开始传感器信号检查，检查项目见表 2-7。

表 2-7 车辆随车速变化进行的检查项目

车速	测试	检查
0 ～ 45 km/h	低速测试	传感器响应
45 ～ 80 km/h	中速测试	传感器信号偏移

- 正向前行驶车辆，以至少 45 ～ 80 km/h 的车速行驶车辆数秒，检查 ABS 警告灯应熄火。

⑥ 结束传感器检查。如果传感器检查完成，则车辆停止时 ABS 警告灯闪烁（测试模式），车辆行驶时警告灯熄灭。

⑦ 读取 TEST MODE（测试模式）故障码。在测试模式下使用智能测试仪 Ⅱ 检查 DTC，见表 2-8。

表 2-8 TEST MODE（测试模式）的 DTC

DTC	诊断	可能发生故障的部位
C1271/71	右前速度传感器输出电压低	右前速度传感器 / 传感器安装 / 传感器转子
C1272/72	左前速度传感器输出电压低	左前速度传感器 / 传感器安装 / 传感器转子
C1273/73	右后速度传感器输出电压低	右后速度传感器 / 传感器安装 / 传感器转子
C1274/74	左后速度传感器输出电压低	左后速度传感器 / 传感器安装 / 传感器转子
C1275/75	右前速度传感器输出电压变化异常	右前传感器转子
C1276/76	左前速度传感器输出电压变化异常	左前速度传感器转子
C1277/77	右后速度传感器输出电压变化异常	右后传感器转子
C1278/78	左后速度传感器输出电压变化异常	左后速度传感器转子
C1279/79	减速传感器故障	偏移率传感器（减速传感器）
C1281/81	制动总泵压力传感器输出信号故障	制动总泵压力传感器
C0371/71	信号故障	偏移率传感器（ 减速传感器）

3. 制动控制系统故障现象

如果没有 DTC 输出但故障仍然存在，则依照表 2-9 所给的顺序依次检查各故障现象的电路。

表 2-9 制动控制系统故障现象

故障现象	可能发生的故障部位
ABS 不工作 BAS（制动辅助系统）不工作 EBD 不工作	（1）再次检查 DTC 确保输出正常故障码； （2）IG 电源电路和搭铁电路； （3）速度传感器电路； （4）使用智能测试仪 Ⅱ 检查制动执行器（用 ACTIVE TEST 即动态测试功能检查制动执行器操作），如果异常，则检查液压回路是否泄漏； （5）检查完故障可能发生部位的上述电路并证明正常后，如果故障现象仍然出现，则更换制动防滑控制 ECU
ABS 不能有效工作 BAS 不能有效工作 EBD 不能有效工作	（1）再次检查 DTC 确保输出正常故障码； （2）速度传感器电路； （3）制动控制警告灯开关电路； （4）使用智能测试仪 Ⅱ 检查制动执行器，如果异常，检查液压回路是否泄漏； （5）检查完故障可能发生部位的上述电路并证明正常后，如果故障现象仍然出现，则更换制动防滑控制 ECU

续表

故障现象	可能发生的故障部位
ABS 警告灯异常	（1）ABS 警告灯电路； （2）制动防滑控制 ECU
不能进行 ABS 的 DTC 检查	（1）再次检查 DTC 确保输出正常故障码； （2）TC 端子电路； （3）检查完故障可能发生部位的上述电路并证明正常后，如果故障现象仍然出现，则更换制动防滑控制 ECU
不能进行传感器信号检查	（1）TC 端子电路； （2）制动防滑控制 ECU
VSC 不工作	（1）再次检查 DTC 确保输出正常故障码； （2）IG 电源电路和搭铁电路； （3）检查液压回路是否泄漏； （4）速度传感器电路； （5）偏移率（减速）传感器电路； （6）转向传感器电路； （7）检查完故障可能发生部位的上述电路并证明正常后，如果故障现象仍然出现，则更换制动防滑控制 ECU
SLIP 指示灯异常	（1）SLIP 指示灯电路； （2）制动防滑控制 ECU
不能进行 VSC 的 DTC 检查	（1）再次检查 DTC 确保输出正常故障码； （2）TC 端子电路； （3）检查完故障可能发生部位的上述电路并证明正常后，如果故障现象仍然出现，则更换制动防滑控制 ECU
VSC 警告灯异常	（1）再次检查 DTC 确保输出正常故障码； （2）VSC 警告电路； （3）检查完故障可能发生部位的上述电路并证明正常后，如果故障现象仍然出现，则更换制动防滑控制 ECU
制动控制警告灯异常	（1）再次检查 DTC 确保输出正常故障码； （2）制动控制警告电路灯； （3）检查完故障可能发生部位的上述电路并证明正常后，如果故障现象仍然出现，则更换制动防滑控制 ECU

任务三　防抱死制动系统

一、防抱死制动系统概述

汽车在制动时车轮抱死是非常危险的。若是前轮抱死，汽车就失去转向性和方向性；若是后轮抱死，汽车容易发生跑偏，甩尾和侧翻。为了防止车轮在制动时抱死，在现代汽车上普遍装配了防抱死制动系统，英文缩写为 ABS。

二、防抱死制动系统的组成及工作原理

ABS系统主要由ABS电控单元、信号输入装置（各车轮处的轮速传感器）和执行器（普通制动系统、ABS泵、ABS电磁阀）等部分组成，其中ABS电控单元是ABS系统的控制核心，也是ABS系统电路的核心。

（一）防抱死制动系统信号输入装置

1. 轮速传感器

轮速传感器又叫作车速转速传感器，常安装在车轮外，用来检测车轮运动状态，获得车轮的转速信号。常用的主要结构形式有电磁感应式和霍尔效应式，其中最常见的是电磁感应式。

电磁感应式轮速传感器主要由静止的传感器头和随车轮一起转动的转子组成，其结构如图2–22所示。传感器头主要由永磁体、电磁感应线圈、极轴等组成。在电路图中一般只画出电磁感应线圈来表示电磁感应式轮速传感器。

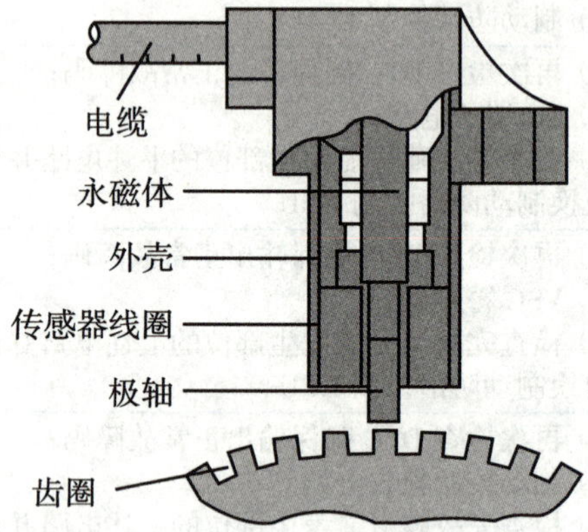

图2–22　电磁感应式轮速传感器结构

霍尔式传感器利用霍尔效应制成，主要由传感器头和齿圈组成。传感器头主要由永磁体、霍尔元件、电子模块等组成，在电路图中一般只画出霍尔元件和电子模块来表示霍尔效应式轮速传感器。另外，一般车辆ABS系统在车速低于10 km/h以下是不起作用的。

2. 横向加速度传感器

横向加速度传感器又叫作横向加速度开关，常装备在高级轿车上，用于检测汽车在制动时的横向加速度范围。ABS电控单元根据该信号来修正控制指令，调节左右车轮的制动力，防止制动侧滑，使ABS系统更有效地工作。

3. 制动开关

制动开关常安装在制动踏板上，用于向ABS电控单元输送制动信号，ABS电控单元根据该信号来启动ABS系统工作。

4. 压力开关

压力开关装在储能器上，作用是监测储能器中的压力，向电控单元输入压力信号，从而控制液压泵电机的工作状态。

5. 减速度传感器

减速度传感器用于向电控单元提供制动强度信号，以调节制动力。

6. 防抱死制动信号输入电路

图 2–23 为广州本田雅阁防抱死制动系统电路。

（1）左前轮速传感器信号电路：左前轮速传感器→ ABS 电控单元端子 4 和 5。

（2）左后轮速传感器信号电路：左后轮速传感器→ ABS 电控单元端子 15 和 16。

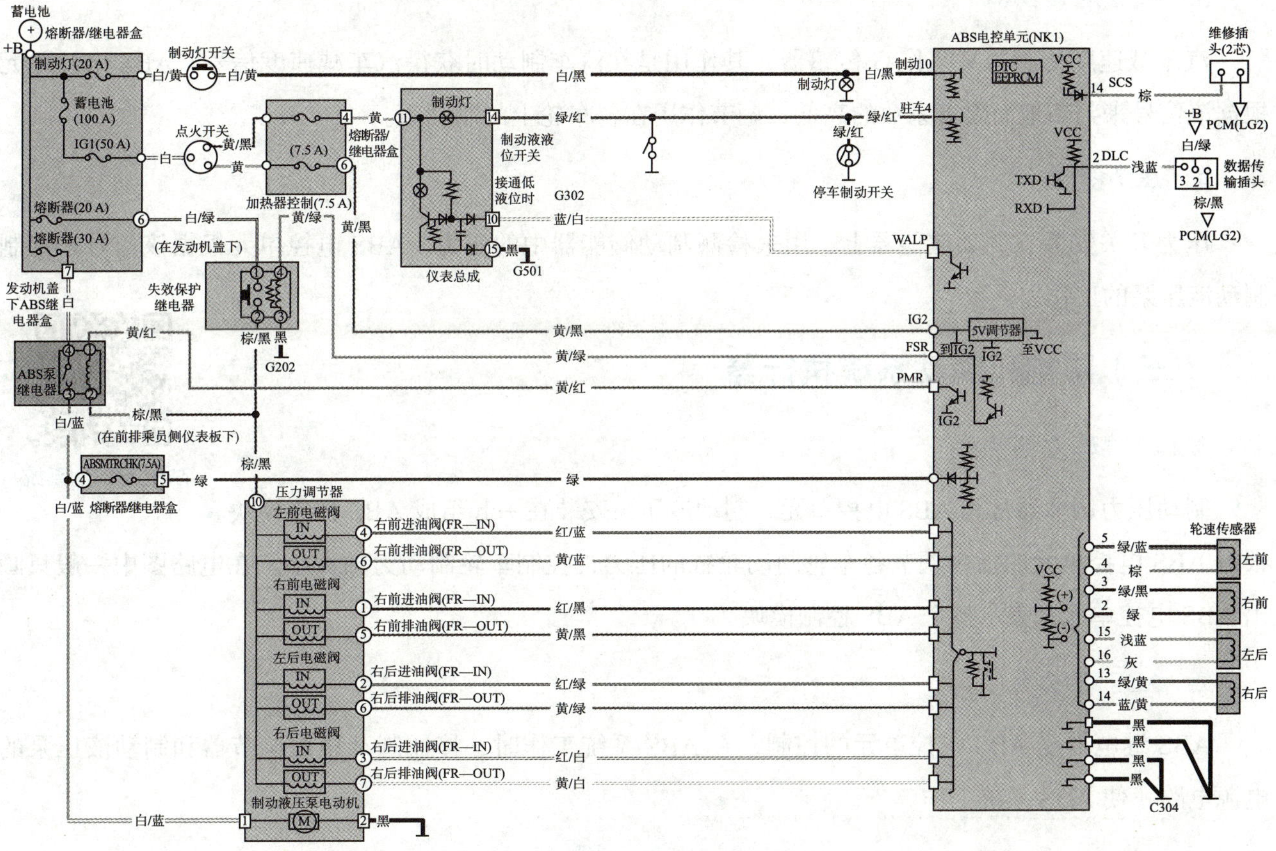

图 2–23 广州本田雅阁防抱死制动系统电路

（二）防抱死制动系统执行器电路

1. 制动液压泵电路

制动液压泵控制电路：当 ABS 系统工作时，ABS 电控单元的 FSR 使失效保护继电器工作，线圈通电，则失效保护继电器①、②接通。此时控制电路：蓄电池“+B”→熔断器 20 A →失效保护继电器触点①→失效保护继电器触点②→ ABS 泵继电器线圈→ ABS 电控单元端子 PMR → ABS 电控单元。

制动液压泵工作电路：蓄电池“+B”→熔断器 30A → ABS 泵继电器触点→制动液压泵电动机端子 1→制动液压泵电动机→制动液压泵电动机端子 2→接地。

2. 压力调节器电路

压力调节器电源控制电路：ABS 电控单元→ ABS 电控单元端子 FSR →失效保护继电器线圈→接地。

右前电磁阀进油阀工作电路：蓄电池“+B”→熔断器 20 A →失效保护继电器触点→压力调节器端子 10→右前电磁阀（IN）→右前电磁阀（FR—IN）→ ABS 电控单元。

右前电磁阀排油阀工作电路：蓄电池“+B”→熔断器 20 A →失效保护继电器触点→压力调节器端子 10→右前电磁阀（OUT）→右前排油阀（FR—OUT）→ ABS 电控单元。

3. 减速度传感器

汽车减速度传感器又叫作 G 传感器，其作用是在汽车制动时获得汽车减速度信号。ABS 电控单元根据该信号来判断地面附着系数的高低，调节作用在各车轮上的制动力。

4. 压力开关

压力开关安装在制动储能器上，用来检测制动储能器中的压力。ABS 电控单元根据该信号来控制制动液压泵的工作。

（三）防抱死制动系统执行器

防抱死制动系统

1. 制动压力调节器

制动压力调节器常和 ABS 电控单元、制动液压泵安装在一起组成 ABS 控制模块。根据 ABS 电控单元的指令调节各车轮制动轮缸的压力，控制车轮制动力的大小。在电路图中一般只画出 ABS 电控单元来表示整个 ABS 控制模块。

2. ABS 继电器

ABS 继电器受 ABS 电控单元的控制，在 ABS 系统工作时，接通制动压力调节器和制动液压泵的电源电路，使 ABS 系统工作。

（四）ABS 电控单元

ABS 电控单元是整个 ABS 系统的控制中心，接收信号装置传来的信号，经计算分析后控制执行器的工作，在电路图中常用电控单元符号来表示。

1. ABS 电控单元电路

ABS 电控单元电源电路：蓄电池“+B”→蓄电池（100 A）→熔断器 IG1（50 A）→点火开关触点→加热器控制熔断器 7.5 A → ABS 电控单元端子 IG2 → ABS 电控单元。

2. 防抱死制动系统信号电路

制动信号电路：蓄电池“+B”→制动灯（20 A）→制动灯开关触点→ABS 电控单元端子 10（制动）→ABS 电控单元。

三、故障检修

防抱死制动系统的常见故障与排除见表 2–10。

表 2–10　防抱死制动系统的常见故障与排除

故障现象	可能的故障原因
ABS 不能有效工作	再次检查故障码，并确保输出正常系统代码
	前轮转速传感器电路
	后轮转速传感器电路
	制动灯开关电路
	用诊断仪检查制动器执行器总成（利用主动测试功能检查制动器执行器总成的工作情况）。如果不正常，则检查液压回路是否泄漏
	若上述可能部位中的电路检查正常，而症状仍然存在，则更换制动器执行器总成（ABS 电控单元 ECU）
ABS 警告灯和 / 或多信息显示屏（*1）异常（一直亮）	ABS 警告灯电路
	制动器执行器总成（ABS 电控单元 ECU）
ABS 警告灯和 / 或多信息显示屏（*1）异常（不亮）	ABS 警告灯电路
	制动器执行器总成（ABS 电控单元 ECU）
ABS 不工作	再次检查故障码，并确保输出正常系统代码
	ABS 电控单元（NK1）电源电路
	前轮转速传感器电路
	后轮转速传感器电路
	用诊断仪检查制动器执行器总成（利用主动测试功能检查制动器执行器总成的工作情况）。如果不正常，则检查液压回路是否泄漏
	若上述可能部位中的电路检查正常，而症状仍然存在，则更换制动器执行器总成（ABS 电控单元 ECU）

注：*1：带多信息显示屏的车辆。

课后练习

一、填空题

1. 制动系统主要由________、________、________和________。

2. 电动真空助力系统由________、________、________以及与传统汽车相同的________、________组成。

3. ECB 系统的主要部件有：________制动踏板行程传感器、________、________、________、________、________、________。

二、简答题

1. 简述混合动力汽车制动过程。

2. 简述电动真空助力系统检查与诊断步骤。

项目三

新能源汽车电动转向系统

项目概述

新能源汽车特别是纯电动汽车基本上都采用电动转向系统。本项目主要学习新能源汽车电动转向系统的结构组成及检修，分为以下两个任务。

任务一：新能源汽车电动转向系统的认知。

任务二：新能源汽车电动转向系统检修。

通过以上两个任务的学习，希望读者掌握新能源汽车电动转向系统的结构组成及检修方法，能够认识新能源汽车电动转向系统的结构组成，以及能对新能源汽车电动转向系统进行检修。

学习目标

知识目标

◆ 能够描述新能源汽车电动转向系统的作用和类型。

◆ 能够描述新能源汽车电动转向系统结构组成和工作原理。

能力目标

◆ 能够认识新能源汽车电动转向系统的组成元件。

◆ 能够独立诊断电动助力转向系统故障。

素质目标

◆ 加强学生全面思考能力，加深逻辑思维。

思政目标

◆ 使学生形成明确学习目的，学习态度端正，培养科学精神、科学态度，学习科学的学习方法。

任务工单

实训表 1

任务名称	自动起停系统检测维修			任务成绩	
姓名		班级		学号	
学时		日期		实训地点	
实训设备、工具及仪器	新能源汽车、解码器、个人防护用具				
小组组长	小组成员				
任务目的	能够正确规范地更换新能源汽车电动助力转向总成				

一、任务描述

小豪是一位户外爱好者，周末他开着自己的新能源汽车在山区行驶，行驶一段时间后，发现方向盘无法转动，于是紧急制动停车，停车后仪表盘上显示“EPS 系统故障”。

二、分组讨论

全班学生以 3 ～ 6 人为一组，选出各自组长，组长对组员进行任务分工并将分工情况记录在实训表 2 中。

实训表 2

成员	任务
组长：	
组员：	
组员：	
组员：	
组员：	
组员：	

问题 1：如果在行驶过程中车辆方向盘突然无法转动，驾驶员应该怎么自救？

问题 2：自动起停系统发生故障后应怎样解决？

三、任务实施

在实际操作过程中，将操作内容及实施过程中遇到的问题和解决办法记录在实训表 3 中。

实训表 3

序号	操作内容	遇到的问题	解决办法

四、任务评价

请各组选出一名代表展示任务实施的成果，并配合指导老师完成实训表 4 的任务评价。

实训表 4

项目名称	评价内容	分值	评价分数		
			自评	互评	师评
职业素养考核项目（40%）	考勤、仪容仪表	10 分			
	责任意识、纪律意识	10 分			
	团队合作与交流	20 分			
专业能力考核项目（60%）	积极参与教学活动并正确理解任务要求	10 分			
	认真搜集任务所需资料	10 分			
	任务实施过程中记录表的完成度	10 分			
	对转向系统的掌握程度	20 分			
	独立完成相应任务的程度	10 分			
合计：综合分数____自评（20%）+ 互评（20%）+ 师评（60%）		100 分			
综合评语		教师（签名）：			

任务一　新能源汽车电动转向系统的认知

一、电动助力转向系统

（一）电动转向系统的概念

电动助力转向（electric power steering，EPS）系统，是指利用电动助力转向电机提供转向动力，辅助驾驶人进行转向操作的转向系统。电动助力转向系统在传统机械转向系统的基础上，根据转向盘上的转矩信号和汽车的行驶车速信号，利用电子控制装置使电动机产生相应大小和方向的辅助动力，协助驾驶人进行转向操作。

（二）电动转向系统的分类

电动助力转向系统按照助力电动机的布置方式可分为转向柱助力式（column- assist type，EPS）、小齿轮助力式（pinion- assist type，EPS）、齿条助力式（rack- assist type，EPS）和直接助力式（direct-drive type，EPS）四种。

1. 转向柱助力式（C-EPS）

转向柱助力式转向系统的转矩传感器、电动机、离合器和转向助力机构组成一体，安装在转向柱上，如图 3-1 所示。

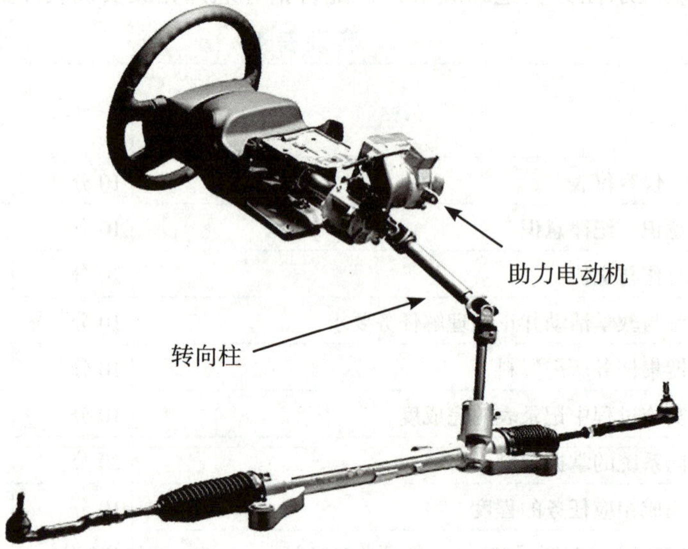

图 3-1　转向柱助力式转向系统

转向柱助力式助力转矩经过了转向机放大，因此要求电动机的减速机构传动比较小；电动机布置在驾驶室内，工作环境较好，对电动机的密封要求低。但是，因电动机安装位置距驾驶人近，所以要求电动机的噪声要小；由于电动机距离转向盘较近，电动机的力矩波动容易直接传到转向盘上，导致转向盘振动，使驾驶人手感变差；由于助力转矩通过转向柱传递，因此要求转向柱有较大的刚度和强度。这种助力方式比较适合用于前轴负荷较小的微型轿车上。

2. 小齿轮助力式（P- EPS）

小齿轮助力式转向系统的转矩传感器、电动机、离合器和转向助力机构组成一体，整体安装在转向小齿轮处，直接给小齿轮助力，能够获得较大的转向力，如图 3-2 所示。

图 3-2　小齿轮助力式转向系统

小齿轮助力式的助力转矩经过了转向机放大，因此要求电动机的减速机构传动比相对较小；电动机安装在前机舱内，工作环境较差，对电动机的密封要求较高；由于电动机的安装位置距离驾驶人有一定距离，对电动机的噪声要求不是太高；同时，电动机的力矩波动不太容易传到转向盘上，驾驶人手感适中；助力转矩不通过转向柱传递，因此对转向柱的刚度和强度要求较低。这种助力方式比较适合用于前轴负荷中等的轻型轿车上。

3. 齿条助力式（R–EPS）

齿条助力式转向系统的转矩传感器单独安装在小齿轮处，电动机与转向助力机构一起安装在小齿轮另一端的齿条处，用以给齿条助力，如图 3–3 所示。

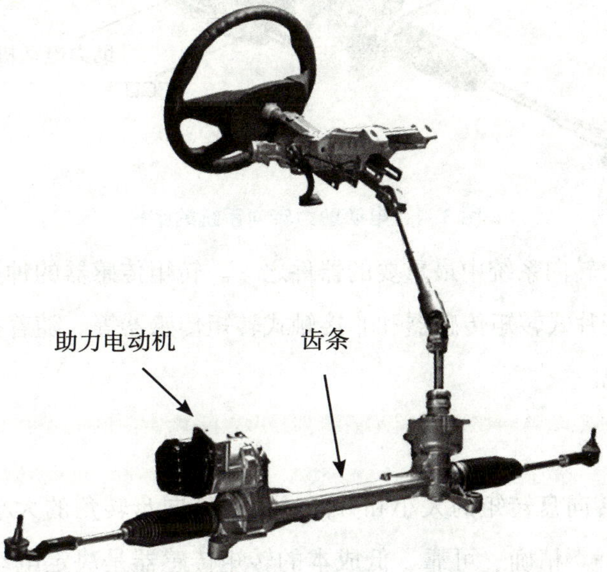

图 3–3　齿条助力式转向系统

齿条助力式助力转矩作用在齿条上，助力转矩没有经过转向机的放大，因此要求电动机的减速机构具有较大的传动比，减速机构相对较大；电动机布置在前机舱内，工作环境差，对其密封要求较高；由于电动机的安装位置距离驾驶人较远，对电动机的噪声要求不高；同时，电动机力矩波动不易传到转向盘上，驾驶人具有良好的手感；助力转矩不通过转向柱传递，因此对转向柱的刚度和强度要求较低。这种助力方式比较适合用于前轴负荷较大的高级轿车和载货汽车上。

4. 直接助力式（D–EPS）

直接助力式系统的动力辅助机构和转向器的齿条组成一个独立的单元，很容易布置在发动机舱内。电动系统的灵活性可实现转向轮、多转轮、操纵杆和有线制导组件等输入装置的零更换。系统中的可组态交流驱动装置实现了参数性能的便捷调节，在与电气牵引系统配套使用时，用户可根据载荷和转向角度对牵引速度进行控制，改善电动车辆的驾驶性能、稳定性以及总体安全性。

二、电动助力转向系统的结构

电动转向是一种简称，它有别于电动液压转向；电动转向指的是一种纯电机助力转向装置，电动液压转向指的是一种电控液压助力转向装置。

电动助力转向系统主要由转矩传感器、转向齿轮、输入轴、助力电动机和电控单元（ECU）等组成，如图 3-4 所示。

首先，通过传感器探测驾驶人在转向操作时，转向盘产生的转矩或转角的大小和方向，并将所需信息转化成数字信号输入 ECU；然后再由 ECU 对这些信号进行运算后得到一个与行驶工况相适应的力矩；最后，发出指令驱动电动机工作，电动机的输出转矩通过传动装置的作用而产生助力。

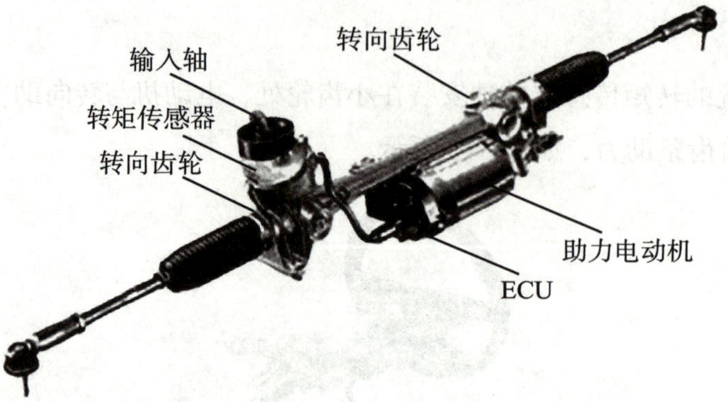

图 3-4　电动助力转向系统的结构

转矩传感器是电动助力转向系统中最重要的器件之一。转矩传感器的种类有很多，主要有电位计式转矩传感器、金属电阻应变片式转矩传感器和非接触式转矩传感器等。随着技术的进步，将会有精度更高、成本更低的传感器出现。

1. 转矩传感器

转矩传感器用来检测转向盘转矩的大小和方向，以及转向盘转角的大小和方向，其信号是电动助力转向系统的控制信号之一。精确、可靠、低成本的转矩传感器是决定电动助力转向系统能否占领市场的关键因素。

转矩传感器主要有接触式和非接触式两种。常用的接触式（主要是电位计式）转矩传感器有摆臂式、双排行星齿轮式和扭杆式三种类型。非接触式转矩传感器主要有光电式和磁电式两种。光电式的成本低，但受温度与磨损影响易发生漂移、使用寿命较短，需要对制造精度和扭杆刚度进行折中，难以实现绝对转角和角速度的测量。电磁式的体积小、精度高、抗干扰能力强、刚度相对较高，易实现绝对转角和角速度的测量，但是成本较高。因此，转矩传感器类型的选取应根据电动助力转向系统的性能要求综合考虑。转矩传感器常见故障与信号判别见表 3-1。

表 3-1　转矩传感器常见故障与信号判别

转矩传感器常见故障	输入 ECU 信号变化
主转矩电路断开或短路	IN_{+}=0 V 或 5 V
转矩传感器本身性能不良	$IN_{+}+IN_{-} \neq 5$ V
转矩传感器电源电压过高	$U_{CC} > 5$ V
副转矩电路断开或短路	IN_{-}=0 V 或 5 V

2. 电动机

电动机根据 ECU 的指令输出适宜的转矩，一般采用的是无刷永磁电动机。无刷永磁电动机具有无励磁损耗、效率较高、体积较小等特点。电动机是电动助力转向系统的关键部件之一，对电动助力转向系统的性能有很大的影响。由于控制系统需要根据不同的工况产生不同的助力转矩，具有良好的动态特性并容易控制，这些都要求助力电动机具有线性的机械特性和调速特性。此外，还要求电动机低转速大转矩、波动小、转动惯量小、尺寸小、重量轻、可靠性高、抗干扰能力强。

工作时电动机电流随转向盘的转动和车速的变化频繁地改变，而且电动机电枢是非线性元件，存在感应电流和反电动势，因此工作环境比较恶劣，故障情况也比较复杂。如工作时易出现发热，其运行后温升的大小直接影响其工作性能，特别是在电动机堵转，即车辆长时间原地转向时，电动机电流很大，而且不对外做功；电动机消耗的电能全部消耗在电阻发热上，短时间内就会出现很大的热量，严重时会烧坏电动机。此外，双向运转的电动机在突然反转时产生很大的电流，电枢反应瞬时变得很大，严重时会造成电动机的永久性退磁，且会导致其无法工作。因此必须要对运行时可能出现的最大电流进行限制，一般最大电流可规定为额定电流的 3 ～ 5 倍。

知识拓展

基于上述的分析，结合工作过程中可能出现的一些机械损伤和电路的断路或短路，总结出电动机可能出现的故障如下。

（1）电动机与 ECU 间的接线出现断路或短路。

（2）电刷与换向器接触不良。

（3）电枢与定子磁极卡死，转子转不动。

（4）电枢绕组开路。

（5）电枢绕组受潮发热，而且散热不好。

（6）电动机长时间过载运行，引起电动机壳体发热以至于烧坏。

（7）电枢绕组有部分线圈元件短路。

电动机一旦出现上述故障之一，会造成电动机两端的电压或电流的变化以及电动机发热。

3. 电磁离合器

电磁离合器的功能是保证电动助力只在预定的范围内起作用。当车速、电流超过限定的最大值或转向系统发生故障时，离合器便自动切断电动机的电源，恢复手动控制转向。此外，在不助力的情况下，离合器能消除电动机的惯性对转向的影响。为了减少与不加转向助力时驾驶车辆感觉的差别，离合器不仅具有滞后输出特性，还具有半离合器状态区域。

电磁离合器的工作情况比较简单，使用中可能出现的故障主要是离合器与 ECU 间接线的断路或短路。试验证明，在不转向时，只需要提供 0.3 A 就可以保证离合器正常的接合；传递最大助力转矩时，需要 0.82 A；而在电路出现短路或断路时，离合器电路电流将远远超过 0.82 A 或接近 0 A；因此可以通过实时监测离合器电路的电流来判断其是否正常。

4. 减速机构

减速机构用来增大电动机传递给转向机的转矩，它主要有两种形式：双行星齿轮减速机构和蜗轮蜗杆减速机构。由于减速机构对系统工作性能的影响较大，因此，在减小噪声、提高效率和左右转向操作的对称性方面对其提出了较高的要求。

5. ECU

ECU 主要由硬件电路和软件程序组成，在电源、电动机等其他外围部件正常工作时，其本身的可靠性比较高，硬件本身不易出现故障，但是某些外围部件的短路将会对 ECU 造成致命的损伤。如果 CPU 稳压电源的 12 V 电源输入端与其输出端（直接连接 CPU）出现短接，将会烧坏 CPU；不小心或接线盒不良导致电动机的正、负极出现了短接，突然转向时将引起 MOSFET 击穿直通或相关电路损坏。这些损伤都具有瞬间性和致命性。因此，为了优先保护 ECU 不受损害，必须对稳压电源和电动机电流设立监测电路。

三、电动助力转向系统的工作原理

电动助力转向系统在不同车上的结构部件不一样，但是基本原理是一致的；它由转矩（转向）传感器、ECU，电动机、电磁离合器以及减速机构构成。

电动助力转向系统的基本工作原理是：当转向轴转动时，转矩传感器和车速传感器分别测出驾驶人施加在转向盘上的操纵力矩和车辆当前的行驶速度（回正时还要用到角度传感器），转矩传感器将检测到的转矩信号转化为电信号送至 ECU。ECU 接收转矩信号、车速信号等，根据内置的控制策略和算法，计算出此时需要的理想助力力矩，再换算为相应的电流，驱动助力电动机按该电流运行。

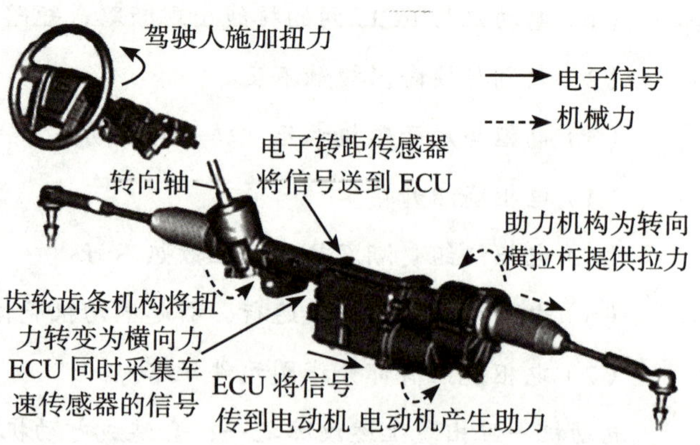

图 3-5　电动助力转向系统的工作原理图

该电动机产生的助力力矩经过蜗轮蜗杆减速机构减速增矩后，传送到机械式转向系统和驾驶人的操纵力矩叠加在一起去克服转向阻力矩，实现车辆的最终转向。

当汽车点火开关闭合时，ECU 开始对电动助力转向系统进行自检。自检通过后，闭合继电器和离合器，电动助力转向系统便开始工作。当转向盘转动时，位于转向轴上的转角传感器和转矩传感器，把测得转向盘上的角位移和作用于其上的力矩传递给 ECU，ECU 根据这两个信号并结合车速等信息控制电动机产生相应的助力，实现在全速范围内的最佳控制。

在低速行驶时，减轻转向力，保证汽车转向灵活、轻便。在高速行驶时，适当增加阻尼控制，保证转向盘操作稳重、可靠。电动助力转向系统的工作原理图如图 3-5 所示。

课堂讨论

想一想，电动转向系统有什么作用?

四、电动助力转向系统的优缺点

电动助力转向系统

随着汽车电子技术的日益发展，对汽车设计的要求以及对汽车控制水平的要求越来越高，尤其对汽车的节能和环保特性的要求也越来越高。电动助力转向系统将最新的电力电子技术和高性能的电动机控制技术应用于汽车转向系统，能明显改善车辆的静态性能和动态性能，有效提高行驶中驾驶人的轻便性和安全性，同时更加节能和环保。

对于新能源汽车而言，采用电动助力转向系统是必然选择。因为它本身不用内燃机，助力转向系统动力的来源只有电动机。所以新能源汽车动力转向系统的选择，只能是电动助力转向系统或者 EHPS（电控液压助力转向）系统。通常设计者都是趋向于选择电动助力转向系统。

（一）电动助力转向系统的优点

在未来的转向系统中，电动助力转向系统将成为汽车动力转向系统的主流。与其他助力转向系统相比，该系统的优点体现在以下方面。

1. 降低燃油消耗

传统的液压助力转向系统由发动机带动转向油泵，不管转向或者不转向都要消耗发动机部分动力；而电动助力转向系统只是在转向时才由电动机提供助力，不转向时不消耗能量。因此电动助力转向系统可以降低车辆的燃油消耗。与液压助力转向系统对比试验表明，在不转向时，电动助力转向可以降低燃油消耗 2.5%；在转向时，可以降低燃油消耗 5.5%。

2. 增强转向跟随性

电动助力机与助力机构相连将能量直接用于车轮的转向。电动助力转向系统利用惯性减振器的作用，使车轮的反转和转向前轮摆振大大减小，因此转向系统的抗扰动能力大大增强。与液压助力转向系统相比，电动动力转向系统增强了转向车轮对转向盘的跟随性能。

3. 改善转向回正特性

在一定的车速下，当驾驶人转动转向盘一个角度后松开，车辆本身具有使车辆回到直线行驶方向的能力，这是车辆固有结构所决定的。电动助力转向系统可以对该回正过程进行控制，利用软件在最大限度内调整设计参数，以使车辆获得最佳的回正特性；从最低车速到最高车速，可得到一簇回正特性曲线。电动助力转向系统可以施加一定的附加回正力矩或阻尼力矩，使低速时转向盘能够精确地回到中间位置；而且可以抑制高速回正过程中转向盘的振荡和超调，兼顾了车辆高、低速时的回正性能。在传统的液压控制系统中，汽车设计一旦完成，其回正特性就不能再改变，否则必须改造底盘的机械结构，实现起来有较大困难。

4. 提高操纵稳定性

电动助力转向系统可以针对车辆行驶的各种工况，通过优化助力特性曲线，使助力更加精确，助力效果更加理想。另外，可以采用阻尼控制减小由路面不平产生的对转向系统的干扰，保障汽车低速行驶时的转向轻便性。提高汽车高速行驶时的转向稳定性，进而提高汽车的主动安全性，使驾驶人有更舒适的感觉。

5. 提供可变的转向助力

传统的液压助力转向系统提供的转向助力的大小不能随车速的提高而改变，这样就使得车辆虽然在低速时具有良好的转向轻便性，但是在高速行驶时方向盘太轻，产生转向“发飘”的现象，使驾驶人缺少明显的“路感”，降低了车辆在高速行驶时的稳定性和驾驶人的安全感。

电动助力转向系统的转向力来自电动机。通过软件编程和硬件控制，可得到覆盖整个车速的可变转向力。可变转向力的大小取决于转向力矩和车速；无论是停车、低速或高速行驶时，它都能提供可靠的、可控性好的感觉，而且更易于操作。

在低速时，电动助力转向系统可以提供较大的转向助力，提高车辆的转向轻便性。随着车速的提高，电动助力转向系统提供的转向助力可以逐渐减小。转向时驾驶人所需提供的转向力将逐渐增大，这样驾驶人就感受到明显的“路感”，提高了车辆稳定性。

6. 节能与环保

电动助力转向系统应用“最干净”的电力作为能源，完全取缔了液压装置，不存在传统液压助力转向系统中液压油的泄漏问题；从而避免了环境污染，顺应了环保的时代要求。

7. 生产和开发周期短

由于电动助力转向系统具有良好的模块化设计，所以不需要对不同的系统重新进行设计、试验和加工等。通过修改相应的程序，快速实现与特定车型的匹配，不但节省了费用，也为设计不同的系统提供了极大的灵活性，因而能大大减少针对不同车型的研发时间和开发的周期。

8. 生产线装配性好

电动助力转向系统取消了液压转向油泵、油缸、液压管路和油罐等部件，而且电动机及减速机构可以和转向柱、转向机做成一个整体，使得整个转向系统结构紧凑。零件数目大大减少，减少了装配的工作量，节省了装配时间，提高了装配效率，也易于维护。

（二）电动助力转向系统的缺点

电动助力转向系统的缺点主要体现在以下方面。

1. 可靠性差

虽然现在电动助力转向技术已经非常成熟，但是电子系统还是要比纯机械结构“娇气”一些。尤其是在激烈驾驶情况下，助力电动机容易出现过载，影响助力系统工作，所以很多复杂驾驶工况的性能车型还在使用液压助力转向系统。

2. 功率小

对于目前的大多数车辆来说，使用的都是 12 V 的电源系统，能够带动的助力电动机功率有限。虽然可以通过搭配不同的减速机构改变助力电动机的承载能力，适应范围较电子液压助力更广，但是改变范围有限。对于转向负荷较大的大型车辆来说，电动助力仍然有些力不从心。

任务二　新能源汽车电动转向系统检修

一、电动助力转向系统常见故障诊断方法

（一）转向困难

1. 故障现象

汽车转向时，发生转向沉重、不灵敏等转向困难现象。

2. 故障原因

（1）前轮胎充气不当、磨损不均匀。

（2）前轮定位错误。

（3）前悬架下球节磨损、松旷等。

（4）转向机总成发生故障。

（5）转矩传感器（内置于转向柱）发生故障。

（6）动力转向电动机发生故障。

（7）蓄电池和电源系统发生故障。

（8）动力转向 ECU 电源电压异常和继电器发生故障。

（9）动力转向 ECU 发生故障。

3. 诊断与排除

（1）检查前轮气压是否正常，胎面磨损是否均匀。

（2）检查前悬架下球节是否磨损、松旷，如果不能修复，进行更换。

（3）检查前轮定位参数是否正确，如果不正常，调整前轮定位参数。

（4）检查转向机总成，若不正常，进行修复或更换。

（5）检查蓄电池和电源系统是否正常，若不正常，进行修复或更换。

（6）检查动力转向 ECU 是否正常，若不正常，进行修复或更换。

（7）检查转矩传感器和动力转向电动机是否正常，若不正常，进行修复或更换。

（二）左右转向力矩不同或转向力矩不均

1. 故障现象

汽车转向时，向左和向右转向操纵时，明显感觉沉重感不同。

2. 故障原因

（1）前轮轮胎充气不当、磨损不均匀。

（2）前轮定位错误。

（3）前悬架下球节磨损、松旷等。

（4）转向机总成发生故障。

（5）转向中心点（零点）记录错误。

（6）转矩传感器（内置于转向柱）发生故障。

（7）转向柱总成发生故障。

（8）动力转向电动机发生故障。

（9）动力转向 ECU 发生故障。

3. 诊断与排除

（1）检查前轮气压是否正常，胎面磨损是否均匀。

（2）检查前悬架下球节是否磨损、松旷，如果不能修复，进行更换。

（3）检查前轮定位参数是否正常，如果不正常，调整前轮定位参数。

（4）检查转向机总成，若不正常，进行修复或更换。

（5）检查转向中心点（零点）记录是否错误，若记录错误，重新进行校正。

（6）检查动力转向 ECU 是否正常，若不正常，进行修复或更换。

（7）检查转矩传感器和动力转向电动机是否正常，若不正常，进行修复或更换。

（三）行驶时转向力矩不随车速改变或转向盘不能正确回正

1. 故障现象

汽车行驶时，车速改变但转向力矩不能同步变化，转向盘不能正确回正。

2. 故障原因

（1）前悬架下球节磨损、松旷等。

（2）车速传感器发生故障。

（3）防滑控制 ECU 发生故障。

（4）转矩传感器（内置于转向柱）发生故障。

（5）动力转向电动机发生故障。

（6）动力转向 ECU 发生故障。

（7）CAN 通信系统发生故障。

3. 诊断与排除

（1）检查前悬架是否磨损、松旷，如果不能修复，进行更换。

（2）检查车速传感器是否正常，若不正常，进行修复或更换。

（3）检查防滑控制 ECU 是否正常，若不正常，进行修复或更换。

（4）检查动力转向 ECU 是否正常，若不正常，进行修复或更换。

（5）检查转矩传感器和动力转向电动机是否正常，若不正常，进行修复或更换。

（6）检查 CAN 通信系统是否正常，若不正常，进行修复或更换。

（四）动力转向工作时转动转向盘出现敲击（或摇动）声

1. 故障现象

汽车转向时，转向盘出现敲击（或摇动）声。

2. 故障原因

（1）前悬架下球节磨损、松旷等。

（2）转向中间轴磨损、松旷等。

（3）动力转向电动机发生故障。

（4）动力转向 ECU 发生故障。

3. 诊断与排除

（1）检查前悬架是否磨损、松旷，如果不能修复，进行更换。

（2）检查转向中间轴是否磨损、松旷，如果不能修复，进行更换。

（3）检查动力转向电动机是否正常，若不正常，进行修复或更换。

（4）检查动力转向 ECU 是否正常，若不正常，进行修复或更换。

二、电动助力转向系统指示灯常亮的故障诊断

电动助力转向系统指示灯常亮的诊断流程，如图 3-6 所示。

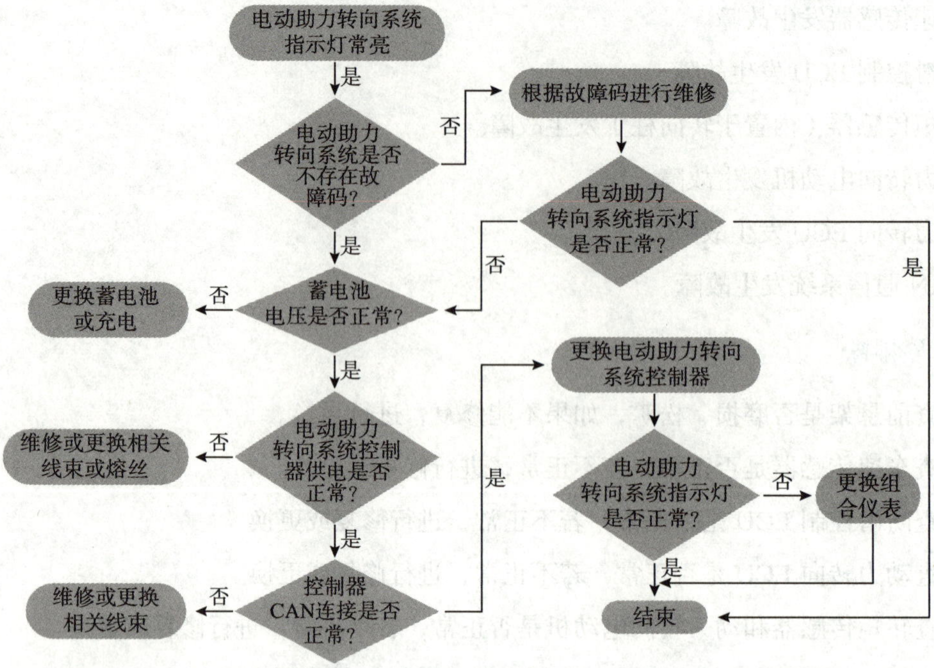

图 3-6　电动助力转向系统指示灯常亮的诊断流程

1. 读取故障码

（1）操作启动开关使电源模式置于 ON 位。

（2）连接故障诊断仪，读取系统故障码。若存在故障码，则按故障码的提示进行维修。

2. 检查蓄电池电压

测量蓄电池电压，正常应在 11 ～ 14 V 范围内；若电压过低，则给蓄电池充电或更换蓄电池，同时检查充电系统（DC/DC）是否正常。

3. 检查电动助力转向系统控制器供电

电动助力转向系统控制器电路，如图 3-7 所示，电动助力转向系统控制器供电电路检查的方法如下。

（1）操作启动开关使电源模式置于 OFF 位，并断开蓄电池负极连接。

（2）拔下熔丝 AM01、IF23，检查熔丝是否熔断。若熔丝熔断，则更换相应熔丝。

（3）拔下电动助力转向系统控制器插头 IP35a、IP36 和 IP37。

（4）测量端子 IP37-1 与车身搭铁之间的电阻，正常应小于 1 Ω，异常则更换线束。

（5）连接蓄电池负极，并测量端子 IP36-1 与车身搭铁之间的电压，正常应为 11 ～ 14 V，异常则更换线束及插接器。

（6）操作启动开关使电源模式置于 ON 位，测量端子 IP35a-5 与车身搭铁之间的电压，正常应为 11 ～ 14 V，异常则更换线束及插接器。

4. 检查控制器的 CAN 连接

电动助力转向系统控制器与诊断接口、组合仪表的 CAN 连接，如图 3-7 所示。

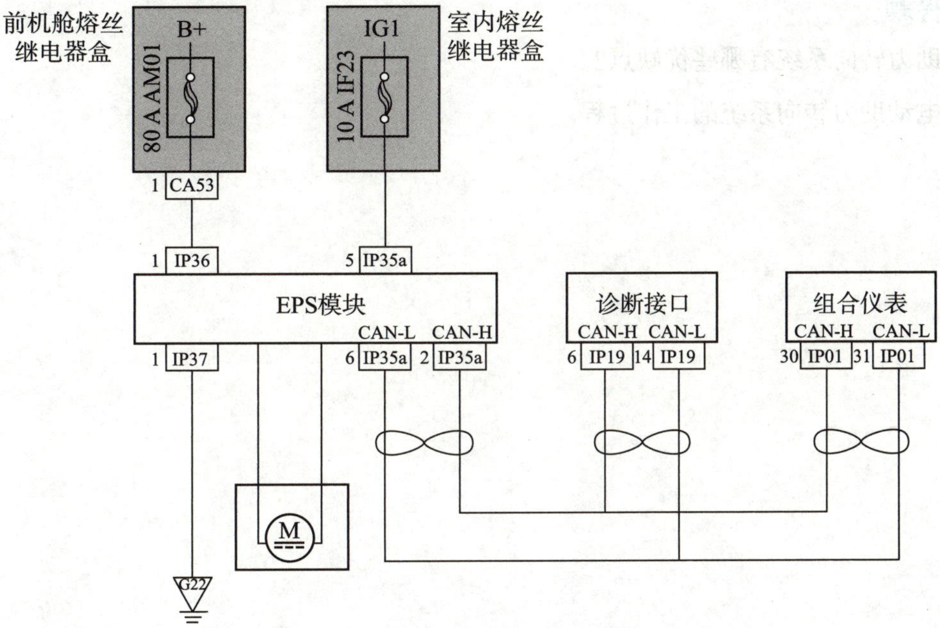

图 3-7　电动助力转向系统控制器电路及 CAN 连接

（1）操作启动开关使电源模式置于 OFF 位。

（2）用万用表测量电动助力转向系统控制器插接器端子 IP35a-6 与诊断接口端子 14、端子 IP35a-2 号与诊断接口端子 6 之间的电阻，正常应均小于 1 Ω，异常则更换相关线束。

（3）拔下组合仪表线束插接器 IP01，用万用表测量电动助力转向系统控制器端子 IP01-31 与诊断接口端子 14、端子 IP01-30 与诊断接口端子 6 之间的电阻，正常应均小于 1 Ω，异常则更换相关线束。

5. 检查电动助力转向系统指示灯

更换电动助力转向系统控制器并检查电动助力转向系统指示灯是否正常。

（1）更换电动助力转向系统控制器。

（2）操作启动开关使电源模式置于 ON 位，检查电动助力转向系统指示灯是否正常，异常则更换组合仪表。

课后练习

一、填空题

1. 电动助力转向（electric power steering，EPS）系统，是指利用电动助力转向电机提供________，辅助驾驶人进行________的转向系统。

2. 电动助力转向系统按照助力电动机的布置方式可分为________、________、________和________四种。

3．转矩传感器的种类有很多，主要有________、________和________等。

4．电动助力转向系统由________、________、________、________以及________构成。

二、简答题

1．电动助力转向系统有哪些优缺点？

2．简述电动助力转向系统的工作过程。

项目四

新能源汽车自动起停系统

项目概述

在传统燃油汽车上广泛应用的自动起停系统，在新能源汽车上更是普遍应用。本项目主要介绍新能源汽车自动起停系统的相关知识，包含以下三个任务。

任务一：自动起停系统的认知。

任务二：自动起停系统检修。

任务三：巡航控制系统。

通过以上三个任务的学习，希望读者掌握新能源汽车自动起停系统的功能、类型和结构原理，并能进行应用及检修。

学习目标

知识目标

◆ 能够描述自动起停系统的功能与技术要求。

◆ 能够描述自动起停系统的类型。

◆ 能够描述自动起停系统的操作方法。

能力目标

◆ 能够进行自动起停系统的操作。

◆ 能够掌握发动机自动停机条件。

素质目标

◆ 增强学生思考能力，加强逻辑推理能力，培养团队意识。

思政目标

◆ 加强学生专业素质，提高学生民族自豪感。

任务工单

实训表 1

任务名称	自动起停系统检测维修			任务成绩	
姓名		班级		学号	
学时		日期		实训地点	
实训设备、工具及仪器	新能源汽车、万能表、个人防护用具				
小组组长	小组成员				
任务目的	能够正确规范地检测自动起停系统并准确找到无法正常启动的原因				

一、任务描述

万叔叔的新能源汽车已经购买 6 年了，行驶了 100 000 公里。某天万叔叔像往常一样按下汽车一键启动按钮后，车辆没有任何反应，无法正常启动。

二、分组讨论

全班学生以 3 ～ 6 人为一组，选出各自组长，组长对组员进行任务分工并将分工情况记录在实训表 2 中。

实训表 2

成员	任务
组长：	
组员：	
组员：	
组员：	
组员：	
组员：	

问题 1：自动起停系统应该间隔多长时间进行一次全面检测？

问题 2：自动起停系统发生故障后应怎样解决？

三、任务实施

在实际操作过程中，将操作内容及实施过程中遇到的问题和解决办法记录在实训表 3 中。

实训表 3

序号	操作内容	遇到的问题	解决办法

四、任务评价

请各组选出一名代表展示任务实施的成果，并配合指导老师完成实训表 4 的任务评价。

实训表 4

项目名称	评价内容	分值	评价分数		
			自评	互评	师评
职业素养考核项目（40%）	考勤、仪容仪表	10 分			
	责任意识、纪律意识	10 分			
	团队合作与交流	20 分			
专业能力考核项目（60%）	积极参与教学活动并正确理解任务要求	10 分			
	认真搜集任务所需资料	10 分			
	任务实施过程中记录表的完成度	10 分			
	对自动起停及巡航控制系统的掌握程度	20 分			
	独立完成相应任务的程度	10 分			
合计：综合分数____自评（20%）+ 互评（20%）+ 师评（60%）		100 分			
综合评语		教师（签名）：			

任务一 自动起停系统的认知

一、自动起停系统的概述

（一）自动起停系统的功能

汽车行驶在拥挤的城市道路中，总免不了停车等信号灯，而发动机怠速消耗的能源是毫无意义的。自动起动停车技术就是为了致力于最大限度减少发动机怠速时燃油的损耗，避免这部分能源的浪费，同时也是对节省能源与降低排放有着重要意义。

发动机自动起停就是在车辆行驶过程中临时停车（如等红灯）时，自动熄火。当需要继续前进时，系统自动重起发动机的 STT 智能节油系统（stop&start，STT）是一套控制发动机起动和停止的系统。

（二）自动起停系统的技术要求

自动起停系统与普通的起动车辆方式没有太大的差别，因此蓄电池和起动机需要承受较大的压力，同时需要较多的传感器和控制器检测起停过程控制。总的来说，自动起停系统主要对车辆进行以下几个方面的技术改进。

1. 起动机

对于这类靠起动机和蓄电池的起停系统来说，起动机就是车辆的生命线，寿命必须提高以应付短时间内频繁的大电流工作。对于接合型起动机需加强接合齿轮强度、电磁线圈以及其他零部件的耐用性，因此起停系统的起动机要求要比传统起动机更耐用，使用寿命必须达到 30 万次以上。

2. 蓄电池

蓄电池也需要特别加强，让其可快速充放电，同时也需要有高容量以应付发动机停机后车用电器的工作需要。普通的铅酸蓄电池无法在短时间内多次大电流放电，其隔板无法让电离子快速通过。因此具有起停功能的车辆需要有更大容量的蓄电池，目前市场上一般采用AGM蓄电池来替代传统铅酸蓄电池。

3. 空调与暖风系统

车辆上配备空调增加乘坐舒适性，但大部分带有起停系统的车辆在发动机熄灭时，空调只会送风并不会制冷，大大影响乘坐舒适性。同时若检测到车内温度与设定值相差太大，发动机便会自动起动。频繁的起动、振动让乘坐舒适度大打折扣。因此，有自动起停系统的车辆必须设计有单独的空调或暖风控制系统。

4. 安全

当起停系统运行自动停机时，发动机会停止运转，如果真空助力系统或转向助力系统完全依靠发动机提供助力，可能会导致车辆失去真空助力或转向助力。因此，出于安全考虑，现有的车辆必须设计有真空助力辅助系统，以及改进转向助力系统。这样，即使在发动机自动停机期间，这两个与安全相关的系统也能正常运行。

二、自动起停系统类型

自动起停系统由于成本低、节能减排效果显著，目前很多汽车制造厂商已将该系统作为车辆的一个标准配置。从众多的汽车厂商采用的类型来看，自动起停系统主要有以下三种形式。

（一）分离式起动机 / 发电机起停系统

采用分离式起动机 / 发电机起停系统很常见，这种系统的起动机和发电机是独立设计的，发动机起动所需的功率是由起动机提供，而发电机则为起动机提供电能。

德国博世是分离式起动机 / 发动机起停系统的主流供应商，该系统包括高增强型起动机、增强型电池（一般采用 AGM 电池）、可控发电机、集成起动 / 停止协调程序的发动机 ECU 和传感器等。

德国博世的起动机能快速、安静地自动恢复发动机运转，可降低起动时的油耗。这种起停系统零件少，安装方便，可应用于各种不同混合动力车辆（传动带驱动、直齿驱动和电力轴驱动）；而且系统的部件与传统部件尺寸保持一致，因此可直接配备至各种车辆上。

目前全球装有德国博世起停系统的车型非常多，包括宝马 1、3、5 系和 X3，大众帕萨特、高尔夫等。

（二）集成起动机 / 发电机起停系统

集成起动机 / 发电机是通过永磁体内转子和单齿定子来激励的同步电动机，能将驱动单元集成到混合动力传动系统中。

法雷奥研发的 i-Start 系统（i-stop-start system），首先应用于标致雪铁龙集团（PSA 集团）的 e-HDi 车型上。i-Start 系统的电控装置集成在发电机内部，在遇红灯停车时发动机停转，只要一挂挡或松开制动踏板，汽车就会立即自动起动发动机。

（三）马自达 SISS 智能起停系统

以上介绍的两种起停系统是单纯依靠起动机来起动发动机的，而马自达的 SISS 智能起停系统（现在称为 i-Stop 技术），主要是通过在气缸内进行燃油直喷，燃油燃烧产生的膨胀力来重起发动机的，发动机上的传统起动机在发动机起动时起到辅助作用，如图 4-1 所示。

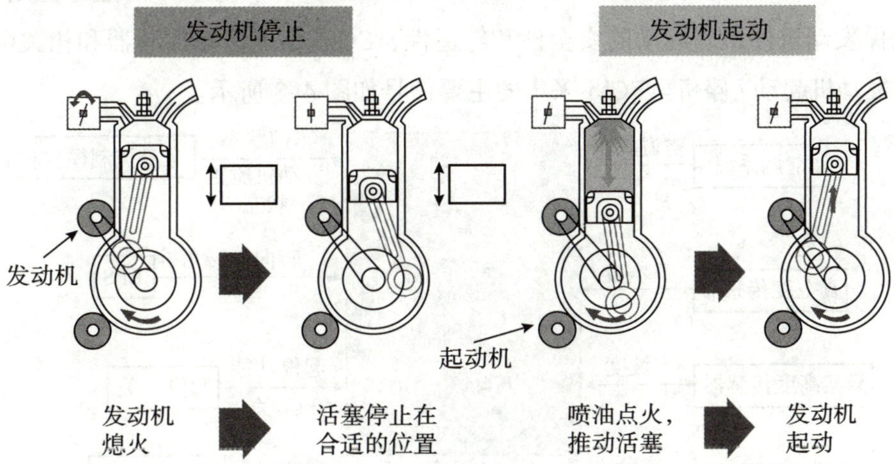

图 4-1　SISS 智能起停系统发动机

马自达 SISS 智能起停系统控制智能，效率高，无须起动机就能实现 Start-Stop 的功能，已用于市场销售的 Mazda 2、Mazda 3 和 Mazda 6 部分车型上。

课堂讨论

想一想，自动起停是否真的比手动起停更安全呢?

任务二　自动起停系统检修

一、自动起停系统的组成

自动起停系统主要包含发动机控制模块 ECM、起停主开关、空挡传感器（或开关）、离合器踏板位置传感器（或开关）、AGM 低压蓄电池、电池传感器、增强型起动机、仪表显示等。

智能起停技术的核心控制由 ECM 完成，图 4-2 为典型起停系统（以手动变速器车辆为例）组成结构示意图。

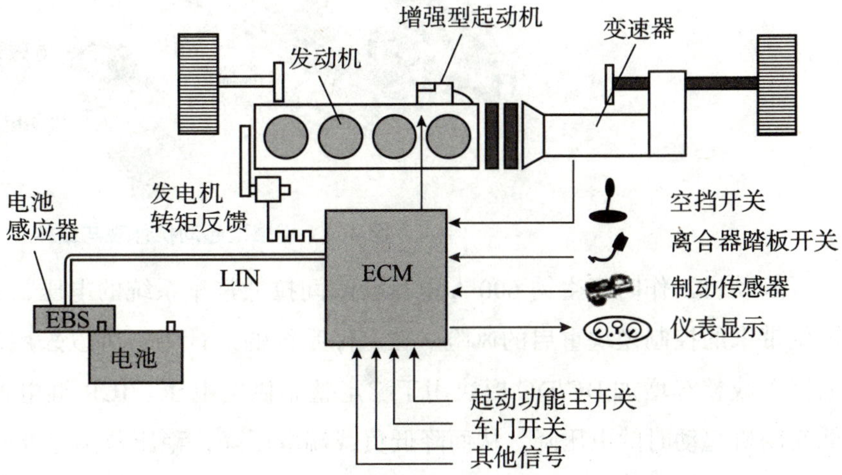

图 4-2　典型的手动变速器车辆起停系统组成结构示意图

（一）发动机管理系统

发动机管理系统又叫作发动机控制模块（engine control module，ECM），起停控制策略由 ECM 集中控制，为了确保发动机停机和起动的安全性和舒适性，ECM 根据整车传感器和相关电器模块发出的状态信号来控制发动机起动 / 停机。ECM 采集的主要信号如图 4–3 所示。

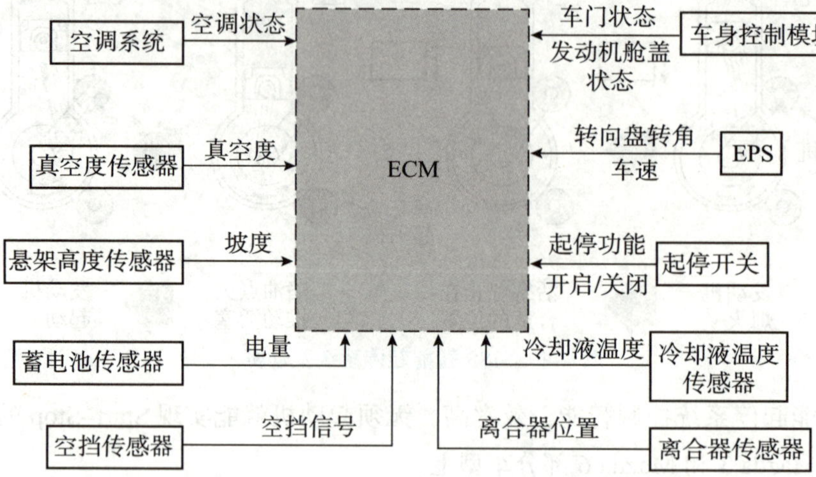

图 4–3　ECM 采集的主要信号

（二）增强型起动机系统

装备自动起停系统的发动机需要频繁起动，因此对起动机的耐久寿命提出了更高的要求。智能起停系统要求起动机耐久寿命由非起停车辆的 3.5 万次提高到 30 万次以上。增强型起动机所采用的结构和材料都发生了较大的变化，驱动齿轮的支承由铜套改为滚针轴承，电刷和动铁芯采用高寿命材料，如图 4–4 所示。

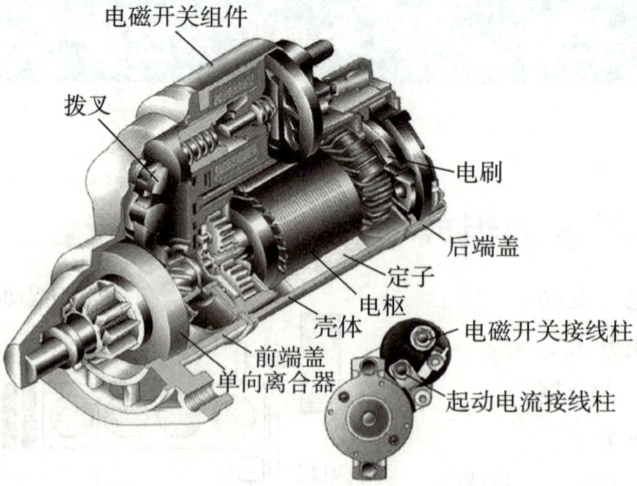

图 4–4　增强型起动机外观与结构

起动机工作时产生约 600 A 电流会瞬间拉低整车系统的电压，发动机的频繁起动增加了整车电压过低带来的控制模块重启的风险。在起停系统的设计中，可以采用起动机集成 ICR（浪涌电流控制继电器）或整车增加 DC/DC 模块用于稳定整车供电电压。ICR 继电器通过限流电阻削减峰值电流，降低起动机起动时的电压降，从而降低负载端电压降，稳压范围是 9 ～ 13 V，工作电路如图 4–5 所示。

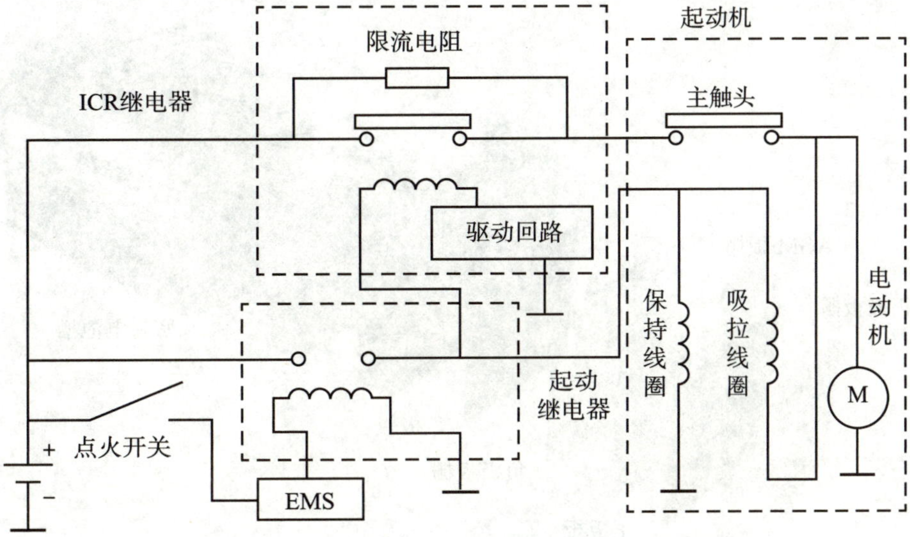

图 4–5　典型 ICR 继电器控制电路

DC/DC 模块通过主动稳压的方式，稳压范围在 11.5～12.5 V，在测试过程中可以明显改善仪表、导航、背光灯等元件由于起动过程电压降低造成的亮度变化。DC/DC 稳压模块工作电路，如图 4–6 所示。

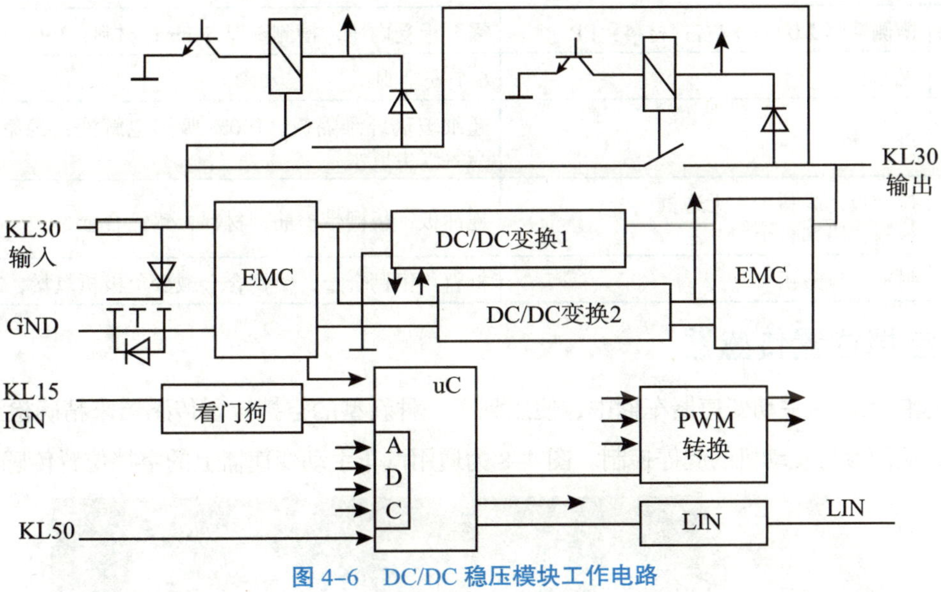

图 4–6　DC/DC 稳压模块工作电路

（三）阀控式 AGM 蓄电池

发动机频繁起动造成普通富液式铅酸蓄电池已经不再适用。阀控式 AGM（absorptive glass mat 的缩写，即超细玻璃纤维）铅酸蓄电池由于其全封闭的结构，采用无纺玻璃纤维毡隔板和铅钙合金板栅，解决了酸液分层的问题；提高了铅膏的黏附性，大幅提升了蓄电池的使用寿命，适用于目前智能起停系统的技术要求。

阀控式 AGM 铅酸蓄电池主要由电池槽、极板、隔板组成，经脉冲放电测试，AGM 蓄电池脉冲放电寿命可达到 1 100 h。典型的阀控式 AGM 铅酸蓄电池的构成如图 4–7 所示。AGM 铅酸蓄电池采用的材料、结构工艺与普通富液式铅酸蓄电池的对比见表 4–1。

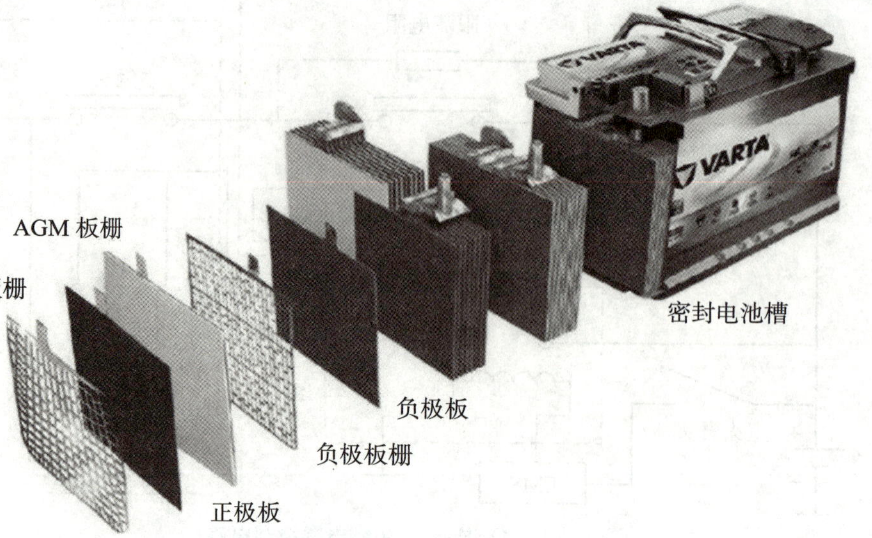

图 4-7 典型的阀控式 AGM 铅酸蓄电池的构成

表 4-1 副液式盐酸蓄电池与阀控式 AGM 蓄电池的对比

组件	副液式盐酸蓄电池	阀控式 AGM 蓄电池
槽盖结构	槽侧壁厚 2.0 mm 左右；材料：PP	需要承受内压，槽侧壁厚 5 mm；材料：PP
安全阀	无	6 个安全阀
隔板	PE 隔板	超细玻璃纤维隔板，100% 吸附电解液，避免分层；使氧气与氢气生成水
板栅结构	拉网板，废料少，无边框 材料：铅锑合金	连冲板，板栅带框筋；材料：铅钙合金
极板群组	材料：硫酸铅	材料：铅钙合金，铅钙合金减少负极析氧量，减少自放电量

（四）空挡位置传感器

在配置有起停系统的手动变速器车辆中，使用到了一种新型的空挡位置传感器来精确检测变速器是否处于空挡位置，从而参与发动机的起停控制。图 4-8 为通用汽车手动变速器上的空挡位置传感器。

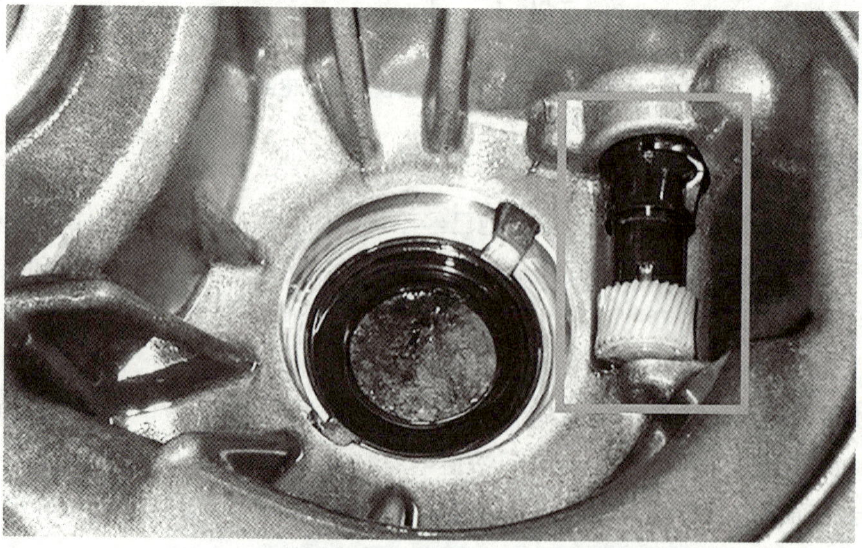

图 4-8 通用汽车手动变速器上的空挡位置传感器

空挡位置传感器主要由止动装置、触发信号杆和传感元件三大部分构成，如图 4–9 所示。

1. 止动装置

止动装置位于传感器的末端，由一个滚动的钢球和支座构成。当施加给钢球纵向力时，钢球将把力通过支座传递至触发信号杆。

2. 触发信号杆

触发信号杆一端连接在止动装置的支座上，另一端是带有磁性的触发信号端；上下移动的触发信号杆向传感元件提供变化的磁场。

3. 传感元件

传感元件是将霍尔元件以及信号处理电路集成在一起，根据触发信号杆提供的磁场，处理并输出脉宽调制（PWM）信号。

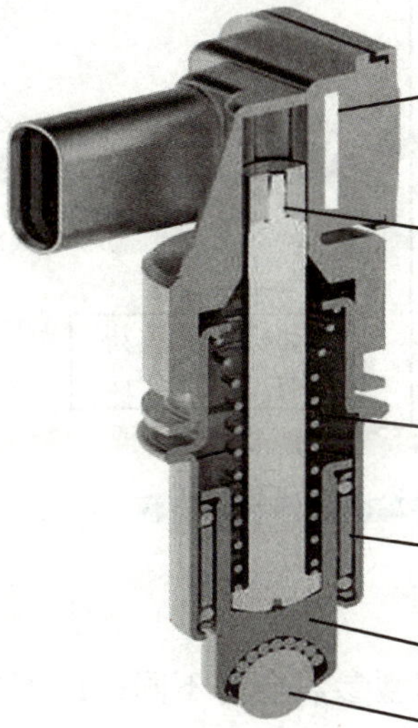

图 4–9　空挡位置传感器结构示意图

（五）其他部件

自动起停技术可以在已有车型技术的基础上，加强蓄电池、起动机的耐久寿命。增加传感器，对 ECM 重新进行控制策略开发和数据标定，来实现发动机快速的起停。此外，为配合整车起停系统，还需要新增部件，见表 4–2。

表 4–2　起停系统新增部件

序号	部件名称	说明
1	蓄电池传感器	检测电池电量、状态，作为起停判断条件
2	制动真空度传感器	布置在真空助力器壳体上，实时检测制动真空度，作为起停判断条件，保证制动安全
3	起停开关	对离合信号、空挡信号进行处理，驱动传动链状态继电器
4	起停主开关	硬线开关，起停的使能条件，EMS 软件判断开关状态，自动复位开关，常态为关闭状态，按下导通
5	离合器传感器	需要离合器主缸变更，增加非接触式传感器，2 路输出，作为传动链状态

二、自动起停系统的检修

在运行起停系统时，控制模块主要是通过对整车安全状态（4 门与机舱盖开闭状态等）、变速器挡位状态、蓄电池电量、制动真空度、空调请求、行驶工况来判断是否怠速停机或起动。

例如，在手动变速器车型中，怠速停机判断流程，如图 4–10 所示。起停功能开启，车辆处于怠速时，ECM 将对整车状态进行判断，在 4 门和机舱盖关闭、电池电量高于 50%、制动真空度高于设定值、起动机热状态满足限值、发动机冷却液温度在范围内、空调请求和车内温度满足条件（10 ℃＜车内温度＜33 ℃）、坡度小于 2° 时，发动机执行自动停机。停机过程中，若整车状态出现任一条件不满足或驾驶人踩下离合器踏板，则发动机自动起动。

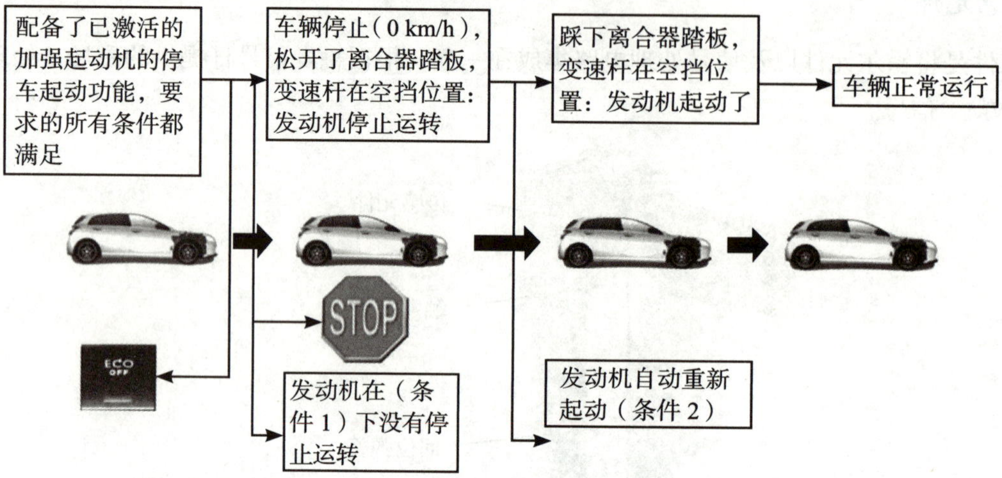

图 4–10　手动变速器车辆起停判断流程

1. 发动机自动停机条件

发动机自动停机条件主要包括以下方面（不同车型参数会有不同，以下参数仅供参考）。

① 外部温度低于 –5 ℃或者高于 35 ℃。

② 发动机冷却液温度没有达到起停系统运行最低温度（最低温度和外界温度有关）。

③ 车速超过一定的门槛值（1 ～ 3 km/h）。

④ 使用点火开关首次起动后未超过 10 km/h（未激活起停系统）。

⑤ 蓄电池温度不符合要求（低于 –5 ℃高于 60 ℃）。

⑥ 与驾驶人请求不一致的驾驶舱温度。

⑦ 制动系统真空储备不足。

⑧ 电子助力转向状态不符合要求（转角过大等）。

⑨ 驾驶人侧的车门打开了。

⑩ 驾驶人没系安全带。

⑪ 不在空挡且离合器踏板在运行（手动变速器）。

⑫ 不在空挡且没有踩下制动踏板停车（自动变速器）。

⑬ 通过 ECO OFF 按钮关闭了自动起停功能。

⑭ 动态稳定性能控制系统调节之后 2 s 内。

⑮ 激活了智能泊车辅助功能。

⑯ 自上次重起后未超过 2 s 时间。

⑰ 坡度的倾斜度上坡坡度超过 12%，下坡坡度超过 10%。
⑱蓄电池充电状态不足（指令带起停功能的蓄电池充电状态值在 72% 和 77% 之间变化）。

2. 发动机自动重新起动条件

发动机自动重新起动条件包括以下方面。
① 通过 ECO OFF 按钮关闭了自动起停功能。
② 在激活了智能泊车辅助功能之后。
③ 车速超过一定的门槛值（1 ～ 3 km/h）。
④ 与驾驶人请求不一致的驾驶舱温度（对于自动空调，相差大于 3 ℃，随外界温度变化）。
⑤ 制动系统真空储备不足。
⑥ 在起动倒车之后（自动变速器）。
⑦ 在检查到一个故障之后。
⑧ 驾驶人座椅安全带未系紧。
⑨ 电子助力转向状态发生改变。
⑩ 驾驶人侧的车门打开了。
⑪ 蓄电池充电状态不足。
⑫ 风窗玻璃除霜 / 除雾。
⑬ 空调请求。

任务三　巡航控制系统

一、巡航控制系统概述

汽车巡航控制系统又称为恒速控制系统、速度控制系统、自动驾驶系统，是根据驾驶员预先设定的行驶速度自动调节发动机节气门开度，改变发动机的动力输出，使车辆按设定速度匀速行驶的装置。在汽车进行巡航行驶时，巡航控制系统能根据汽车行驶阻力的变化自动调节节气门开度，无需驾驶员频繁踩动油门踏板，这样就大大减轻了驾驶员的疲劳。

巡航控制技术

二、巡航控制系统的组成及工作原理

汽车巡航控制系统是闭环控制系统，主要由传感器（车速传感器、发动机转速传感器）、控制开关（巡航开关，主要开关速度设定开关）、汽车巡航控制单元和执行器等部件组成。在汽车巡航控制系统工作时，巡航控制单元通过对比速度，设定开关设定的巡航速度与车速传感器输入的实际车速，计算出两个车速间的差值；确定节气门开度的大小，控制执行机构调节节气门开度的大小，将实际车速迅速调节到驾驶员设定的车速，实现汽车的恒速行驶。巡航控制系统工作原理如图 4-11 所示。

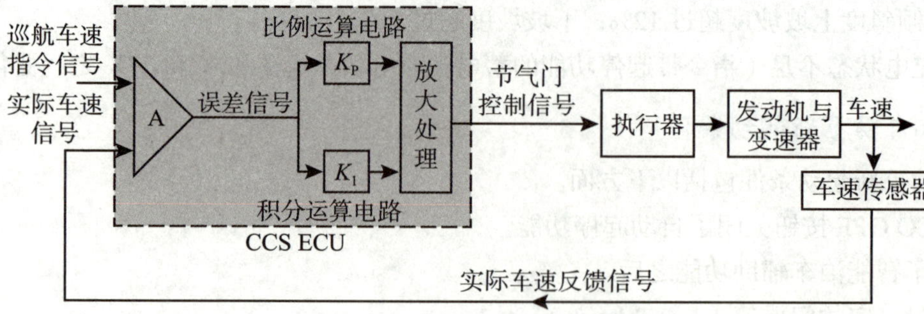

图 4–11　巡航控制系统工作原理

汽车巡航控制系统工作要满足两个条件：一是最低车速限制，一般的车型为 40 km/h，也有的车型有更高的车速要求；二是汽车要有一定的负载，即汽车的驱动轮要与地面相接触。若是用举升机将驱动轮举起，则巡航控制系统不起作用。

三、巡航控制系统识图示例

一汽丰田皇冠汽车巡航控制系统的电路图，如图 4–12 所示。

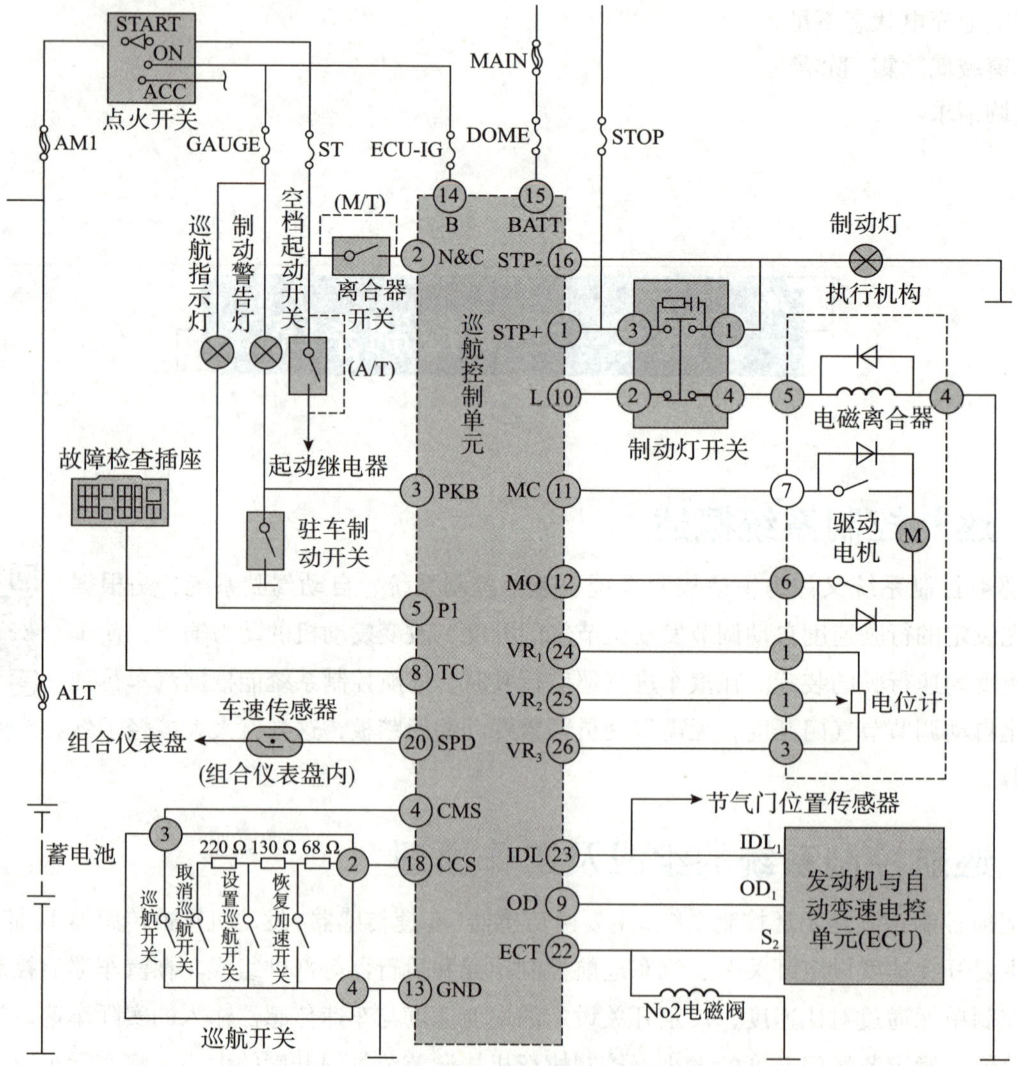

图 4–12　一汽丰田皇冠汽车巡航控制系统电路图

（一）汽车巡航控制系统信号电路

1. 车速传感器信号电路

组合仪表盘→车速传感器→巡航控制单元端子 20→巡航控制单元。

2. 节气门位置传感器信号电路

节气门位置传感器→巡航控制单元端子 23→巡航控制单元。

3. 制动灯开关信号电路

当踩下制动器时，制动开关闭合，此时巡航控制单元→巡航控制单元端子 1→制动灯开关触点→巡航控制单元端子 16→巡航控制单元。

4. 离合器开关信号电路

对于手动变速的车，当离合器开关闭合时，离合器开关信号电路：蓄电池“+”→熔断器 ALT→熔断器 AMI→点火开关“START”触点→熔断器 ST→离合器开关触点→巡航控制单元端子 2→巡航控制单元。

5. 巡航开关信号电路

（1）当巡航主开关按下时，巡航主开关信号电路：巡航控制单元→巡航控制单元端子 4→巡航开关端子 3→巡航主开关→巡航开关端子 4，此处分两路，一路经巡航控制单元端子 GND 接地，另一路直接通过车身搭铁接地。

（2）当需要取消巡航控制时，按下取消巡航控制开关，此时取消巡航开关信号电路：巡航控制单元→巡航控制单元端子 18→巡航开关端子 2→68 W 电阻→130 W 电阻→220 W 电阻→取消巡航开关→巡航开关端子 4，此处分两路，一路经巡航控制单元端子 GND 接地，另一种直接通过车身搭铁接地。

（3）当巡航开关按下时，设置巡航开关信号电路：巡航控制单元→巡航控制单元端子 18→巡航开关端子 2→68 W 电阻→130 W 电阻→设置巡航开关→巡航开关端子 4，此处分两路，一路经巡航控制单元端子 GND 接地，另一路直接通过车身搭铁接地。

（4）当按下恢复加速开关时，恢复加速开关信号电路：巡航控制单元→巡航控制单元端子 18→巡航开关端子 2→68 W 电阻→恢复加速开关→巡航开关端子 4，此处分两路，一路经巡航控制单元端子 GND 接地，另一路直接通过车身搭铁接地。

（二）汽车巡航控制系统执行机构电路

1. 电磁离合器线圈电路

电磁离合器线圈通电令电磁离合器接合，驱动电机的动力经电磁离合器传递驱动节气门打开或关闭。电磁离合器线圈电路：巡航控制单元→巡航控制单元端子 10→制动灯开关常闭触点→电磁离合器线圈→接地。

2. 驱动电机电路

电位计串联在驱动电机工作的电路中，在驱动电机工作时，电位计滑臂随减速机构、控制臂或拉索移动，将执行机构工作情况从端子 25 反馈给巡航控制单元。巡航控制单元根据反馈信号电压的高低即可诊断出执行机构是否发生故障，并将故障编成故障代码储存在巡航控制单元里。巡航控制单元的端子 11 和 12 分别通过二极管与驱动电机的两端相连，从而控制驱动电机正转和反转。

（三）巡航控制单元电路

1. 巡航控制单元电源电路

蓄电池“+”→熔断器 ALT→熔断器 MAIN→熔断器 DOME→巡航控制单元端子 15→巡航控制单元。

2. 巡航控制单元接地电路

巡航控制单元→巡航控制单元端子 13→接地。

（四）巡航指示灯电路

当点火开关置于“ON”挡时，巡航指示灯电路：蓄电池“+”→熔断器 ALT→熔断器 AMI→点火开关“ON”触点→熔断器 GAUGE→巡航指示灯→巡航控制单元端子 5→巡航控制单元。

（五）制动警告灯电路

当点火开关置于“ON”挡时，制动警告灯电路：蓄电池“+”→熔断器 ALT→熔断器 AMI→点火开关“ON”触点→制动警告灯→①驻车制动开关触点→接地 / ②巡航控制单元端子 3→巡航控制单元。

（六）离合器开关电路

蓄电池“+”→熔断器 ALT→熔断器 AMI→点火开关触点→熔断器 ST→离合器开关触点→巡航控制单元端子 2→巡航控制单元。

四、故障检修

巡航系统的常见故障及可能故障原因如下。

1. 车速不能设置，巡航指示灯亮起

（1）巡航控制开关电路。

（2）车速传感器电路。

（3）组合仪表。

（4）制动灯开关电路。

（5）离合器开关电路 A/T。

（6）若上述部位检查完毕且证明各部位均正常，但症状仍然出现，则应更换巡航控制单元。

2. 巡航控制系统在工作时被取消

（1）制动灯开关电路。

（2）离合器开关电路。

（3）巡航控制开关电路。

（4）车速传感器电路。

（5）组合仪表。

（6）若上述部位检查完毕且证明各部位均正常，但症状仍然出现，则应更换巡航控制单元。

3. 车速不能设置，巡航指示灯不亮

（1）制动灯开关电路。
（2）离合器开关电路 A/T。
（3）车速传感器电路。
（4）组合仪表。
（5）巡航控制开关电路。
（6）巡航指示灯电路。
（7）若上述部位检查完毕且证明各部位均正常，但症状仍然出现，则应更换巡航控制单元。

4. 可以设定车速，巡航指示灯不亮

（1）巡航指示灯电路。
（2）若上述部位检查完毕且证明各部位均正常，但症状仍然出现，则应更换巡航控制单元。

5. 拉回巡航控制主开关不能取消巡航控制（巡航指示灯一直亮）

（1）巡航控制开关电路。
（2）若上述部位检查完毕且证明各部位均正常，但症状仍然出现，则应更换巡航控制单元。

6. 拉回巡航控制主开关不能取消巡航控制（巡航指示灯熄灭）

（1）巡航控制开关电路。
（2）若上述部位检查完毕且证明各部位均正常，但症状仍然出现，则应更换巡航控制单元。

7. 当车速降到低于速度下限时，巡航控制没有取消（巡航指示灯一直亮）

（1）车速传感器电路。
（2）若上述部位检查完毕且证明各部位均正常，但症状仍然出现，则应更换巡航控制单元。

8. 当车速降到低于速度下限时，巡航控制没有取消（巡航指示灯熄灭）

（1）巡航控制内部电路。
（2）若上述部位检查完毕且证明各部位均正常，但症状仍然出现，则应更换巡航控制单元。

9. 踩下制动踏板不能取消巡航控制，（巡航指示灯一直亮）

制动灯开关电路若上述部位检查完毕且证明各部门均正常，但症状仍然出现，则应更换巡航控制单元。

10. 踩下离合器踏板不能取消巡航控制，（巡航指示灯熄灭）

（1）离合器开关电路 A/T。
（2）若上述部位检查完毕且证明各部位均正常，但症状仍然出现，则应更换巡航控制单元。

11. 踩下离合器踏板不能取消巡航控制，（巡航指示灯一直亮）

（1）离合器踏板传感器。
（2）若上述部位检查完毕且证明各部位均正常，但症状仍然出现，则应更换巡航控制单元。

12. 移动换挡杆不能取消巡航控制

（1）变速器挡位传感器电路。

（2）若上述部位检查完毕且证明各部位均正常，但症状仍然出现，则应更换巡航控制单元。

13. 抖动（车速不稳定）

（1）车速传感器电路。

（2）组合仪表。

（3）若上述部位检查完毕且证明各部位均正常，但症状仍然出现，则应更换巡航控制单元。

14. 巡航指示灯始终闪烁

（1）TC 和 CG 端子电路。

（2）若上述部位检查完毕且证明各部位均正常，但症状仍然出现，则应更换巡航控制单元。

课后练习

一、填空题

1. 自动起停系统类型有：________、________、________。

2. 自动起停系统主要包含________、________、________、________、________、________、________、仪表显示等。

二、简答题

1. 简述自动起停系统，其作用是什么？

2. 发动机自动停机条件有哪些？

项目五 新能源汽车车载网络与互联网系统

项目概述

作为集新技术一体的新能源汽车，都采用了车载局域网络和互联网系统。本项目介绍新能源汽车车载局域网络和车载互联系统的相关知识，包含以下三个任务。

任务一：车载局域网络系统的认知与检修。

任务二：车载互联网系统的认知与应用。

任务三：汽车导航。

通过以上三个任务的学习，希望读者掌握新能源汽车车载局域网络及车载互联网系统的功能、类型和结构原理，并能进行应用及检修。

学习目标

知识目标

- 能够描述车载局域网络系统的功能和结构组成。
- 能够描述车载局域网络系统的工作原理。
- 能够描述典型新能源汽车车载局域网络系统的特点。
- 能够描述典型新能源汽车车载局域网络系统的检修方法。

能力目标

- 能够进行车载局域网络系统的检修。
- 能够诊断车载互联网的故障。

素质目标

- 加强学生自主学习能力，形成终身学习的学习态度。

思政目标

- 提高学生大数据意识，使学生明白产业链的重要性。

任务工单

实训表 1

任务名称	新能源汽车车载网络检测与维修			任务成绩	
姓名		班级		学号	
学时		日期		实训地点	
实训设备、工具及仪器	新能源汽车、网络监测工具、网络维修工具				
小组组长	小组成员				
任务目的	能够正确规范地检测车载网络部件、快速准确找到故障并解决				

一、任务描述

小蔡的车在行驶一段时间后，锁车在路边停放一个小时。当车辆再次启动后，无法正常连接网络，无法读取车辆数据，但是其他设备依旧完好，运行正常，无异常状态发生。

二、分组讨论

全班学生以 3 ～ 6 人为一组，选出各自组长，组长对组员进行任务分工并将分工情况记录在实训表 2 中。

实训表 2

成员	任务
组长：	
组员：	
组员：	
组员：	
组员：	
组员：	

问题 1：从出现的问题来看，车辆有哪些部分出现了问题？

问题 2：怎么判断问题出在车载局域网还是车载互联网？

问题 3：检测出的问题应该从哪些角度出发解决？

三、任务实施

在实际操作过程中，将操作内容及实施过程中遇到的问题和解决办法记录在实训表 3 中。

实训表 3

序号	操作内容	遇到的问题	解决办法

四、任务评价

请各组选出一名代表展示任务实施的成果，并配合指导老师完成实训表 4 的任务评价。

实训表 4

项目名称	评价内容	分值	评价分数		
			自评	互评	师评
职业素养考核项目（40%）	考勤、仪容仪表	10 分			
	责任意识、纪律意识	10 分			
	团队合作与交流	20 分			
专业能力考核项目（60%）	积极参与教学活动并正确理解任务要求	10 分			
	认真搜集任务所需资料	10 分			
	任务实施过程中记录表的完成度	10 分			
	对车载网络及导航系统的掌握程度	20 分			
	独立完成相应任务的程度	10 分			
合计：综合分数____自评（20%）+ 互评（20%）+ 师评（60%）		100 分			
综合评语		教师（签名）：			

任务一　车载局域网络系统的认知与检修

一、车载局域网络系统概述

随着汽车技术的不断发展，对新能源汽车各方面的性能要求越来越高。人们在追求车辆动力性和操控性的同时，对舒适性和安全性也提出了更高的要求。自 20 世纪 90 年代以来，随着集成电路在汽车上的广泛应用，汽车上的电子控制系统越来越多。例如，电子燃油喷射装置、防抱死制动装置、安全气囊装置、电动门窗装置、主动悬架等。各种电子控制系统的导入和应用使汽车的各项功能更加完善，控制更加精确和灵活，智能化程度也不断提升。然而，功能的日益增加和完善使车载电子控制模块的数量以惊人的速度增加。与此同时，各电子控制模块之间的数据交换也随之增加。

传统的数据交换形式是通过模块间专设的导线完成点对点的通信，数据量的增加必然导致车身线束的增加。庞大的车身线束不仅增加了制造成本，而且还占用空间，提高了整车质量。线束的增加还会使因线束老化而引起电气故障的可能性大大提高，降低了系统的可靠性。

解决线来过多问题的关键就是利用计算机网络技术，将车载控制模块通过车载网络连接起来，实现数据信息的高效传输。车载网络形式多种多样，目前应用最为广泛的是控制器局域网络（controller Area network），即所谓的 CAN BUS 系统。

控制器局域网络是德国博世公司在 20 世纪 80 年代初，为汽车行业开发的一种具有很高保密性、有效支持分布式控制或实时控制的串行数据通信总线，CAN 的应用范围遍及从高速网络到低成本的多线路网络。在自动化控制领域、发动机控制部件、传感器、防滑系统等应用中，CAN 的位速率可高达 1 Mbit/s。同时，它也可以运用于汽车电气系统中，如灯光、电动车窗等，可以替代所需要的硬件连接。

按照国际标准化组织有关部门规定，CAN 拓扑结构为线性总线式，也称 CAN 总线。最初推出的 CAN 总线为 1.0 版，1990 年推出 1.2 修订版，1991 年又推出 CAN 总线 2.0 版。目前 CAN 总线不但已经成为汽车总线的主要规范，而且被公认为最有前途的几种工业总线之一，已由 ISO TC22 技术委员会批准为国际标准，是唯一被批准为国际标准的总线。1993 年国际 CAN 用户及制造商组织（简称 CIA）在欧洲成立，主要作用是解决 CAN 总线实际应用中的问题，提供 CAN 产品及其开发工具，推广 CAN 总线的应用。

与传统数据传输方式相比，CAN 数据总线具有如下优点。

1. 数据传输速度快

数据传输能以较快的速度进行，最快速度达到 1 Mbit/s。

2. 系统可靠性高

系统能准确识别数据传输故障（不论是由内部还是外部引起的）；具有较强的抗干扰和应急运行能力，如能以单线模式工作（出于安全因素，正常情况下双线同时工作）。

3. 减少线束，降低成本

通过减少车身线束降低了制造成本，同时又节省了空间，降低了整车质量。

4. 系统配置更加灵活便利

若需对系统进行功能增减或配置更改时，只需进行较少的改动，如对相应控制模块进行软件升级等。

5. 高效率诊断

通过网络实现对网络中各系统的高效诊断，大大减少了诊断扫描所需的诊断线束。

二、车载局域网络系统的组成

CAN BUS 数据总线系统主要由控制器、收发器、终端电阻和传输线等组成。除数据传输线外，其他元件都置于控制单元内部，如图 5-1 所示。

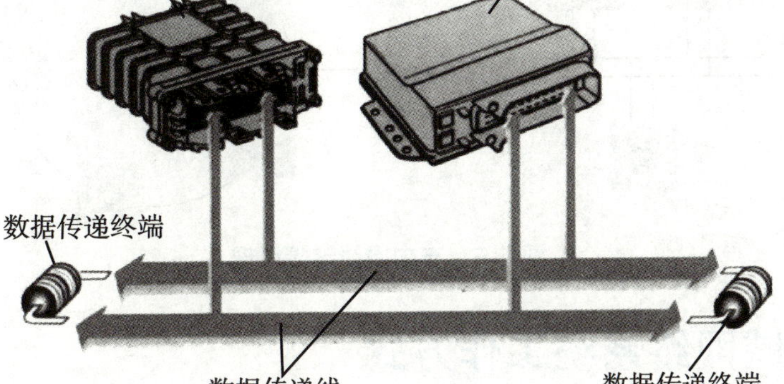

图 5-1 CAN BUS 数据总线系统的组成

控制器的作用是接收控制单元中微处理器发出的数据、处理数据并传给 CAN 收发器；同时 CAN 控制器也接收收发器收到的数据、处理数据并传给微处理器。

收发器由一个发射器和一个接收器组合而成，其作用是将从控制器接收的数据转换成能够通过 CAN BUS 传递的电信号，并能双向传递。

终端电阻是一个电阻器，每个电阻值为 120 Ω，其作用是防止信号在传输过程中因回波反射造成对信号的叠加，从而使信号产生失真，影响数据的正常传输。

数据传输线又称为通信介质或媒体，常用通信传输介质有电话线、同轴电缆、双绞线、光导纤维电缆、无线与卫星通信信道等。传输线通常是 CAN 数据总线用以传输数据的双向数据线，分为 CAN 高位（CAN-H）和低位（CAN-L）数据线。CAN 总线数据没有指定接收器，数据通过数据总线同时发送给各控制单元，各控制单元接收后进行对数据的分析、判断和计算。为了防止外界电磁波干扰和向外辐射，CAN 总线采用两条线缠绕在一起的双绞线；两条线上的电位是相反的，如果一条线的电压是 5 V，另一条线就是 0 V，两条线的电压总和等于常值，如图 5-2 所示。因此，CAN 总线得到保护而免受外界电磁场干扰，同时 CAN 总线向外辐射也保持中性，即无辐射。

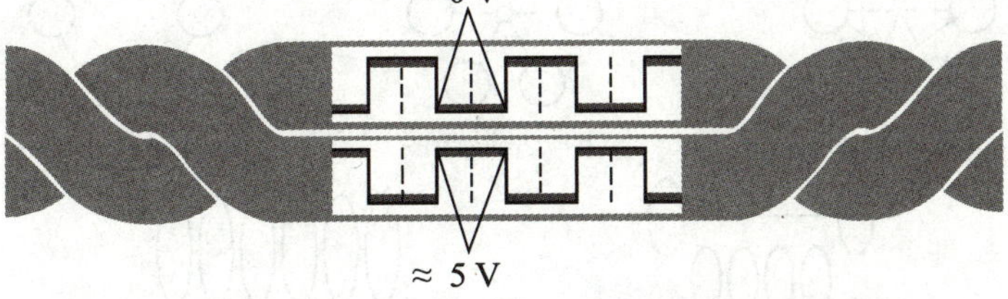

图 5-2 数据传输线

由于汽车上通常采用多种总线将控制单元连接成网络，而不同总线之间无法直接相互传递数据，而是通过网关将不同总线互联（图 5-3）。网关是汽车内部网络通信的核心，通过它可以实现各种总线上模块之间信息的共享以及汽车内部的网络管理和故障诊断功能。

各个控制单元利用双绞线分别连接在 CAN BUS 系统的舒适总线、驱动总线上，通过网关“翻译”；将舒适总线与驱动总线之间的信息传输速率和识别代号进行转换，从而实现信息的可靠、迅速和实时传输，完成控制单元对相应模块功能的控制。

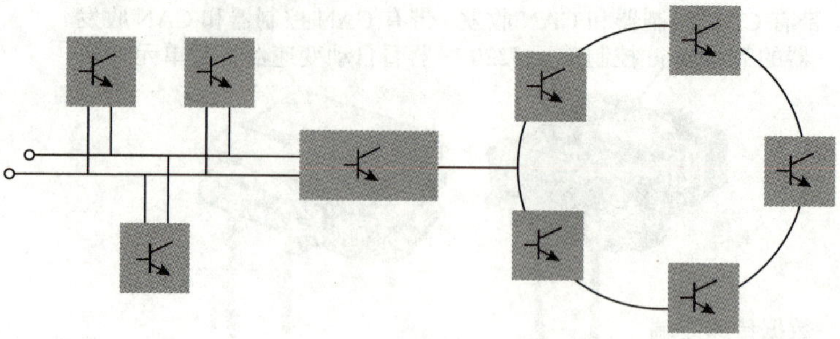

图 5–3　车内网络连接原理

三、车载局域网络系统工作方式

（一）车载局域网络系统的连接类型

1. 总线类型

目前汽车行业最广泛采用的是 CAN 总线和局部连接网（local interconnect network，LIN）总线两种总线类型。CAN 总线是一种多主方式的串行通信总线，而 LIN 总线是一种辅助的串行通信总线网络，为汽车网络（如 CAN 总线）提供辅助功能。在一些相对简单的汽车中，LIN 总线的使用可大大节省成本。与 CAN 总线不同，LIN 总线采用单主控制器 / 多从设备的模式。

2. 网络连接形式

网络连接的形式一般有五种，分别为网状连接、星形连接、环形连接、总线连接以及串行连接；而总线网络连接形式在汽车上应用较为广泛，如图 5–4 所示。

车载网络系统采用了 CAN 总线形式和总线型网络连接形式，从而构成了 CAN BUS 网络通信系统。CAN BUS 系统中包含多个控制单元，这些控制单元通过内部收发器（发射—接受放大器）并联在总线导线上。因此各控制单元的地位均相同，没有任何控制单元享有特权，在这个意义上称之为多主机结构。

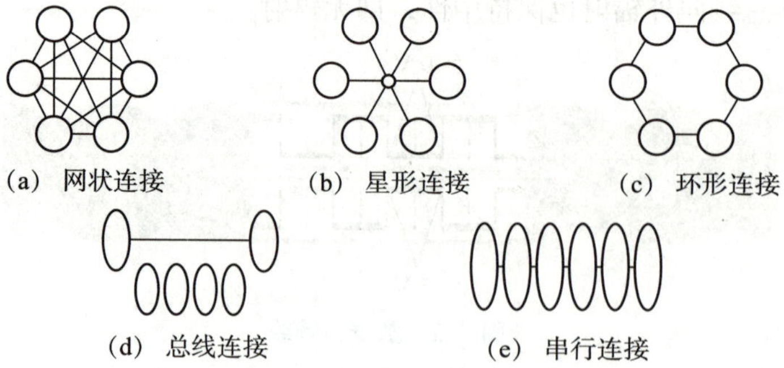

图 5–4　网络连接形式

（二）车载局域网络系统的信息交换

各个控制单元之间进行交换的数据称为信息，每个控制单元均可发送和接收信息；信息交换是按照顺序来连续完成的。

1. 信息的表示方法

信息包含在控制单元之间传递的各种物理量中，如发动机转速，并以二进制数（一系列 0 和 1）来表示，如图 5–5 所示。

CAN BUS 传递的每个信息都是通过二进制编码来表示的，信息越简单，信息结构越短；信息越复杂，信息结构越长。信息结构越长，表达的信息量越大；信息结构长度每增加一位（1 bit），其表达的信息量便可增加 1 倍，信息结构最大长度 108 bit。如表示压缩机的状态，只有接通和断开两种状态，可以用信息结构为 1 位（或 1 bit）的方式表达。当描述中控锁状态时，中控锁状态可分为开锁、锁车、安全锁和非安全锁共四种状态，用信息结构为 1 位（或 1 bit）的方式就不能全部表达，必须用信息结构为 2 位（或 2 bit）的方式表达。表示发动机温度值 0 ～ 127.5 ℃，则必须用信息结构为 8 位（或 8 bit）的方式表达。

1 bit信息 例如，压缩机状态	
信号值	信号内容
0	压缩机断开
1	压缩机接通

2 bit信息 例如，中控锁开关信息状态	
信号值	信号内容
00	开锁
01	安全锁
10	锁车
11	非安全锁

使用8 bit信息表示温度信号

2^7	2^6	2^5	2^4	2^3	2^2	2^1	2^0	value	value
128	64	32	16	8	4	2	1	十进制	温度制
0	0	0	0	0	0	0	0	0	0 ℃
0	0	0	0	0	0	0	1	1	0.5 ℃
0	0	0	0	0	0	1	0	2	1 ℃
				…				…	…
1	0	0	0	1	0	1	0	138	69 ℃
				…				…	
1	1	1	1	1	1	1	1	255	127.5 ℃

图 5–5　信息的二进制表示法

2. 信息交换的基本原理

为了易于说明信息交换过程，下面以发动机转速信息为例并以一条 CAN 导线来讲述信息交换的基本原理，如图 5–6 所示。

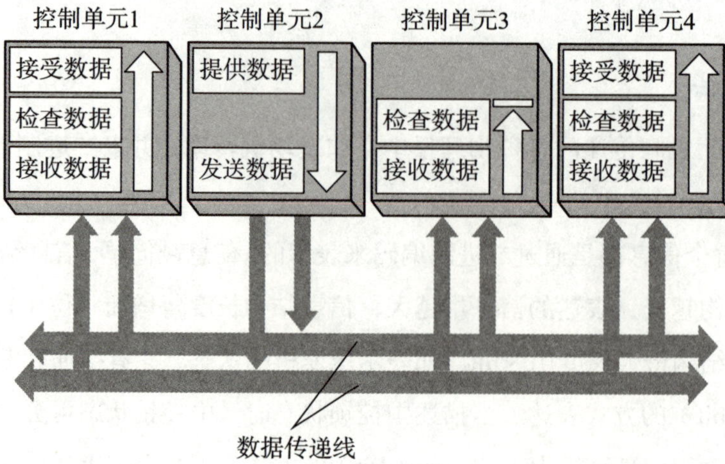

图 5-6　信息交换原理

CAN 系统中的所有控制单元都能收到信息，并且每个都扮演识别器中的接收检验员，判断所收到的信息是否与相应的控制模块有关。如果有关，则采用；否则将被忽略。

每个控制单元都能传递和接收数据，但只是有选择性地读取需要的数据信息。通常把上述信息交换的原理称为广播，类似于一个广播电台发送某一节目一样，每个连接的用户均可接收；这种广播形式使系统中所有控制单元都处于相同的信息状态。

（三）车载局域网络系统的节点功能

CAN BUS 总线系统的节点功能，如图 5–7 所示。

1. K– 线

K– 线用于在 CAN BUS 系统自诊断时连接检测仪。

2. 控制单元

控制单元接收来自传感器的信号，将其处理后再发送到执行元件上。控制单元中包含两个重要构件：微处理器和 CAN 存储区。微处理器有输入、输出存储器和程序存储器。控制单元接收到的传感器值（如发动机温度或转速）会被定期查询并按顺序存入输入存储器。微处理器按事先规定好的程序来处理输入值，处理后的结果存入相应的输出存储器内，然后到达各个执行元件；而 CAN 存储区主要用于容纳接收到的和要发送的信息。

3. CAN 构件

CAN 构件用于数据交换，分为两个区：一个是接收区，另一个是发送区。通过接收邮箱或发送邮箱与控制单元相连，该构件一般集成在控制单元的微处理器芯片内。

4. 收发器

收发器是一个发送—接收放大器，它把 CAN 构件连续的比特流（逻辑电平）转换成电压值（线路传输电平），或者通过收发器把电压值转换成比特流，这个电压值适合铜导线上的信息传输。收发器通过 TX– 线（发送导线）或 RX– 线（接收导线）与 CAN 构件相连，RX– 线通过一个放大器直接与 CAN 总线相连，总在监听总线信号。图 5–8 为收发器内部示意图。

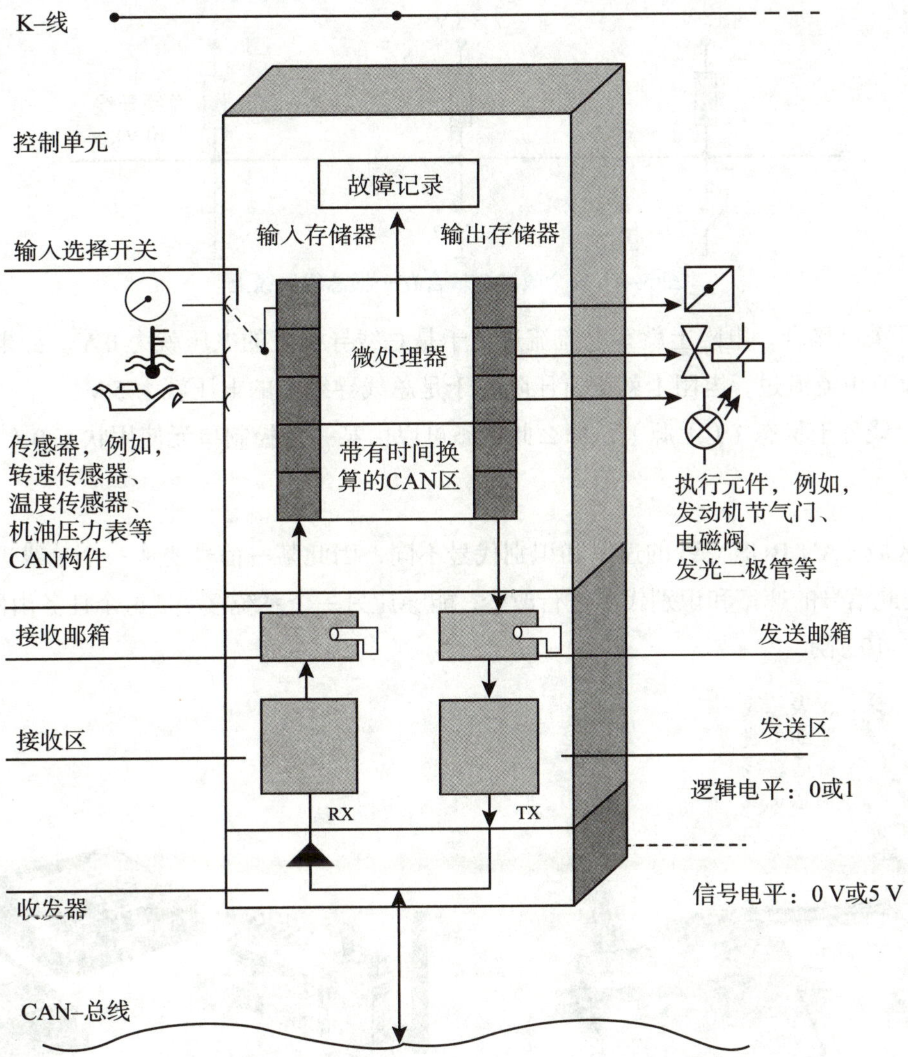

图 5–7　CAN BUS 总线系统的节点功能

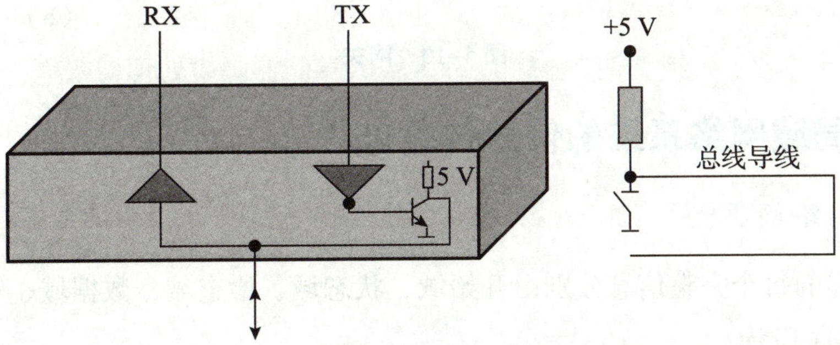

图 5–8　收发器内部示意图

收发器的另一个特点就是 TX– 线与总线的耦合，这个耦合过程是通过一个断路式集流器电路来实现的，如图 5-9 所示。所以，总线导线上就会出现两种状态：一种状态（状态 1），晶体管截止状态（开关未接合），总线电平等于 1，无源；另一种状态（状态 0），晶体管导通状态（开关已接合），总线电平等于 0，有源。由此，将无源的总线电平称为隐性电平，有源的总线电平称为显性电平。

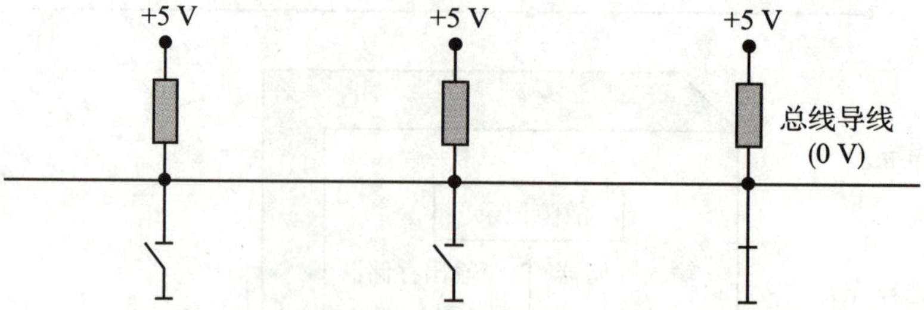

图 5-9　三个收发器耦合在一根总线导线上

如果某一开关已接合，电阻上就有电流流过，于是总线导线上的电压就为 0 V。如果所有开关均未接合，那么就没有电流流过，电阻上就没有压降，于是总线导线上的电压就为 5 V。

因此，若总线处于状态 1（无源），那么此状态可以由某一个控制单元使用状态 0（有源）来改写。

5. 网关

由于不同区域 CAN BUS 总线的速率和识别代号不同，因此某一信号要从一个总线进入到另一个总线区域，必须把此信号的速率和识别代号进行改变；能够让另一个系统接受，这个任务由网关（gateway）来完成，如图 5-10 所示。

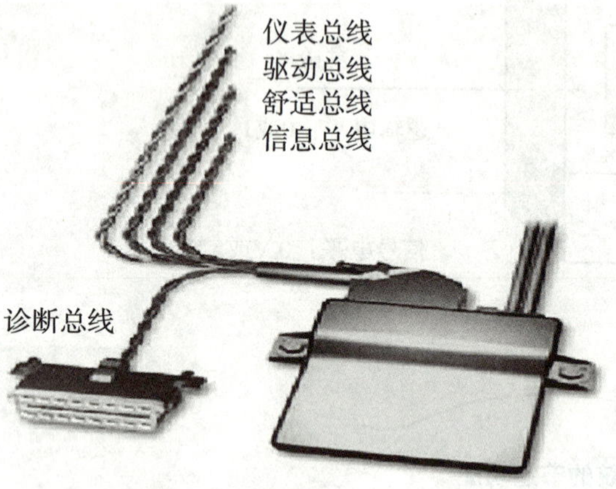

（a）

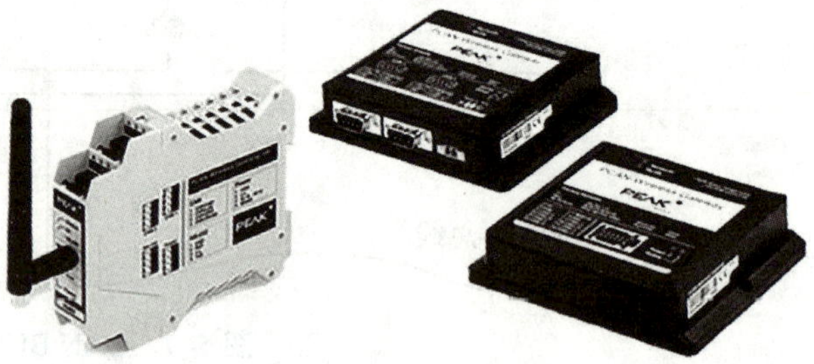

（b）

图 5-10　网关

（四）车载局域网络系统的信息传输过程

1. CAN 信息的结构原理

CAN BUS 所传递的每个完整信息分别由开始域、状态域、检查域、数据域、安全域、确认域和结束域所构成，如图 5-11 所示。

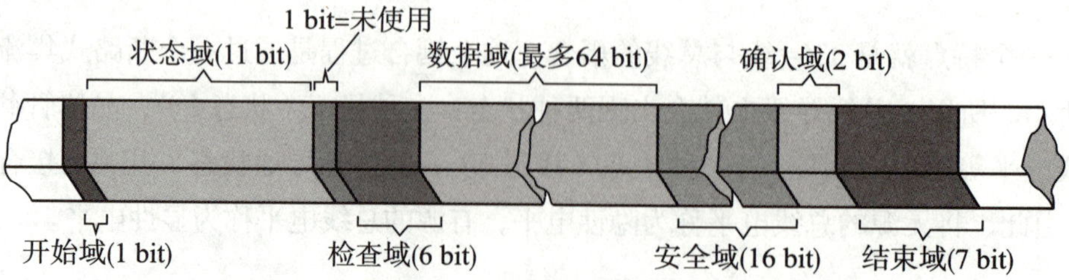

图 5-11　信息结构

（1）开始域

标志数据开始，带有大约 5 V 电压（由系统决定）的 1 位，被送入高位 CAN 线；带有大约 0 V 电压的 1 位被送入低位 CAN 线。此外，还用于确定与其他节点硬件的同步。

（2）状态域

状态域包括 11 位，用于标识数据的内容，判定数据中的优先权，低值标识符代表数据的较高级优先顺序。如果两个控制单元都要同时发送各自的数据，那么，具有较高优先权的控制单元优先发送。例如，包括发动机冷却液温度信息的数据和车辆打滑信息的数据相比，后者通常具有更低值的标识符，具有优先发送的权利。

（3）检查域

检查域表示数据域中字节的数量。可以检查是否已经接收到所传递过来的所有信息。

（4）数据域

数据域表示传递的信息所对应的数据，最多可达 64 位（8 bit）。在数据域中，信息被传递到其他控制单元。

（5）安全域

安全域包括一个用于错误检测的 15 位数列和一个定界符位。发送数据和接收信息的控制单元用于检查和比较传递信息所发生的变化（检测传递数据中的错误）。

（6）确认域

确认域包括隐性传输的空格位及通常为隐性的定界符位。在此，接收器发送信号通知发送器，接收器已经正确收到数据。若检查到错误，接收器立即通知发送器，发送器然后再发送一次数据。

（7）结束域

结束域该区表示数据完成，它通常包括 7 位隐性位。表示该信息数据传递结束，这里是显示错误并重新发送数据的最后一次机会。

2. CAN 总线的标准、协议

（1）网络协议

网络由使用的电子语言来识别。控制模块必须“使用和解读”相同的电子语言，这种电子语言称为协议。

① J1850 标准企业协议

J1850 标准企业协议是美国汽车的车内联网标准，包含了两个不兼容的规程。通用汽车公司和克莱斯勒汽车公司采用 10.4 Kbit/s 可变规程的类似版本，在单根线的总线上进行通信；福特汽车公司采用 46.1 Kbit/s 的脉冲宽度调制（pulse width modulation，PWM），在双线的差分总线上进行通信。

② J1939 协议

J1939 协议是一种以 CAN 2.0 为网络核心、支持闭环控制的在多个 ECU 之间高速通信的网络协议。

（2）网络标准

目前国际上存在多种汽车网络标准，其侧重的功能有所不同。为方便研究和设计应用，美国机动车工程师学会（society of automotive engineers，SAE）车辆网络委员会将汽车数据传输网划分为A、B、C三类。A类是面向传感器/执行器控制的低速网络，数据传输位速率通常小于10 Kbit/s，主要用于电动后视镜、电动窗、灯光照明等控制；B类面向独立模块间数据共享的中速网络，位速率在13～125 Kbit/s，主要应用于车身电子舒适性模块、仪表显示等系统；C类面向高速、实时闭环控制的多路传输网，位速率在125 Kbit/s～1 Mbit/s，主要用于牵引力控制、发动机控制、ABS等系统。

①A类总线标准、协议

A类的网络通信大部分采用通用异步接收/发送装置（universal asynchronous receiver/Transmitter，UART）标准。UART使用起来既简单又经济，但随着技术的发展，预计在今后几年中将会逐步在汽车通信系统中被停止使用。

目前，A类首选的标准是LIN。LIN是用于汽车分布式电控系统的一种新型低成本串行通信系统。它是一种基于UART的数据格式、主从结构的单线12 V的总线通信系统，主要用于智能传感器和执行器的串行通信，而这正是CAN总线的带宽和功能所不要求的部分。由于目前尚未建立低端多路通信的汽车标准，因此LIN正试图发展成为低成本的串行通信的行业标准。

②B类总线标准、协议

B类的网络通信采用的是ISO 11898标准，传输速率在100 Kbit/s左右的CAN总线。

CAN总线通信接口中集成了CAN协议的物理层和数据链路层功能，可完成对通信数据的成帧处理，包括位填充、数据块编码、循环冗余检验、优先级判别等项工作。

CAN协议的最大特点是：废除传统的站地址编码，实行对通信数据块进行编码，最多可标识2048（2.0A）个或5亿（2.0B）多个数据块。采用这种方法可使网络内的节点个数在理论上不受限制。数据段长度最多为8个字节，不会占用总线时间过长，从而保证了通信的实时性。CAN协议采用循环冗余码校验（cycling redundancy check，CRC）并可提供相应的错误处理功能，保证了数据通信的可靠性。以往广泛适用于美国车型的J1850正逐步被基于CAN总线的标准和协议所取代。

③C类总线标准、协议

在C类标准中，欧洲的汽车制造商基本上采用的都是高速通信的CAN总线标准ISO 11898。而J1939供货车及其拖车、大客车、建筑设备以及农业设备使用，是用来支持分布在车辆各个不同位置的电控单元之间，实现实时闭环控制功能的高速通信标准，其数据传输速率为250 Kbit/s。在美国，通用汽车公司已开始在所有的车型上使用其专属的GMLAN总线标准，它是一种基于CAN的传输速率在500 Kbit/s的通信标准。

（3）高速总线系统标准、协议

由于高速总线系统主要用于与汽车安全相关，以及实时性要求比较高的地方（如动力系统），所以其传输速率比较高。根据传统的SAE的分类，该部分属于C类总线标准，通常在125 Kbit/s～1 Mbit/s，必须支持实时的周期性的参数传输。

目前，随着汽车网络技术的发展，未来将会使用到具有高速实时传输特性的一些总线标准和协议，包括采用时间触发通信的X by Wire系统总线标准和用于安全气囊控制和通信的总线标准、协议。

① 安全总线和标准

安全总线主要用于安全气囊系统，以连接加速度传感器、安全传感器等装置，为被动安全提供保障。目前已有一些公司研制出了相关的总线和协议，包括德尔福公司的 Safety Bus 和宝马公司的 Byteflight 等。

② X by Wire 总线标准、协议

X by Wire 最初用在飞机控制系统中，称为电传控制，现在已经在飞机控制中得到广泛应用。由于目前对汽车容错能力和通信系统的高可靠性的需求日益增长，X by Wire 开始应用于汽车电子控制领域。在未来的 5 ～ 10 年里，X by Wire 技术将使传统的汽车机械系统（如制动和驾驶系统）变成通过高速容错通信总线与高性能 CPU 相连的电气系统。目前，这一类总线标准主要有 TTP、Byteflight 和 Flex Ray。

3. 数据传输过程

（1）发送过程

发动机控制单元的传感器接收到转速值，该值以固定的周期（循环往复地）到达微处理器的输入存储器内，如图 5-12 所示。由于瞬时转速值还用于其他控制单元（如组合仪表），所以该值应通过 CAN 总线来传递。于是转速值就被复制到发动机控制单元的发送存储器内，该信息按协议被转换成 CAN 的特殊格式从发送存储器进入 CAN 构件的发送邮箱内。如果发送邮箱内有一个实时值，那么该值会由发送特征位（举起的小旗）显示出来。将发送任务委托给 CAN 构件，发动机控制单元就完成了此过程中的任务。

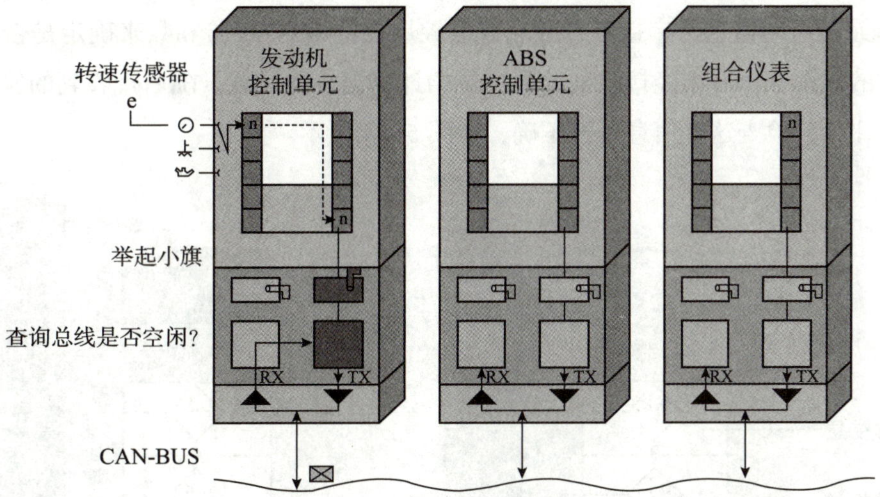

图 5-12　发送过程

CAN 构件通过 RX- 线来检查总线是否有源（是否正在交换别的信息），必要时会等待，直至总线空闲下来为止。如果总线空闲下来（某一时间段内的电平 1，无源），发动机信息就会被发送出去，如图 5-13 所示。

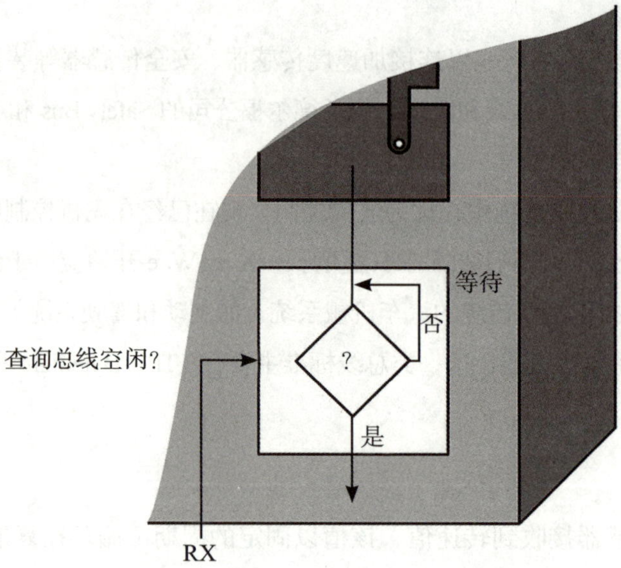

图 5-13　总线空闲查询

（2）接收过程

接收过程分为两步：第一步，检查信息是否正确（在监控层）；第二步，检查信息是否可用（在接受层）。

发送器在发送每个信息时，所有数据位会产生并传递一个 16 位的校验和数；所有连接的装置都接收发动机控制单元发送的信息（广播），并通过监控层内的 CRC 校验和数来确定是否有传递错误；同时接收器按同样的规则从所有已经接收到的数据位中计算出校验和数。随后接收到的校验和数与计算出的校验和数进行比较，检查这些信息是否正确，如图 5-14 所示。

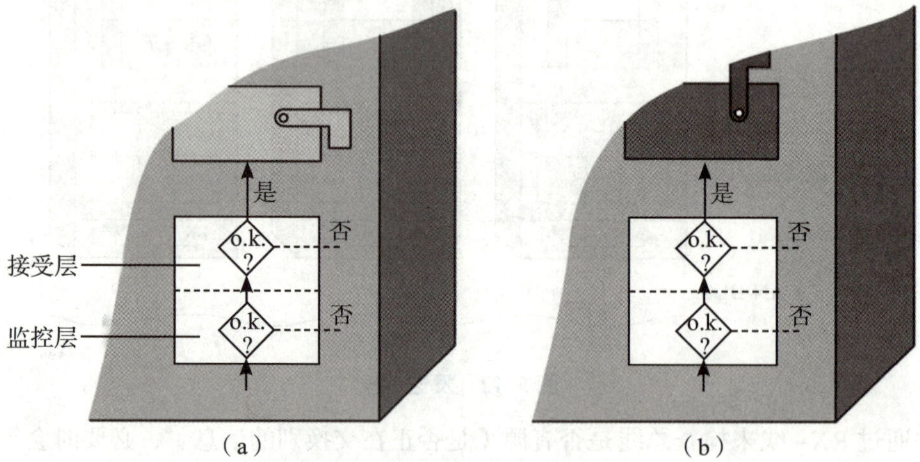

图 5-14　信息检查

如果确定信息无传递错误，则连接在 CAN 总线上的所有装置均给发射器一个确认回答，即信息收到符号（acknowledge，Ack），它位于校验和数后。

已接收到的正确信息将会到达相关 CAN- 构件的接收区，在接收区来决定该信息是否用于完成各控制单元的功能。如果不是，该信息就被拒收；如果是，该信息就会进入相应的接收邮箱。

连接的组合仪表则根据升起的“接收旗”判断出现一个信息（如转速）在排队等待处理，组合仪表调出该信息并将相应的值复制到输入存储器内。在组合仪表内，转速经微处理器处理后到达执行元件并最后到达转速表。这个信息交换过程按设定好的循环时间（如每 10 ms）在持续地重复进行。于是，通过 CAN- 构件发送和接收信息的过程结束。

4. CAN BUS 系统信息传输的优先权判定

如果多个控制单元同时向总线发送信息，那么数据总线上必然会发生数据冲突。为了避免发生这种情况，CAN 总线是通过识别各个控制单元发送信息时的标识符来判定信息传输顺序的。

（1）信息传输顺序原则

由于 CAN BUS 数据总线在同一时刻只允许一个数据传递，如果多个控制单元要同时发送各自的数据，系统将根据数据的优先级别来确定具有更高优先权的数据进行优先发送。例如，基于安全考虑，由 ABS 控制单元提供的数据比自动变速器控制单元提供的数据（驾驶舒适）更重要，因此具有优先权。

（2）数据传递的优先权判定方法

发送隐性电位的控制单元，若检测到一个显性电位，那么该控制单元停止发送转为接收。如果一个控制单元向外发送高电位（用“0”表示），而同时另一个控制单元向外发送低电位（用“1”表示），则数据传输线将体现高电位（用“0”表示）。

下面以发动机、ABS、变速器控制单元同时发送数据为例，介绍 CAN BUS 系统处理信息传输冲突，如图 5-15 所示。

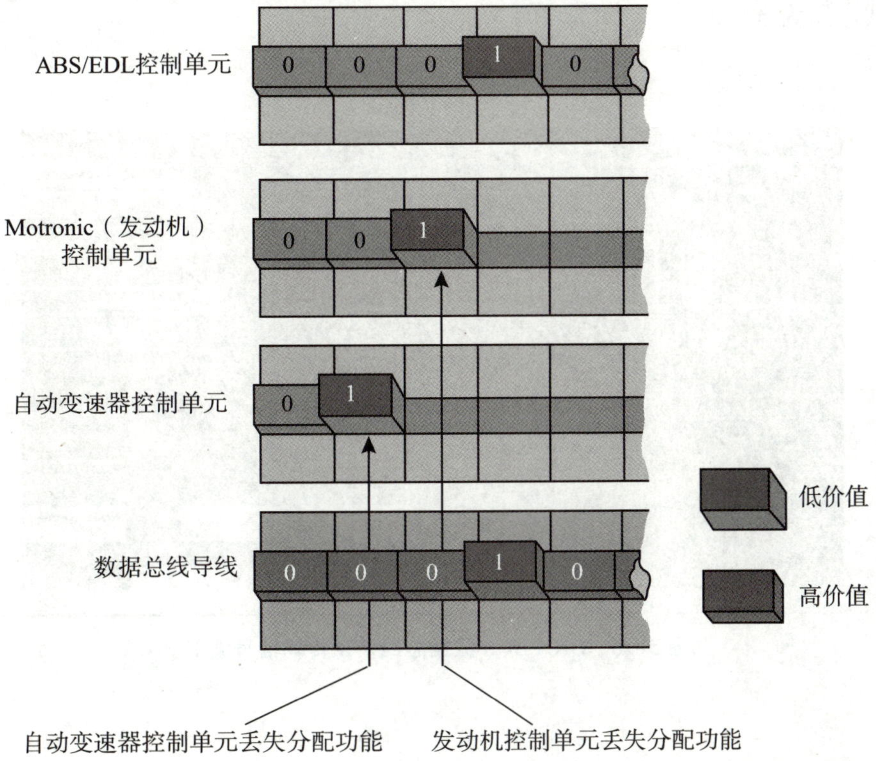

图 5-15　优先权判定示意图

发动机控制单元将要发送“0010 1000 000”数据。

变速器控制单元将要发送“0100 0100 000”数据。

ABS 控制单元将要发送“0001 1010 000”数据。

第一位：三者都向外发送“0”，数据传输线上也体现为“0”。

第二位：自动变速器控制单元准备向外发送“1”，但另外两个控制单元向外发送“0”，则数据传输线为“0”。自动变速器控制单元发送了一个低电位（用“1”表示），而检测到一个高电位（用“0”表示），那么自动变速器控制单元将失去优先权而转为接收状态。

第三位：发动机控制单元准备向外发送“1”，但 ABS 向外发送“0”，则数据传输线为“0”。发动机控制单元发送了一个低电位（用“1”表示），而检测到一个高电位（用“0”表示），则发动机控制单元将失去优先权而转为接收状态。

ABS 控制单元拥有最高优先权，从而接管了数据总线的控制权，该优先权保证其持续发送数据直至发送结束。ABS 控制单元结束发送数据后，其他控制单元根据其优先权的高低，再依次发送各自的数据。

5. CAN BUS 系统信息传输波形

图 5-16 为 CAN BUS 数据总线信息传输信号波形，用以传输数据的 CAN 数据总线采用双向数据线，分为 CAN 高位（CAN-H）和低位（CAN-L）。CAN 高位和低位数据线的信号电压为相互对称分布，当 CAN 高位数据线电压为 5 V 时，CAN 低位数据线电压为 0 V；而当 CAN 高位数据线电压为 0 V 时，CAN 低位数据线电压为 5 V。

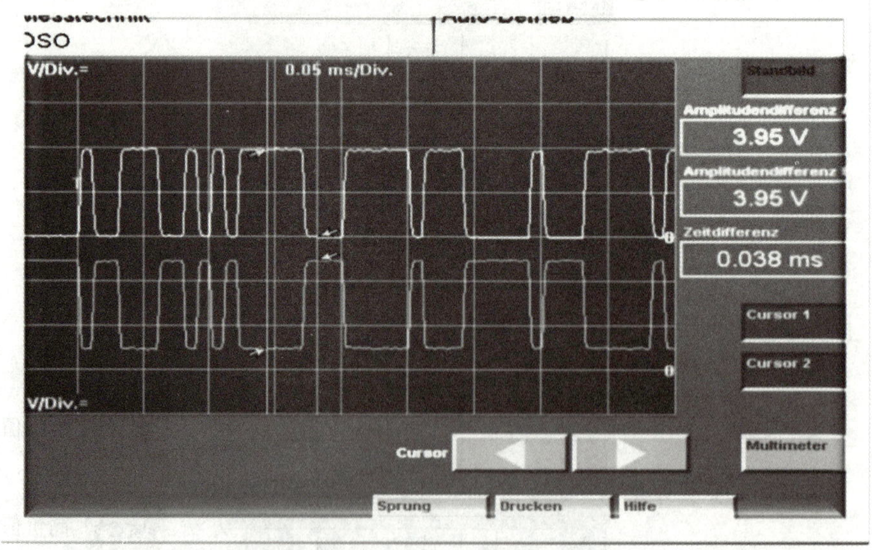

图 5-16　CAN BUS 数据总线信息传输信号波形

任务二　车载互联网系统的认知与应用

一、车载互联网系统概述

（一）车载互联网系统

车载互联网系统

车载互联网系统也称汽车物联网，简称车联网，是一种汽车信息服务（telematics），是通信技术（telecommunication）与信息技术（informatics）的有机结合，并以汽车为载体开展服务，解决人、车、路的有效协同。车联网系统利用装载在车辆上的电子标签，通过无线射频（RFID）等识别技术，实现在信息网络平台上对所有车辆的属性信息和静、动态信息进行提取和有效利用，并根据不同的功能需求对所有车辆的运行状态进行有效的监管和提供综合服务。

telematics 是以无线语音、数字通信和卫星导航定位系统为平台，通过定位系统和无线通信网，向驾驶人和乘客提供交通信息、紧急情况应付对策、远距离车辆诊断和互联网（金融交易、新闻、电子邮件等）服务的业务。

图 5-17 为车联网系统的结构示意图，主要由终端、云（数据中心）及应用服务组成。

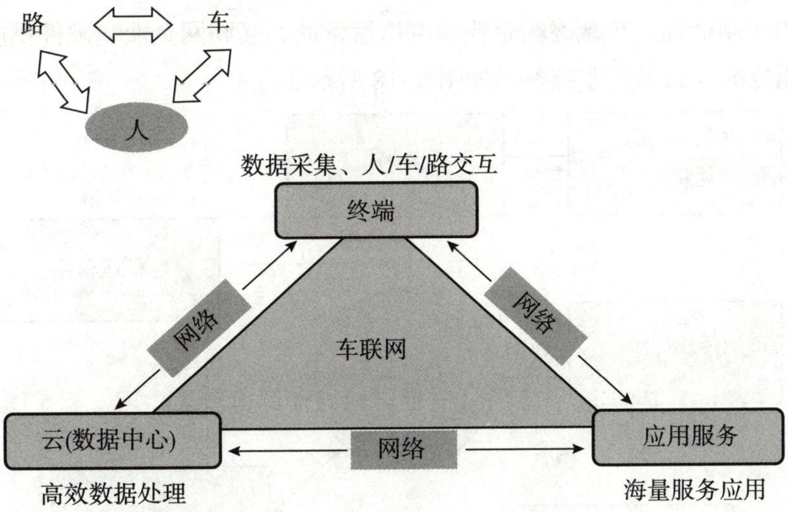

图 5-17　车联网系统的结构示意图

（二）车载互联网的特点

车载互联网的特点如下。

（1）感知层：通过 RFID 等感知系统获取车辆属性信息并加以利用。

（2）互联互通：实现人、车、路之间的互联互通。

（3）云计算：借助目前流行的云计算等智能方式调度和管理车辆。

知识拓展

车载网络通信协议

通信协议决定了车载网络系统数据传输的先后顺序，相当于车载网络系统的“交通规则”。例如，当电控单元 A 检测到发动机冷却液温度过高时，相对于其他不太重要的信息（如电控单元 B 发送活性炭罐已满信息），具有代表传输的权力。通信协议的标准包含唤醒访问和握手，唤醒访问就是给处于休眠状态的电控单元一个信号，让电控单元重新正常工作；握手就是电控单元间的相互确认兼容并正常工作。通信协议的主要原则如下。

（1）在一个简单的通信协议中，电控单元不分主次。电控单元间的信息按优先原则进行传递，因为电控单元知道该接收什么信息，该忽略什么信息。

（2）在车载网络系统里，一个电控单元是主电控单元时，则其他为从属电控单元。根据优先原则，主电控单元决定从属电控单元是否发送信息，何时发送信息。

（3）通信协议中的仲裁系统按照每条信息的数字拼法为各数据传输设定优先规则。例如，以数字 1 结尾的信息要比以 0 结尾的具有优先权。

二、车载互联网系统的产业链及其功能

（一）车载互联网产业链

车联网背后是汽车制造商、车载终端企业、电信运营商、互联网企业、硬件供应商、交通信息内容运营商及服务商等组成的一长串产业链条，如图 5-18 所示。

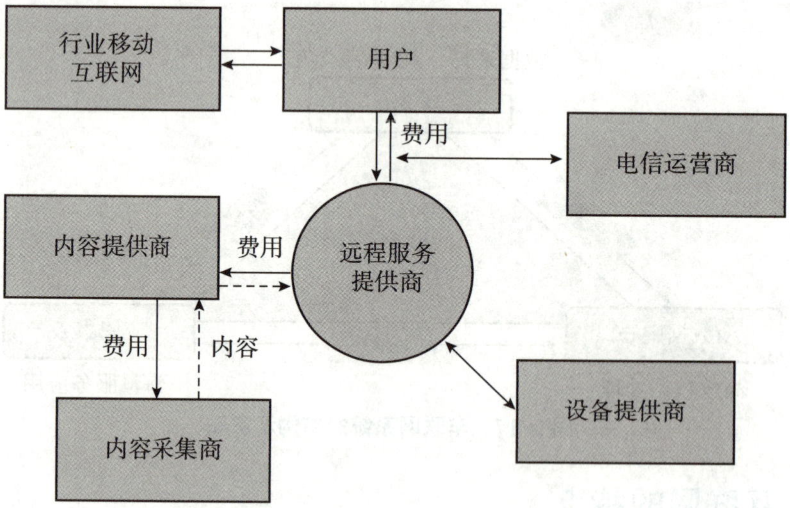

图 5-18　车联网产业链示意图

（二）车联网的产业链的功能

1. 车载互联的功能

手机互联通过手机数据线连接汽车中控屏，实现手机与汽车的无缝连接。除了导航和音乐功能，还可以通过车内中控操作手机，如发消息、打电话，这种互联模式非常完美。

2. 语音服务功能

人－机对话功能代替了传统的手写或软键盘输入，让使用者只需开口就能完成需要做的所有事情。

3. 导航服务功能

一键导航服务功能提供全面的交通深度信息和位置信息，实时交通动态信息和驾驶预警服务，随时规划最佳导航路径方案。

4. 安全服务功能

安全服务功能给车主带来全方位的安全保障和实施护驾，被盗车车辆报警、防盗追踪，事故警报、路边救援协助等服务能在关键时刻保护车主和车辆的安全。

5. 互动服务功能

互动服务功能实现多方通话和位置共享，能及时与好友保持联络，随时观察好友的行驶位置，路书生成功能，能与好友随时随地分享旅行的快乐。

6. 秘书服务功能

秘书服务功能爱车助手功能实时监控车况、及时为车辆提供保养提醒和违章查询；远程控制功能提供远程开锁、热车、开空调等各种服务；便捷的查询、预订、提醒服务，可以在驾车的过程中轻松实现酒店、机票、餐厅等各类预订服务。

7. 生活服务功能

生活服务功能让使用者自由穿梭在现实社会与互联网之间，随意下载感兴趣的音乐、应用软件、有声书籍，及时的资讯定制服务；可以提供各类资讯指南，如天气、股票、财经、新闻等实时信息，更有各类打折信息、周年活动、促销商品购买地点等优惠信息；让使用者在开车中也能知晓天下事，体验前所未有的安全感，感受趣味性和娱乐性，尽享驾驶带来的乐趣。

三、车载互联网系统的意义

车联网通过无线通信技术、GPS技术及传感技术的相互配合，实现解决智能交通的管理和信息服务，如智能公交定位管理和信号优先、智能停车场管理、车辆类型及流量信息采集、路桥电子不停车收费及车辆速度计算分析等。

智能的车联网让汽车可以与城市交通信息网络、智能电网以及社区信息网络全部连接，帮助驾驶人获得即时资讯，并做出与出行有关的明智决定；借助车联网的帮助，车辆将可以实现智能停靠，可以帮助驾驶人订票、寻找停车场，甚至车辆自己就能找到充电站完成充电。

目前，治理城市拥堵的顽疾一般包括三种方式，即限、管、建。所谓限就是限行和限购；管是以经济手段为核心的“组合拳”，包括停车泊位证明、征收交通拥堵费和提高停车费；建则是建立完善的交通体系，加快新能源汽车、智能交通、智慧城市发展的提议成为“建”的表现。

车联网中最“有用”的应用为智能交通，智能交通技术可使交通堵塞减少约60%，使短途运输效率提高近70%，使现有道路网的通行能力提高2～3倍。

智能交通是一个基于现代电子信息技术面向交通运输的服务系统。智能交通应用的核心技术，如无线通信技术、GPS定位技术等，在公交车、出租车、货车、运钞车等特殊车种上的应用非常成熟，所以车联网将会是物联网最早实现完整应用的产业。相比于行政治堵限、管的“立竿见影”，科技治堵“建”将会是一个长久战。

四、车载互联网系统的特性

（一）技术整合

作为物联网的重要分支，车联网在汽车行业的应用是将多种先进技术有机地运用于整个交通运输管理体系而建立起的一种实时的、准确的、高效的交通运输综合管理和控制系统，及由此衍生的诸多增值服务，如图 5-19 所示。

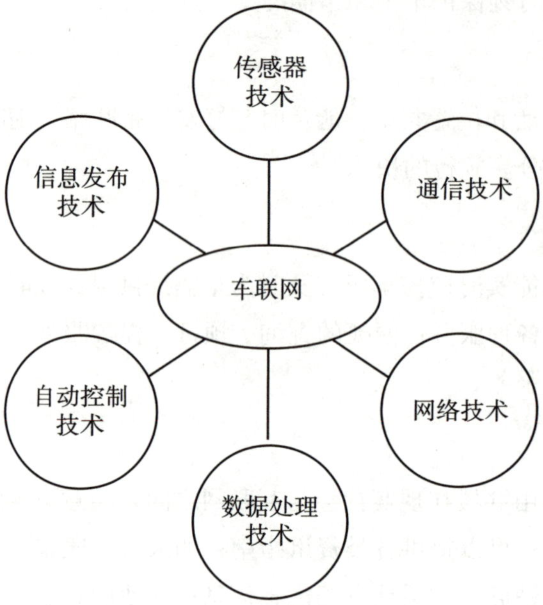

图 5-19　车联网技术整合示意图

（二）信息共享

车联网技术可以捕捉到大量的数据，包括行驶数据、车辆故障信息等，这些数据可以被汇总并共享给厂商、政府和其他利益相关者。这种信息共享有助于厂商了解消费者需求，改进产品设计和生产，政府也可以更好地了解交通状况和能源消耗，从而有针对性地规划和制定政策。车联网信息共享示意图，如图 5-20 所示。

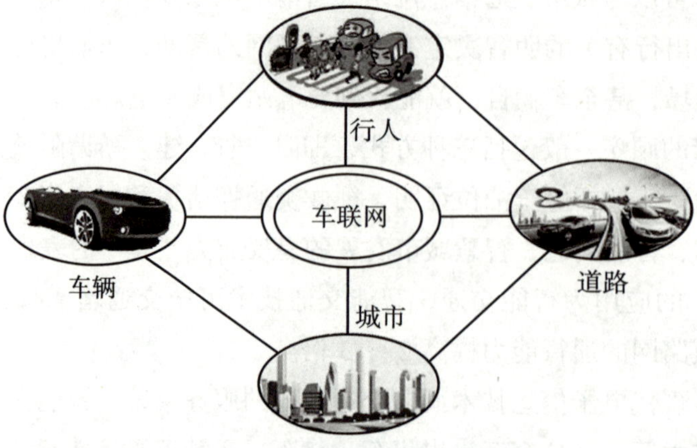

图 5-20　车联网信息共享示意图

（三）产业融合

通过车载互联网，可以让跨行业主管部门联合开展车联网产业融合创新发展，使芯片厂商、汽车制造商、软件提供商、方案提供商、网络提供商形成统一的产业融合。适时制定产业发展政策，完善法律法规体系，创新产品准入及监管框架。车联网产业融合是打造跨产业链融合发展新模式、新基础与新空间；充分发挥制造业创新中心、行业组织机构等协同创新作用；完善车联网产业标准体系和测试验证公共服务能力；促进产业链上下游协同研发和产业化，如图 5–21 所示。

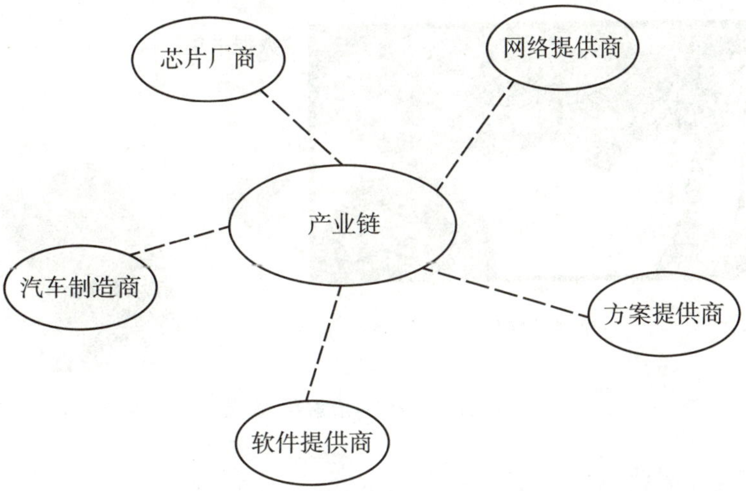

图 5–21　车联网产业融合示意图

（四）可持续发展

车联网企业资产的积累其实就是内容的累积，是真正为社会创造价值，其丰富的专家后台数据库支持将是一个可持续的累积。车联网将致力于价值链的培育，起到开放性、合作和产业联盟的重要作用。

车载终端能够与整车控制器通过 CAN 总线进行通信，服从整车控制器的控制命令，获取整车的相关信息。车载终端采用“行程长度编码”压缩机制，对 CAN 数据进行数据压缩，以减少存储空间的占用，同时节约网络带宽资源与流量，加快数据传输速度，如图 5–22 所示。

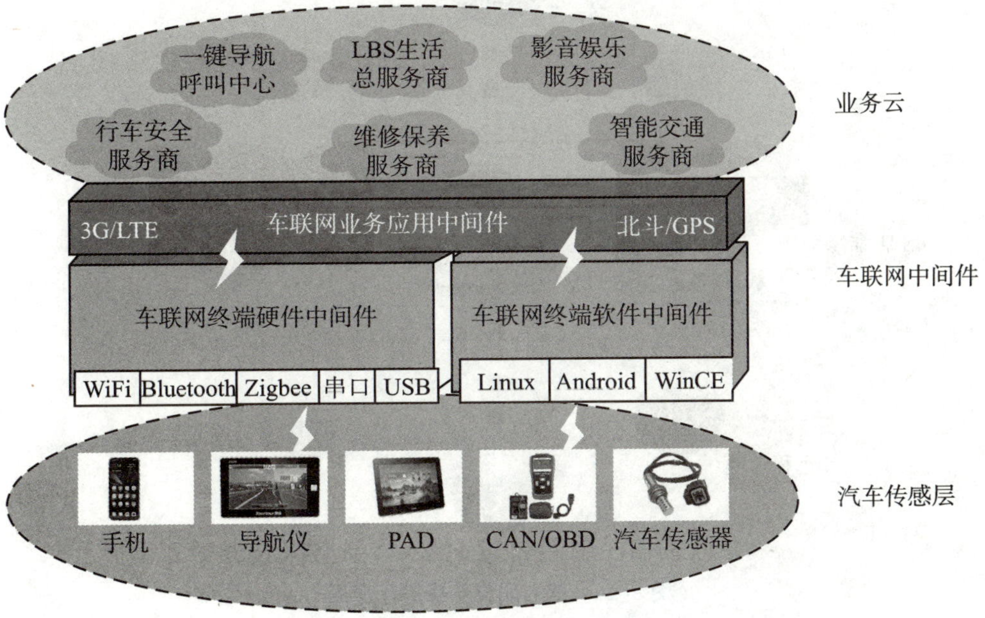

图 5–22　车载终端 CAN 总线系统示意图

五、车载互联网系统的实际应用

车载互联网系统在实际中有以下应用。

（一）车况分析终端

根据车型不同，可以通过车辆的数据传输接口（OBD 接口）采集车辆控制系统的数千项数据，如图 5-23 所示。

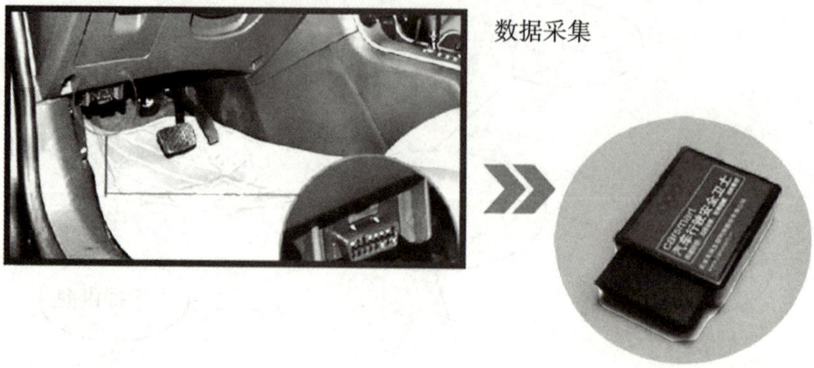

图 5-23　车辆分析终端示意图

（二）新型的维修保养系统

（1）车主能够实时了解车辆的车况。

（2）通过信息共享，4S 店可将服务由被动变主动。

（3）良好、方便、高效的沟通平台，实现自助化的维修保养模式，使得各方利益最大化，如图 5-24 所示。

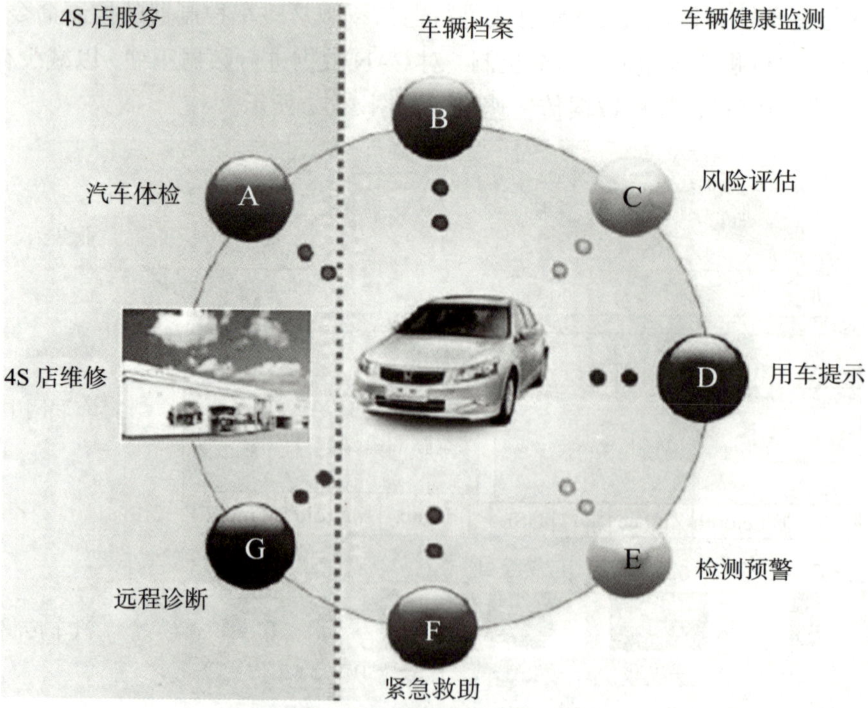

图 5-24　车联网维修保养示意图

（三）远程监控诊断控制系统、新型救援服务系统

（1）借助卫星定位与紧急救援实现高效对接。

（2）实时的故障信息可保障及时的各种服务请求，如爆胎、加油等。

（3）服务中心的个性化服务将给车主带来全方位的汽车生活体验。

车联网远程监控示意图，如图 5–25 所示。

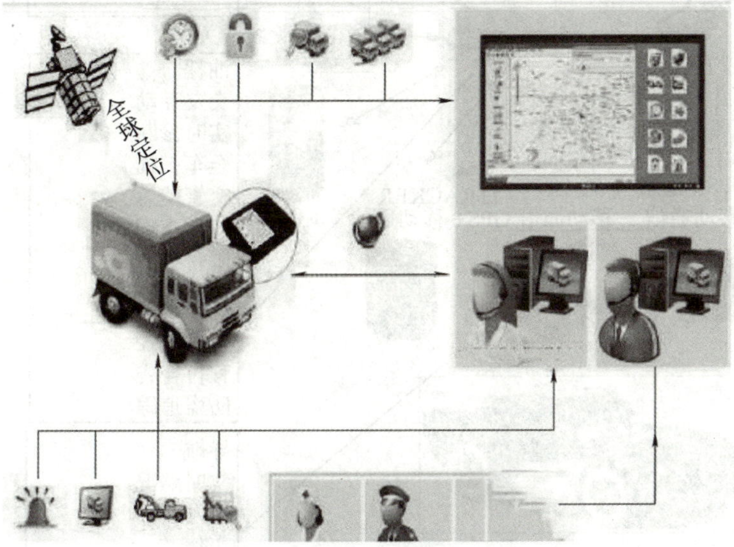

图 5–25　车联网远程监控示意图

（四）道路事故处理系统

实时及全面的行车数据使事故现场轻松地在计算机上得以重现；将对交通管理、保险等传统行业带来革命性的创新模式，如图 5–26 所示。

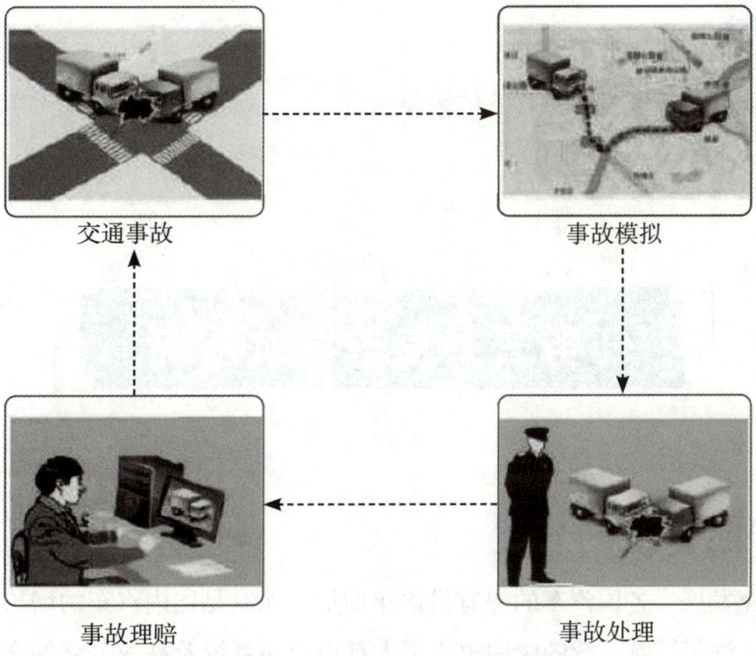

图 5–26　车联网道路事故处理示意图

（五）用户的其他便捷功能

用户可以便捷地查询到保险、路况、位置及车辆油耗等需求信息，如图 5–27 所示。

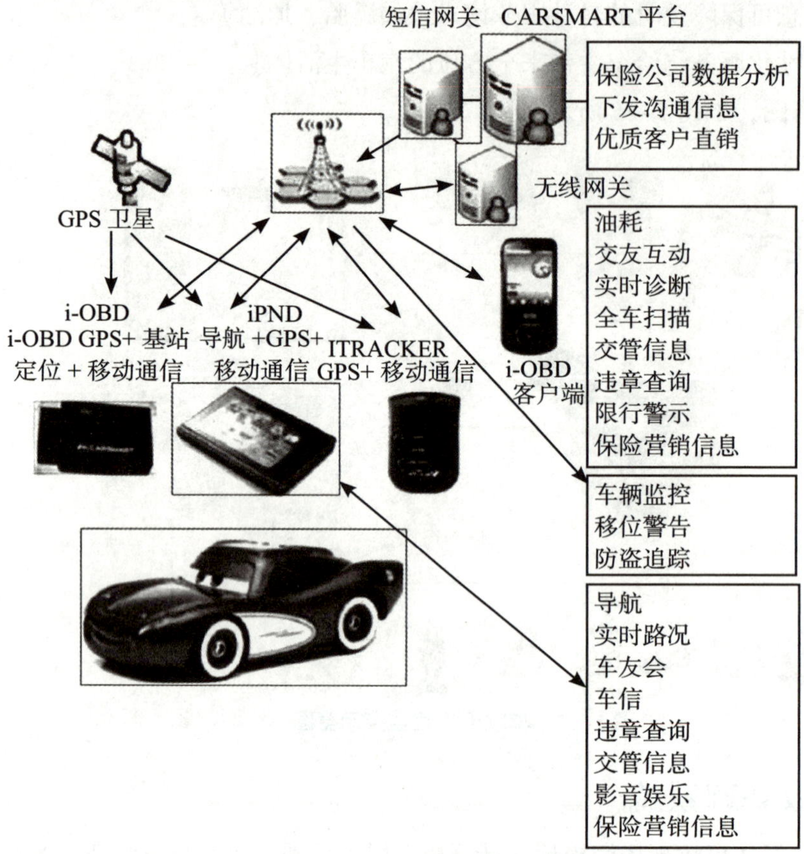

图 5–27　用户便捷功能示意图

课堂讨论

车载互联网真的安全吗？有没有被窃密的风险？

任务三　汽车导航系统

汽车导航系统

一、汽车导航系统的分类

随着汽车业的飞速发展，各国汽车的保有量逐年增加，尤其是国内汽车的增长量，给道路交通带来了严重的堵塞和拥挤。汽车导航系统的应用解决了大都市道路系统及高速公路的交通拥挤、交通事故频发及“有路行不通”的通病；也提高了车辆行驶的安全性及效率，缓解了车流量，平衡了交通调度及管制。

当驾驶汽车行驶在陌生区域时，或者是在难以看清道路标志和周围景色的夜间行车时，很容易迷失方向。即使在白天明确目的地及行车路线的情况下，在交通比较拥挤的城市中驾驶时，也需要根据市内各地区、各街道的汽车堵塞情况进行及时的导向指引；需要各种导向行驶系统来确定其本身的方向和位置，才能顺利到达目的地。常见汽车导航系统的分类见表 5–1。

表 5–1　常见汽车导航系统的分类

分类方式	分类名称			特征
按功能	单一功能导航			只能显示航行的方向及到达目的地的距离，无任何导向功能
	导航综合系统			具有导航、监控、防盗、旅游、交通控制与调度等功能的综合系统
按车辆信息的反馈情况	汽车开环导航系统			从控制中心或电台、卫星传感器等得到定位、方位、方向等信息，根据这些信息和电子地图可以算出起点到终点的最短行驶距离，但汽车行驶信息不能反馈给控制中心
	汽车闭环导航系统			具有开环导航的所有导向功能，并且驾驶人可以把行车的实时信息不断向控制中心反馈，控制中心掌握的交通及天气等综合信息也能及时通知驾驶人
	无引导功能			简单的电子地图，驾驶人可以从车上存储器中调出本城镇的方位、主干道、高速公路、桥梁等交通信息
	有引导功能	内部信息导航	地磁导航	汽车导向行驶系统，主要部件是罗盘传感器
			惯性导航	主要部件是电子陀螺仪
		无线导航	GPS 导航	通过接收卫星信号，配合电子地图数据，实时掌握车辆的行驶方位、速度、到达目的地
			固定电台导航	集导向、车辆监控、防盗、差分 GPS 的应用为一体的综合系统，并具有闭环导航系统的功能，一般以几十到几百千米为半径设一个中心站，可以把任一车辆的实时轨迹显示在显示屏上

二、汽车导航系统的组成

汽车导航系统又称为 GPS 全球卫星定位系统，是借助于 GPS 及车载电子地图，在电子地图上给驾驶人规划出到目的地的最佳行车路线，并配有专业导航语言及文字导航信息，引导驾驶人正确快捷地到达目的地。

汽车导航系统主要由 GPS 天线、GPS 接收机、导航 ECU、可视显示器及位置检测装置等组成，如图 5–28 所示。

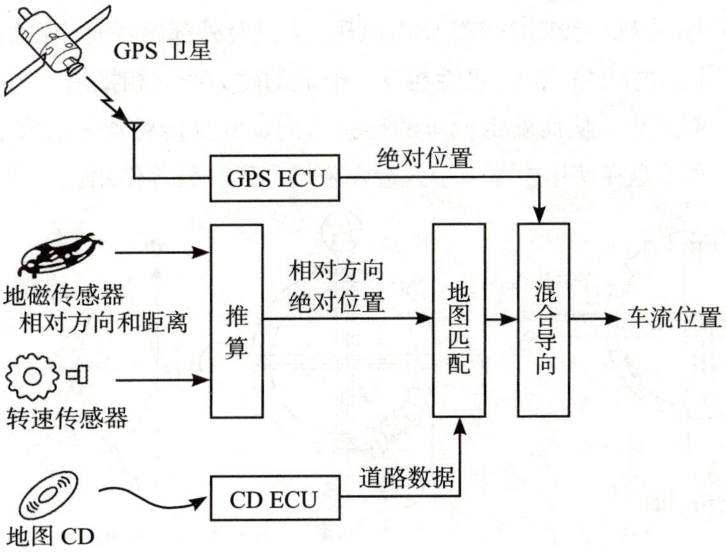

图 5–28　汽车导航系统的组成

汽车导航系统在车上的安装位置如图 5–29 所示。

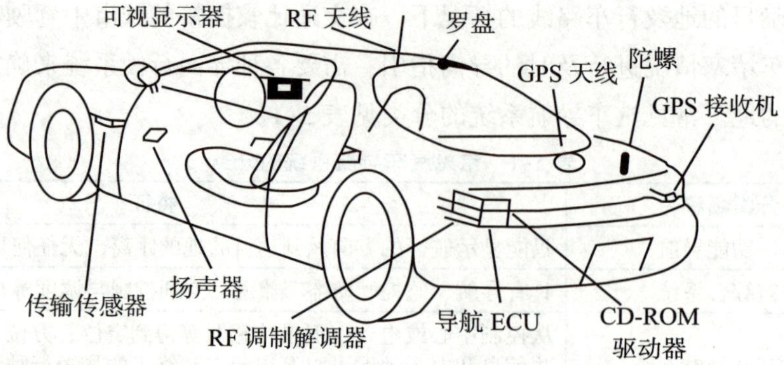

图 5–29 汽车导航系统在车上的位置

汽车导航系统绝对位置的检测采用 GPS，相对位置的检测采用方向传感器（罗盘传感器通过检测地球的磁场，确定汽车的行驶方向；光纤陀螺传感器通过测定汽车转弯角速度，确定汽车行驶方向），并利用车轮转速传感器根据汽车转弯时方向上的变化，测量车辆的行驶距离，其工作过程如图 5–30 所示。

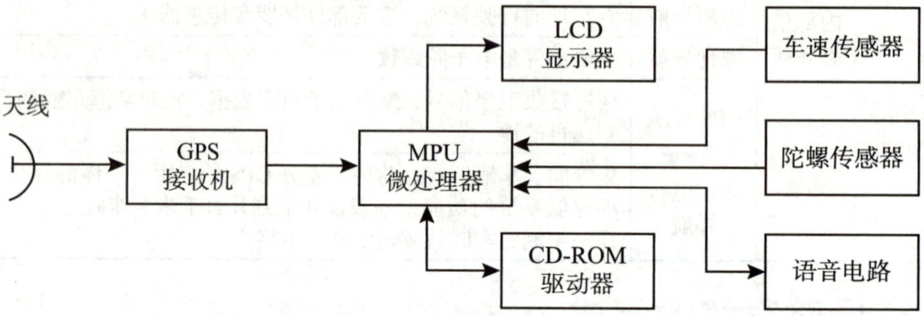

图 5–30 汽车导航系统的工作过程

三、汽车导航系统主要部件的结构

（一）罗盘传感器

借助罗盘传感器检测地球的磁场可以确定汽车的行驶方向，罗盘传感器由一个激励线圈和两个垂直的线圈，缠绕在具有高磁通率的圆环磁铁上组成，如图 5–31（a）所示。当激励线圈加载交流电压时，磁场中心的磁力线发生变化，在感应线圈中产生感应电压。当没有外部磁场时，磁力线的变化如图 5–31（b）所示，因在磁场中心产生的电压 *S*1 和 *S*2 极性相反，形成的磁力线互相抵消。当外部磁场变化时磁力线不对称，输出电压成比例变化，从而确定汽车的行驶方向。罗盘传感器一般安装在内后视镜中，并用 LED 显示 8 个方向。汽车罗盘在使用中，由于人造强磁场和磁屏蔽等作用，需要经常校正和调整。

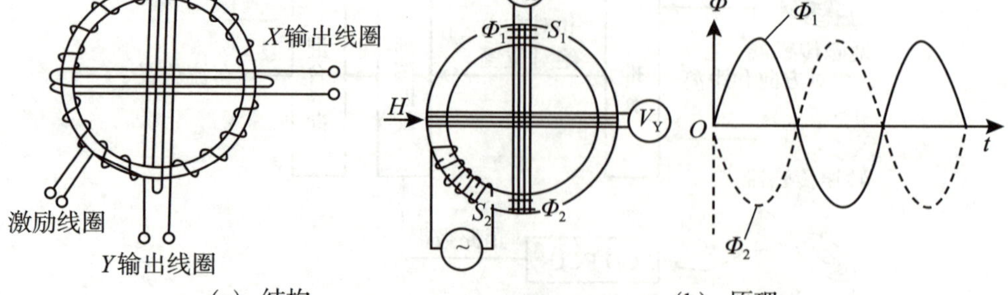

(a) 结构 (b) 原理

图 5–31 罗盘传感器

（二）陀螺仪传感器

使用陀螺仪传感器测定汽车转弯角速度，是确定汽车行驶方向的另一种方法。陀螺仪传感器有多种结构形式，在汽车导航系统中通常使用气流率和光导纤维式。图 5-32 为气流率陀螺仪传感器组成框图。

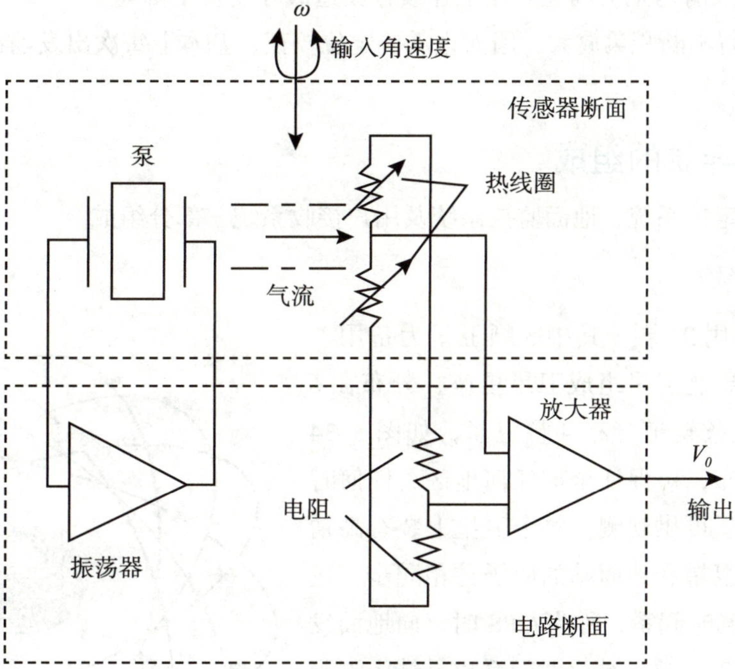

图 5-32　气流率陀螺仪传感器组成框图

在气流率陀螺仪中，由气泵压出氦气，并使气体通过装有两个加热金属线圈的检测器，通过检测气流的变化来确定汽车的角速度。氦气从泵嘴喷出后逐渐扩散，通过金属线圈时气流分布，如图 5-32 所示。当汽车以直线行驶时，氦气同时通过金属线圈，使其均匀地冷却，达到热平衡，电路的输出电压为 0。

当汽车的行驶方向发生变化时，则产生复合力，从而使通过金属线圈的气流发生变化，如图 5-33 所示。热线圈的冷却失去热平衡，在电桥电路中产生输出电压，由此电压即可确定汽车行驶的角速度。在明确汽车行驶速度和行驶时间的情况下，就可检测出汽车的方位和转弯行驶距离。如果与地图结合，再加上显示装置，就可进行汽车导航并描述汽车行驶的路径。

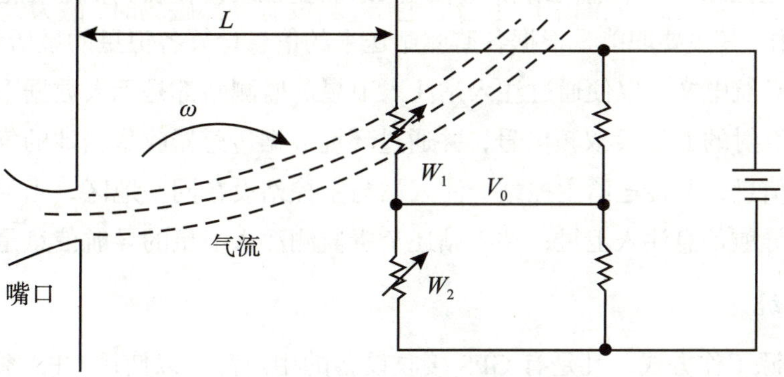

图 5-33　陀螺仪传感器的检测原理

配有陀螺仪传感器的导航是相对导航，其精确性虽然不受信号影响，但与车速计算、道路倾斜度计算和存入地图是否正确有直接关系，并在下列情况下会造成车辆定位错误。

① 发动机停止后，移动车辆（用拖车或者渡轮移动车辆，或者车在回转台上旋转）。

② 轮胎打滑造成行驶偏差。

③ 轮胎滚动直径变化（胎压异常、轮胎规格不正确）造成行驶偏差。

④ 在笔直或几乎没有弯道的高速公路上连续行驶造成导航发生偏差。

产生的上述错误将不断积累放大，因而也需要定位校正，基本上每次出发前都要进行定位（选择出发地和目的地）。

（三）GPS 导航的组成

GPS 导航由卫星定位系统、地面监控系统及用户接收系统三部分组成。

1. 卫星定位系统

卫星定位系统使用 24 颗（其中 3 颗卫星为备用）高度为 20 200 km 的导航卫星组成卫星星座，分布在 6 条近圆轨道上，每一条轨道分布 4 颗卫星，如图 5-34 所示。这样的卫星分布，可保证全球任何地区、任何时刻都不会少于 4 颗卫星可供观测。每个卫星上装有高精度的精密原子钟，各卫星和地面站的原子钟相同步，建立起了导航系统的精确时间系，称为 GPS 时。向地面发送的星历以 GPS 为基准，这一精密时间系也是精密测距的基础。导航卫星上面的发射机以双频 1 575.4 MHz 和 1 226.6 MHz 发射导航信号，发射双频是为了校正电离层产生的附加延时。物体位置的确定通过测量电波由卫星至接收机的传播时间来进行，理论上当接收机接收到 3 颗卫星的信号时，就可以测出接收机在地球上的位置坐标。考虑到实际空间中大量引起误差因素的存在，所以通过第四颗卫星来做“双重检验”以清除这些因素的影响。

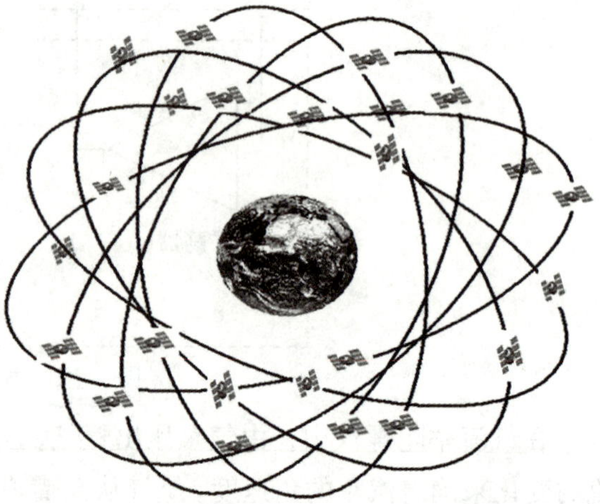

图 5-34　导航使用卫星的位置分布

2. 地面监控系统

地面站包括一个主控站、四个监测站和一个注入站。主控站设在加利福尼亚范登堡空军基地，它控制着整个地面站的工作。其主要职能是根据各监测站送来的信息计算各卫星的星历和卫星时钟的修正量，按规定的格式编制成导航电文，以便通过注入站注入卫星。监测站都是无人数据采集中心，在主控站的控制下跟踪接收卫星发射的 L 波段双频信号，并通过环境数据传感器收集当地的气象数据，由信息处理机处理收集到的全部信息，并传送给主控站。注入站与主控站设在同一地区，当卫星通过其视界时，注入站用 S 波段载频将导航信息注入卫星；注入站还负责监测注入卫星的导航信息是否正确。

3. 用户接收系统

导航卫星采用无源工作方式，凡是有 GPS 接收设备的用户都可以使用 GPS 系统。用户设备包括全向圆极化天线、接收机、微处理器、视屏监控器等，有时也统称 GPS 接收机。GPS 接收机可以捕获、跟踪卫星，接收放大信号。

接收单元的主要作用是记录 GPS 信号，并对信号进行解调和滤波处理，还原出 GPS 卫星发来的导航电文，求解信号在站、星间的传播时间和载波相位差；实时地获得导航定位数据或采用测后处理方式，获得定位、测速、定时等数据。

微处理机是 GPS 接收机的核心，承担整个系统的管理、控制和实时数据处理。视屏监控器是接收机与操作人员进行人－机交流的部件。

（四）地面无线电固定电台

地面无线电固定电台的计算机存储器，存储所有汽车干线、公路地图和城市交通图。行车前，驾驶人将要去的城市和街道名称输入计算机，导向计算机协助地面无线电台；根据传感器提供的数据，确定所去地点和方位，并在地图上精确地显示汽车任意时刻的位置。在输入数字地图资料后，还可以查明要去地点的最佳行车路线。

（五）自律导航

当汽车行驶在地下隧道、高层楼群、高架桥下、高山群间、密集森林等地段，当与 GPS 卫星失去联系、中断信号瞬间，机内可自主导入自律导航系统。此时，车速传感器从汽车前进的速度中检测出车速脉冲（不同车型，车速脉冲值不同，注意修正），通过汽车导航电控单元的数据处理，从速度和时间中直接求出前进距离。陀螺传感器直接检测出前进方向的变化和行驶状态（即汽车前进的角速度变化值）。例如，汽车行驶在沟状山道、发夹式弯路、环状盘形桥上、原地打滑雪道、渡轮过河等地段时，所有这些曲线距离与卫星导航的经纬度坐标产生了误差，必须通过陀螺传感器的检核和微处理器的计算，才能得到汽车正确的位置。

（六）地图匹配器

由 GPS 导航与自律导航（包括车速传感器、陀螺传感器）所测到的汽车坐标位置数据及前进的方向，与实际行驶的路线轨迹在电子地图上都存在一定的误差。为修正这两者的误差，确保两者在电子地图上路线坐标相统一，必须采用地图匹配技术，即在导航系统控制电路中要增加一个地图匹配电路，对汽车行驶路线（各处传感器检测到的轨迹）与电子地图上的道路误差进行实时数字相关匹配，做出自动修正。经过导航电控单元的整理程序，进行实时快速处理，得到汽车在电子地图上指示出的正确位置路线。

由于汽车行驶中接收到的 GPS 信息、陀螺传感器检测到的正确前进方向、车速传感器检测出的前进距离，这三组数据经过电子地图匹配器得到自动修正，从而完成高精度导航。

（七）RF 调制解调器和 RF 天线

使用 RF 调制解调器和 RF 天线接收主控中心发出的信息，同时可反控汽车，实现动态导航。通过 RF 调制解调器建立与交通信息系统的联系，得到交通堵塞、道路障碍、施工、停车场情况及交通规则变化等实时交通信息，使驾驶人做出快速反应，解决城市交通堵塞等问题。

四、汽车导航系统功用

汽车导航系统一般由两部分组成：一部分由安装在车上的 GPS 接收机和显示设备组成，如图 5-35 所示；另一部分由计算机控制中心组成，两部分通过定位卫星进行联系。

计算机控制中心是由机动车管理部门授权和组建的，负责随时观察辖区内指定监控的汽车动态和交通情况，因此汽车导航系统主要有以下两大功能。

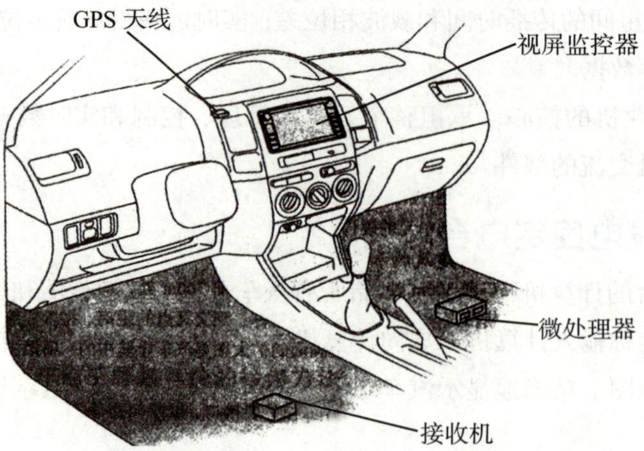

图 5-35　汽车导航系统车上部件示意图

（1）汽车导航系统具有汽车踪迹监控功能，只要将已编码的 GPS 接收装置安装在汽车上，该汽车无论行驶到任何地方，都可以通过计算机控制中心的电子地图指示出它的所在方位。

（2）汽车导航系统具有驾驶指南功能，车主可以将各个地区的交通线路电子图存储在 U 盘上，只要在车上接收装置中插入 U 盘，显示屏上就会立即显示出该车所在地区的位置及目前的交通状态。可以输入要去的目的地，预先编制出最佳行驶路线；还可以接受计算机控制中心的指令，选择汽车行驶的路线和方向。

当汽车行驶在地下隧道、高层楼群、高架桥下、高山群间等地段与 GPS 卫星失去联系、中断信号的瞬间，机内可自动导入自律导航系统。此外，汽车导航还具有以下功能。

① 对目的地进行最佳路线检索。

② 具有瞬时再检索功能。

③ 为方便检索，提供丰富的菜单和记录功能。

④ 在适当时候提供实时语音提示。

⑤ 扩大十字路口周围建筑物和交通标志功能。

⑥ 扩展功能接口，便于与其他职能部门联网。

⑦ 导航系统和娱乐系统部件共用。

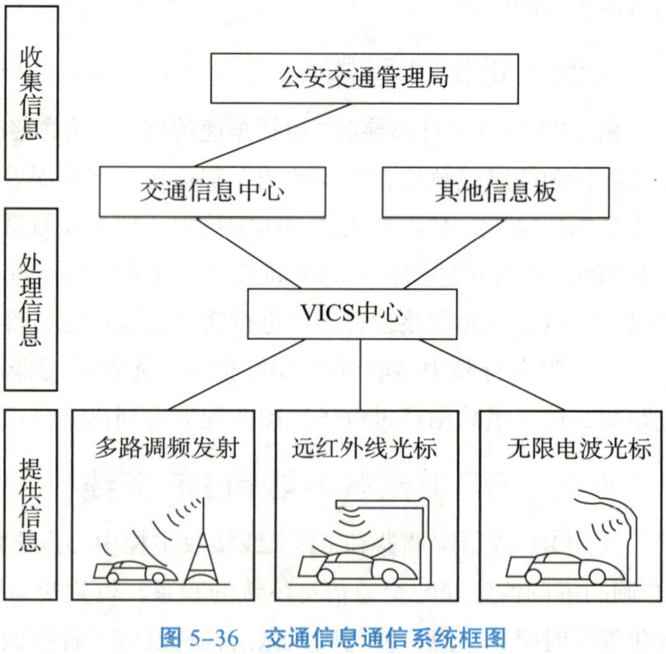

图 5-36　交通信息通信系统框图

现代汽车导航系统一方面与交通管理部门结合，形成交通信息通信系统，如图 5-36 所示；另一方面，由于使用了高速 CPU、大容量的光盘、大屏幕的液晶显示器及高速数字通信软件，使得汽车导航系统中的通信系统飞速发展。通信系统的操作系统嵌在 ROM 中，通过它可以直接连接因特网。在电子地图画面显示因特网信息，浏览万维网，收发电子邮件，进行文字处理，提供远程无线移动计算。

五、汽车导航的最新发展趋势

汽车导航系统的最新发展趋势是利用蓝牙无线技术，接收车载 GPS 传送过来的信号。这样，车载系统只需接收和处理卫星信号，显示装置则负责地图的存储和位置的重叠。因此，如果已经有掌上电脑，只需要购买一个信号接收器和成图软件就可以了，掌上电脑就可以做到一机多用。

车载导航系统除了可以用来指路导航外，还可以发展出其他功能，如寻找附近的加油站、商店、酒店等信息，还可以告诉如何避免交通堵塞等。车载导航系统可以用不同的语音提示功能，告诉当地的限速、路况和行驶的平均速度，估计出最准确的到达时间。

随着计算机技术和卫星技术的迅速发展，车辆可实现向交通管理及监控中心逆向传播信息。汽车导航系统不仅为驾驶者提供一个安全、轻松的行车环境，而且还使得城市交通变得有效和快捷。

六、汽车导航系统故障检修

汽车导航系统主要包括导航主机、显示屏、天线及扬声器等部件。汽车导航会与其他多媒体系统共用一个显示屏，还会共用其他一些部件和线路，由此会带来一些相互牵连的故障，而且汽车行驶中产生的振动和其他电子设备的电磁干扰等原因都会成为故障诱因。

汽车导航系统常见故障有显示屏不显示、导航主机不读盘、电子地图突然一片空白等，产生的原因及故障解决方法见表 5-2。

表 5-2　汽车导航系统常见故障、故障原因及检修方法

故障现象	故障原因	检修方法
显示屏上 GPS 图标灰色或不显示	卫星信号弱；导航没有接收到卫星信号	（1）检查导航天线有无接好，天线位置是否正确； （2）检查车体周围有无屏蔽物遮挡，将车辆移至空旷处继续检查； （3）检查前挡风玻璃有无贴太阳膜，如果有，改变导航天线位置继续试验；若是无，说明导航天线或导航模块性能不良
使用音响时，显示屏可以正常使用，但开启导航功能后显示屏无显示	导航主机或导航模块的故障	更换导航主机或导航模块
正常导航时，电子地图突然不变化或出现一片空白	车速过高；显示比例尺设置过大	车速≥ 140 km/h 时，易出现此故障，降低车速
导航状态下有杂音	发动机对导航电源干扰引起的	在导航连接线的导航端插座的电源线上，串上电源滤波器，用以减少发动机形成的电源干扰

课后练习

一、填空题

1. 汽车上的电子控制系统有________、________、________、________、主动悬架等。

2. CAN 数据总线具有如下优点：________、________、________，________、系统配置更加灵活便利、________。

3. CAN BUS 数据总线系统主要由________、________、________和________等组成。

4. CAN BUS 所传递的每个完整信息分别由________开始域、________状态域、________、________、________、________和________所构成。

二、简答题

1. 简述车载局域网络的工作方式。

2. 请举例说明车载互联网的实际应用有哪些？

项目六

新能源汽车安全系统

项目概述

随着我国汽车保有量的上升，交通安全也变得尤为重要，新能源汽车作为新兴的交通工具，其安全性也需更加重视。本项目共分为下面十个任务。

新能源汽车主动安全与被动安全、安全带系统故障诊断与修复、安全气囊系统的认知、安全气囊的故障诊断与修复、中央集控门锁、防盗系统刮水器和洗涤器、电动后视镜、故障自诊断系统、照明与信号装置系统。

通过以上十个任务的学习，掌握各种新能源汽车安全知识，熟悉各种安全辅助装置。

学习目标

知识目标

- ◆ 能够区分新能源汽车主动安全与被动安全。
- ◆ 熟悉安全气囊系统的组成。
- ◆ 能够简述安全气囊工作原理。

能力目标

- ◆ 能够进行安全带系统诊断。
- ◆ 能够修复安全气囊系统故障。

素质目标

- ◆ 提高学生自主创新意识，加深安全意识。

思政目标

- ◆ 加深学生安全第一的思想，把安全与日常学习有机融合。

任务工单

实训表 1

任务名称	安全气囊系统故障诊断与修复			任务成绩	
姓名		班级		学号	
学时		日期		实训地点	
实训设备、工具及仪器	新能源汽车、个人防护用具				
小组组长	小组成员				
任务目的	能正确规范地进行安全气囊系统故障诊断与检测、安全气囊电控单元更换				

一、任务描述

某天小贾在行驶过程中与前方车辆发生追尾，事故不严重，安全气囊并未弹出。经过事故处理后，小贾将车开回家中。第二天启动车辆后发现安全气囊警告灯常亮，关闭车辆，再次启动后，故障灯依旧常亮。

二、分组讨论

全班学生以 3 ～ 6 人为一组，选出各自组长，组长对组员进行任务分工并将分工情况记录在实训表 2 中。

实训表 2

成员	任务
组长：	
组员：	
组员：	
组员：	
组员：	
组员：	

问题 1：从出现的问题来看，有哪些部分出现了问题？

问题 2：怎么判断安全气囊系统的哪一部分出现了问题？

问题 3：怎么解决故障灯常亮问题？

三、任务实施

在实际操作过程中，将操作内容及实施过程中遇到的问题和解决办法记录在实训表 3 中。

实训表 3

序号	操作内容	遇到的问题	解决办法

四、任务评价

请各组选出一名代表展示任务实施的成果，并配合指导老师完成实训表 4 的任务评价。

实训表 4

项目名称	评价内容	分值	评价分数		
			自评	互评	师评
职业素养考核项目（40%）	考勤、仪容仪表	10 分			
	责任意识、纪律意识	10 分			
	团队合作与交流	20 分			
专业能力考核项目（60%）	积极参与教学活动并正确理解任务要求	10 分			
	认真搜集任务所需资料	10 分			
	任务实施过程中记录表的完成度	10 分			
	对安全系统掌握程度	20 分			
	独立完成相应任务的程度	10 分			
合计：综合分数____自评（20%）+ 互评（20%）+ 师评（60%）		100 分			
综合评语		教师（签名）：			

任务一　新能源汽车主动安全与被动安全

一、新能源汽车主动安全

新能源汽车主动安全是指汽车上防止意外事故发生的装置、设施或驾驶辅助系统等。

新能源汽车主动安全是近年来人们备受关注的重要领域。随着科技的不断发展和人们对行车安全的日益重视，汽车制造商和科研机构纷纷致力于开发更加智能、先进的主动安全技术。这些技术旨在通过感知、判断和主动干预，最大限度地降低事故的发生率，并保护乘车人员的生命安全。从智能制动系统到主动辅助驾驶功能，汽车主动安全的进步为人们的行车体验带来了革命性的变化。

（一）装置、设施

装置、设施主要包括指示报警装置、照明装置、转向装置和制动装置等。报警装置常见的有各种故障指示灯（图 6–1）、提醒音等。

照明装置包括外部照明灯（如前照灯、雾灯）、外部信号灯（如转向指示灯、制动灯、尾灯、示廓灯、倒车灯等），近年来还有一些新技术，如随动转向前照灯（图 6–2）、自适应前照灯等。

图 6–1 汽车部分故障灯

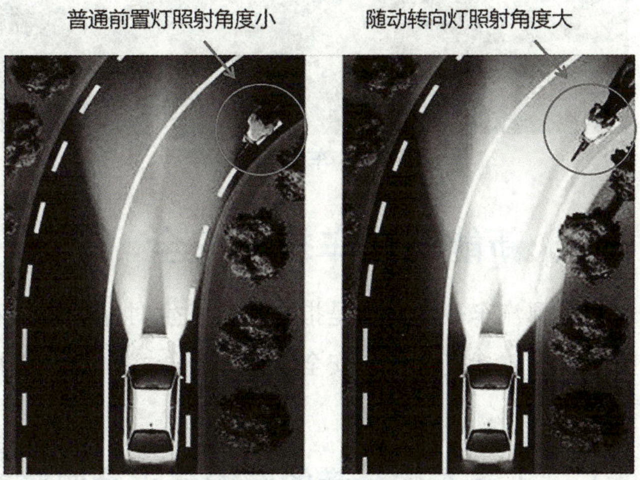

图 6–2 随动转向前照灯

（二）驾驶辅助系统

常见的驾驶辅助系统包括 ABS、牵引力控制系统（TCS/ASR/TRC）、电子制动力分配（EBD）系统、汽车防碰撞预警系统（AWS）、车辆稳定（ESP/VSC）系统。在遇到紧急制动时，容易发生车轮抱死的状况；前轮抱死容易引起汽车失去转弯能力，后轮抱死容易发生侧滑、甩尾事故。

ABS 能控制车轮的滑移率，防止车轮抱死。牵引力控制系统能防止车辆在雪地等湿滑路面上行驶时驱动轮的空转，使车辆能平稳地起步、加速。尤其在雪地或泥泞的路面，牵引力控制系统均能保证车辆流畅的加速性能，防止车辆因驱动轮打滑而发生横移或甩尾。常见的牵引力控制系统有牵引力控制系统（traction control system，TCS）、驱动防滑（acceleration slip regulation，ASR）系统、牵引策略控制（traction regulation control，TRC），其基本工作原理是：检测到车轮打滑时，限制发动机动力输出或是在该轮上施加制动力，以防该轮打滑。

电子制动力分配（electric brakeforce distribution，EBD）系统能够在汽车制动时自动调节前、后轴的制动力分配比例，根据对四个轮胎附着情况的不同进行感应与计算，调整各个轮胎上的制动力，达到缩短制动距离、保证制动时方向稳定性的目的。

汽车防碰撞预警系统（advance warn-ing system， AWS）会在危险发生前给驾驶人提供及时的声音和视觉报警。其主要功能包括车距监测（图 6–3）及追尾预警、前方碰撞预警、车道偏离预警等。

车身电子稳定（electronic stability program，ESP）系统或车身稳定控制（vehicle stability control，VSC）系统，在大侧向加速度、大侧偏角的极限工况下工作，利用左、右两侧制动力之差产生的横摆力偶矩来防止出现侧滑现象。图 6–4 为 VSC 抑制前轴侧滑。

图 6-3　车距监测

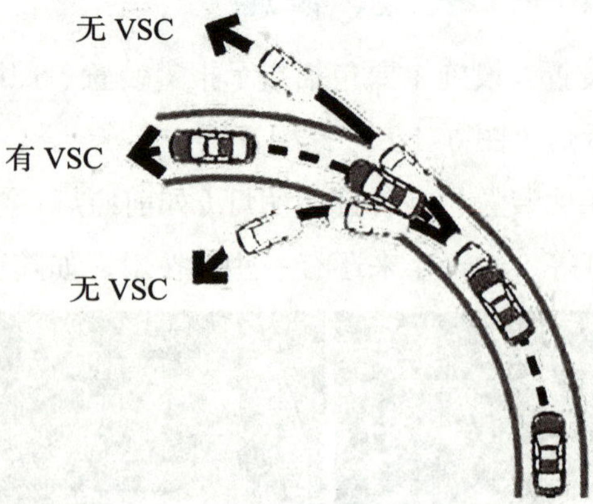

图 6-4　VSC 抑制前轴侧滑

二、新能源汽车被动安全

新能源汽车被动安全是指在事故发生时保护乘员和步行者，使直接损失降到最小的装置或系统。常见的装置包括安全带、安全气囊、吸能式车身、座椅与内饰、吸能式转向盘和吸能式转向柱、发动机下沉技术等。

（一）汽车安全带的结构与正确佩戴方法

高速行驶的汽车发生碰撞，或遇到意外情况紧急制动时，会产生巨大的惯性力，这个惯性力可能超过驾驶人体重的 20 倍。惯性力使驾驶人及乘员与转向盘、风窗玻璃、座椅靠背、车门等物体发生碰撞，极易造成对驾乘人员的严重伤害，甚至将驾乘者抛离座位或抛出车外。

1. 汽车安全带的作用

在汽车发生事故时，汽车安全带将驾乘人员束缚在座位上，防止发生二次碰撞；同时安全带有缓冲作用，能吸收大量的撞击能量，化解巨大的惯性力，减轻驾乘人员的伤害程度。

根据相关调查表明，在可能导致死亡的车祸中，安全带的使用可使车内人员生还的概率提高 60%，发生正面撞车时，系安全带可减少死亡率 57%；侧面撞车时可减少死亡率 44%；翻车时可减少死亡率 80%。同时，车祸中后排未系安全带的乘员猛烈撞击前排座椅，会对驾驶人或前排的乘员形成极大的冲击，使他们在车祸中死亡的概率增加大约 5 倍。

2. 汽车安全带的结构

汽车安全带主要由织带、卷收器、导向器、安全带锁扣和固定件等组成，如图 6-5 所示。

（1）织带

织带是构成安全带的主体，多用尼龙、聚酯、维尼纶等合成纤维丝纺织成宽约 50 mm、厚约 1.5 mm 的带子，具有足够的强度、延伸性能和吸收能量的性能。

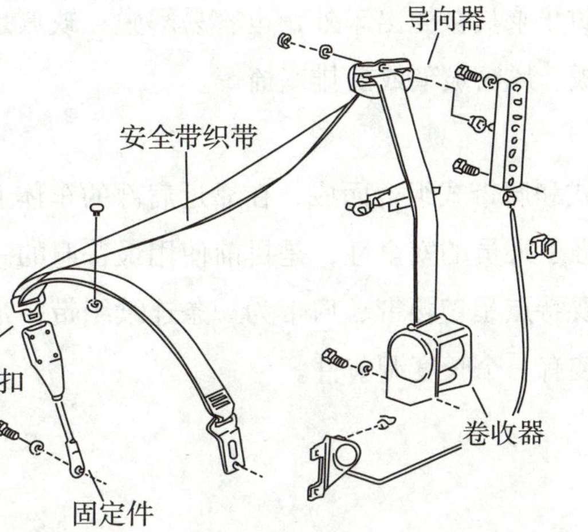

图 6-5　安全带的组成

（2）卷收器

卷收器的作用是储存织带和锁止织带拉出，其工作原理如图 6-6 所示。当卷轴缓慢旋转时，离合器杆并不摆动，一个弹簧使它保持在原来的位置。当猛拉安全带时，卷轴将快速旋转，离心力驱使离合器杆的加重端向外摆动。甩出的离合器杆外端会推动卷收器壳上的凸轮，凸轮通过滑动销与一个枢转棘爪相连。当凸轮移到左侧时，滑动销会沿棘爪的槽口移动，这会将棘爪拖入与卷轴相连的旋转棘轮，从而锁定旋转棘轮。

图 6-6　卷收器的工作原理

（3）导向器

导向器是用于改变织带方向的零件，便于卷收器的布置，使安全带可以紧贴身体，从而有效地约束乘员身体，提高佩戴的舒适性。织带在通过导向器时会弯曲变形，而且由于有相对运动会产生滑动摩擦，因此要求导向器表面光滑、摩擦因数小、圆弧面曲率适中。

（4）安全带锁扣和固定件

安全带锁扣是既能把乘员约束在安全带内，又能快速释放的连接装置。固定件是与车体或座椅构件相接的耳片、插件和螺栓等。

3. 汽车安全带的分类

汽车安全带按固定方式的不同，分为两点式、三点式和多点式三种。

（1）两点式安全带

两点式安全带是与车体或座椅仅有两个固定点的安全带，主要用在轿车后排座位或各种巴士的乘客座椅上。这种安全带可分为腰带式和肩带式两种，如图 6-7 所示。与肩带式安全带相比，腰带式安全带在碰撞事故中可以有效地防止乘员被抛出车外，也容易解脱；缺点是乘员上身容易前倾，乘员头部会撞到前面的障碍物，如仪表板、风窗玻璃或前排座椅等。

（2）三点式安全带

三点式安全带由腰带式和肩带式组合而成，在靠近肩部的车体上有一个固定点，可同时防止乘员躯体前移和上半身前倾，增强了乘员的安全性，是目前使用最普遍的一种安全带。汽车上常见的三点式安全带如图 6–8 所示，其主要特点是：腰带、肩带为一条连续织带，带扣的锁舌套在织带上并可沿织带滑动，在肩部固定，点附近装有一个长度调节件。

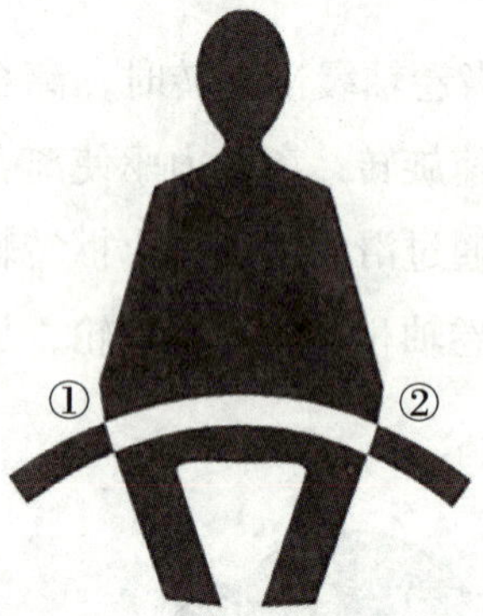

图 6–7　两点式安全带（腰带式、肩带式）

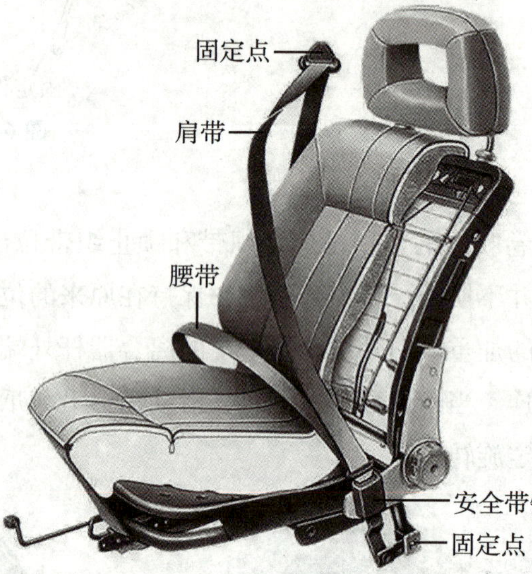

图 6–8　三点式安全带

（3）多点式安全带

多点式安全带通常应用于赛车上，能把人牢牢地固定在座椅上，所以更安全。但是多点式安全带的舒适性相对较差，所以在民用车上的应用较少。常见的多点式安全带有四点式、五点式和六点式，如图 6–9 所示。

4. 安全带的使用

正确佩戴安全带时，肩带应该跨过胸腔，腰带应该紧贴髋骨，如图 6–10 所示，这样做主要是为了使事故发生时的冲击力作用在骨骼上而不是内脏器官上。

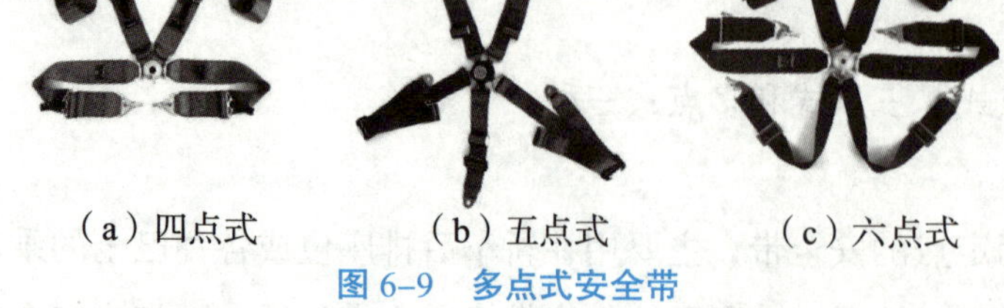
（a）四点式　（b）五点式　（c）六点式

图 6–9　多点式安全带

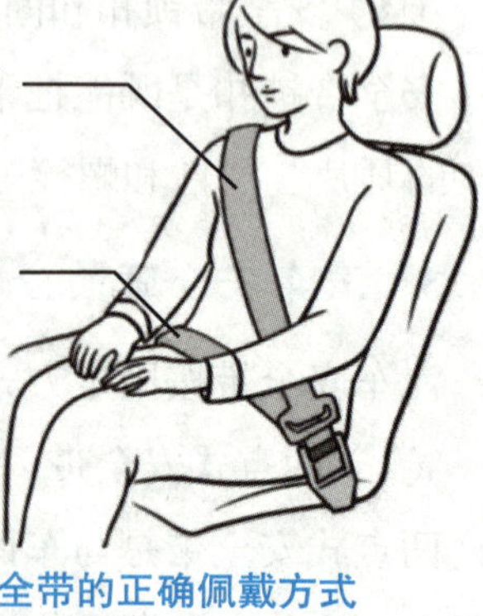

图 6–10　安全带的正确佩戴方式

扣好安全带后，卡扣会发出“咔”的一声，提示锁扣已经到位，但是还应该拉扯安全带，确保安全带锁扣已经扣好且没有损坏。

常见的安全带错误佩戴方式（图 6–11）有：肩带位置过低（肩带容易滑出肩膀，起不到保护作用）、肩带位置过高（紧急情况下安全带收紧容易勒伤脖子）、安全带系在腹部（撞击时可能会导致内脏受伤）、肩带系在腋下（无法完全限制人体前冲）。

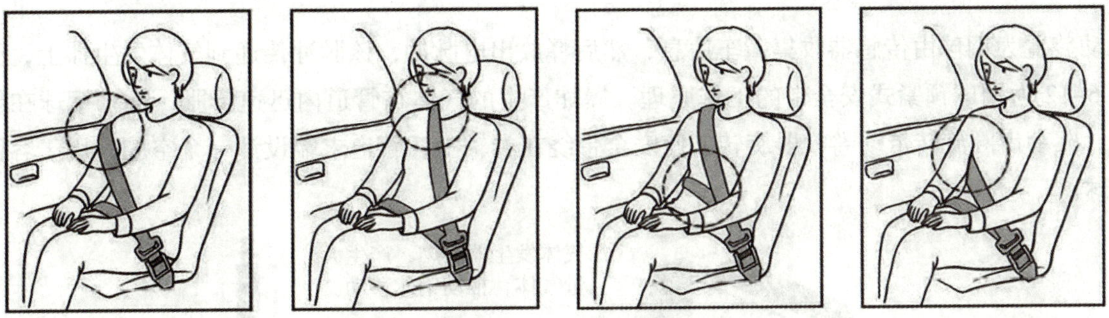

（a）肩带位置过低　（b）肩带位置过高　（c）腰带系在腹部　（d）肩带系在腋下

图 6–11　常见的安全带错误佩戴方式

课堂讨论

如果车上乘坐儿童，应该如何保障安全?

三、预紧式安全带

预紧式安全带是汽车安全带的一种，特点是增加了预张紧器，预张紧器在碰撞时可以感知一定的冲击，通过气体发生剂等产生动作，瞬间拉紧安全带。预紧式安全带目的是当汽车发生碰撞事故发生的一瞬间、乘员尚未向前移动时，预先拉紧织带，将乘员紧紧地绑在座椅上；然后锁止织带，防止乘员身体前倾，有效保护乘员的安全。

预紧式安全带中起主要作用的卷收器与普通安全带不同，除了普通卷收器的收放织带功能外，还具有当车速发生急剧变化时，能够在 0.1 s 左右加强对乘员的约束力，因此它还有控制装置、驱动装置和限力器。

（一）分类

根据控制装置的不同，预紧式安全带一般分为电子控制式和机械爆燃式两种。

1. 电子控制式安全带

电子控制式安全带是以普通安全带为基础加装电子控制装置而来，靠电机锁止。当发生碰撞或者激烈驾驶时，电子控制装置凭借传感器收集来的信息，依靠伺服电动机第一时间完成安全带的预紧工作，其驱动装置为电动机。

2. 机械爆燃式安全带

驱动装置的执行力更为彻底，即机械锁止。当发生碰撞时，安全气囊电控单元会对安全带限制器发出收紧信号。预紧装置立即引燃内部的气体发生剂，大量气体推动驱动装置，驱动装置带动安全带轴旋转而迅速拉动安全带直至其被锁止。

（二）机械爆燃式安全带的工作原理

机械爆燃式安全带常见的驱动装置有钢球和活塞两种。目前，最常用的预紧式安全带为机械爆燃式。

1. 驱动装置

驱动装置为钢球由传感器收集撞车信息，然后释放出电脉冲，该脉冲传递到气体发生器上，引爆气体。图 6-12 为钢球预紧式安全带的工作原理。爆炸产生的气体在管道内迅速膨胀，推动钢球在导管内往前窜，驱动齿圈旋转带动卷收器旋转，使安全带绕在卷轴上；管道末端设计一个空腔，用于容留滚过来的钢球。

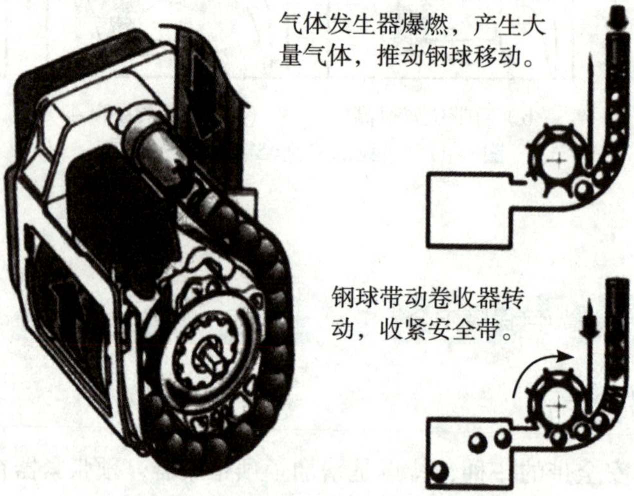

图 6-12　钢球预紧式安全带的工作原理

2. 驱动装置为活塞

活塞式的预紧原理与钢球式相似，爆炸产生的气体在起爆腔内迅速膨胀，推动活塞往前窜，拉动齿条移动带动卷收器旋转，使安全带绕在卷轴上，如图 6-13 所示。

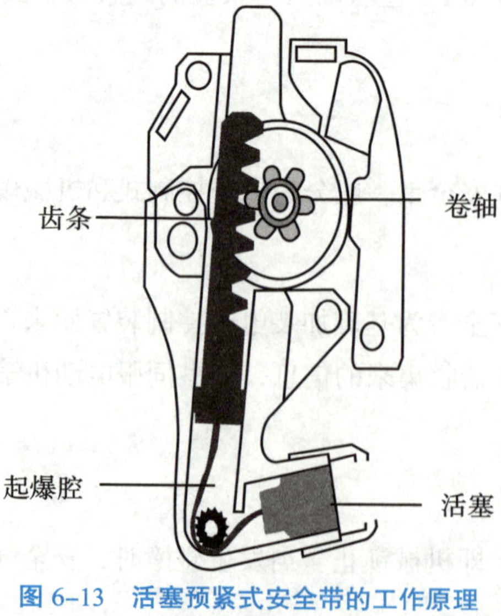

图 6-13　活塞预紧式安全带的工作原理

3. 限力装置

事故发生后，安全带在预收紧装置的作用下，已经绷紧了。但在受力峰值过去后，安全带的张紧力度应该马上降低，以减小乘员受力，这就需要限力装置。通常是在卷收器的轴芯里边设置一根钢质扭转棒，当负荷达到预定情况时，扭转棒开始扭曲，这样就在一定程度上放松了安全带，实现了安全带的拉力限制功能。

知识拓展

电子控制式安全带的工作原理

电子控制式安全带主要由直流电动机、传动机构、卷收器和电控单元组成，如图 6–14 所示。其中，传动机构包括传动齿轮和单向离合器，单向离合器利用棘轮、棘爪机构达到锁止的状态。

在平常使用中，离合器处于分离状态，卷收器轴能自由双向旋转，安全带的佩戴或放松与一般的安全带没有区别。如果需要预紧，直流驱动电机起动，离合器啮合，带动卷收器芯轴旋转并回收安全织带，直至安全织带被拉紧。

电子控制式安全带通常做成可逆式，即电动机正转预紧安全带、电动机反转释放安全带，使得安全带可以重复多次预紧，避免了机械爆燃式预紧装置只能使用一次的缺点，还能根据汽车事故预警系统的指令实现危急提醒的功能。

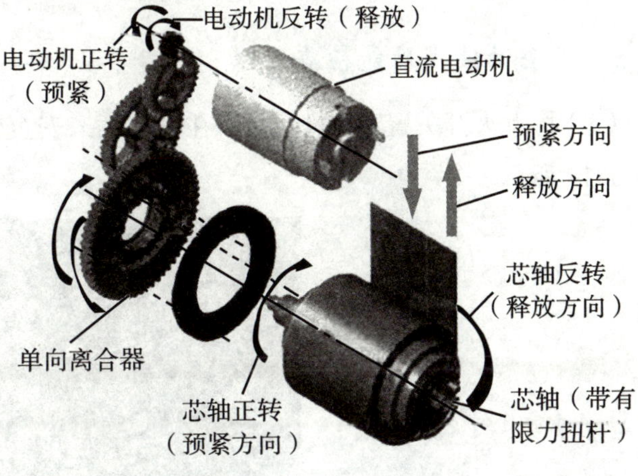

图 6–14　电子控制式安全带

任务二　安全带系统故障诊断与修复

一、安全带常规检查

（一）汽车安全带使用状况检查

1. 安全带固定状况检查

检查安全带固定螺栓是否松动，可通过扳手紧固固定螺栓，确认固定螺栓无松动，如图 6–15 所示。

2. 安全带上支撑点调整装置检查

用手按住锁止按钮，上下调整安全带位置，确认安全带上支撑点调整装置性能可靠，如图 6-16 所示。

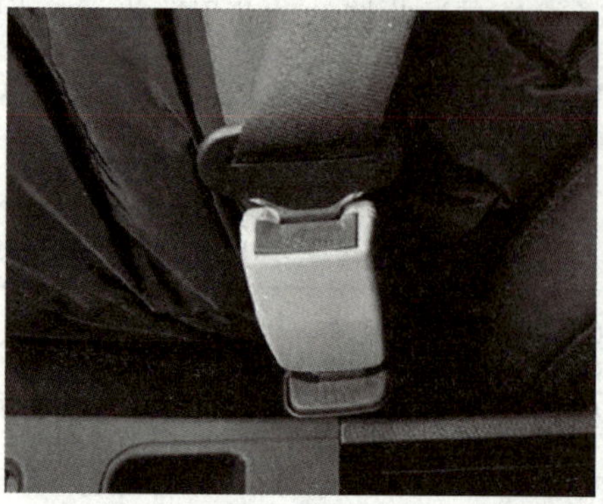

图 6-15　安全带固定状况检查

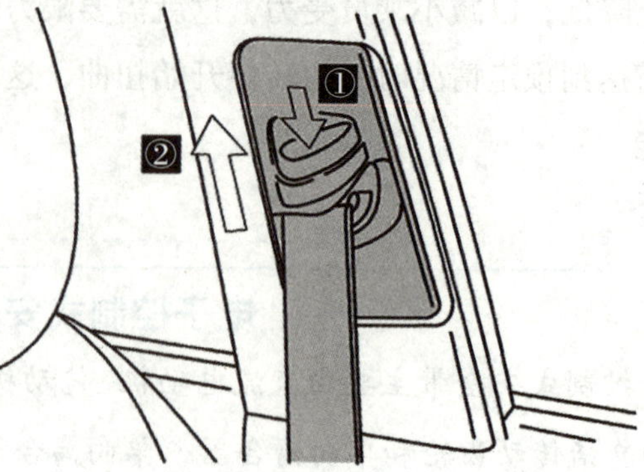

图 6-16　安全带上支撑点调整装置检查

3. 安全带使用性能检查

（1）将点火开关置于 ON 位置，在没有插入安全带连接器时，仪表板上的安全带指示灯应该点亮，如图 6-17 所示。

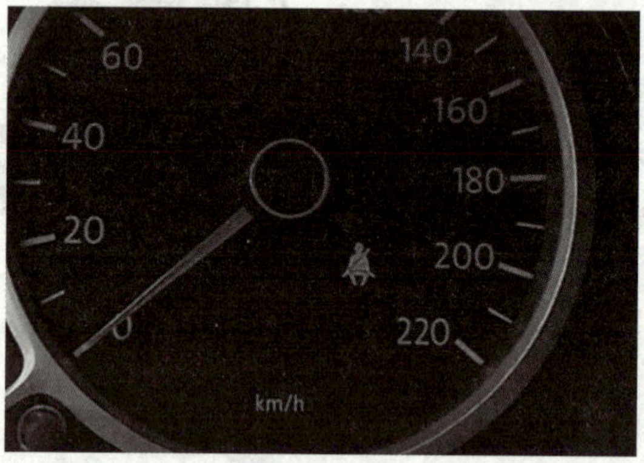

图 6-17　仪表板上的安全带指示灯检查

（2）向外缓慢拉出安全带，安全带应能被自由拉出，且长度符合要求，拉出的过程正反面检查安全带表面是否有磨损和撕裂等现象。将安全带快速插头插入连接器，检查快速插头能否被锁住，同时仪表板上的安全带指示灯应熄灭，如图 6-18 所示；再按下连接器上的断开按钮，快速插头应迅速脱离与连接器的连接，仪表板上的安全带指示灯应点亮，如图 6-19 所示。

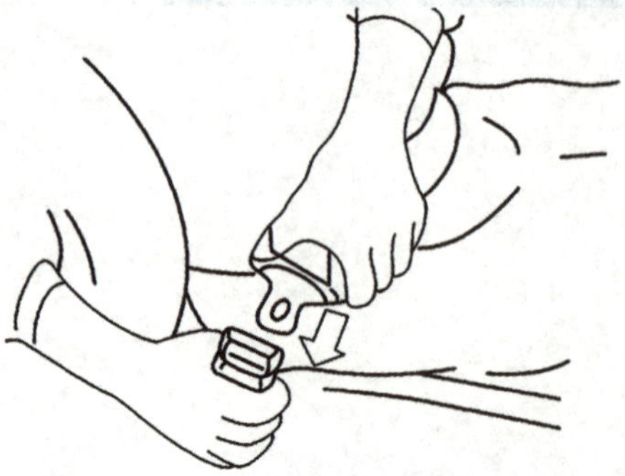

图 6-18　安全带快速插头连接器检查（1）

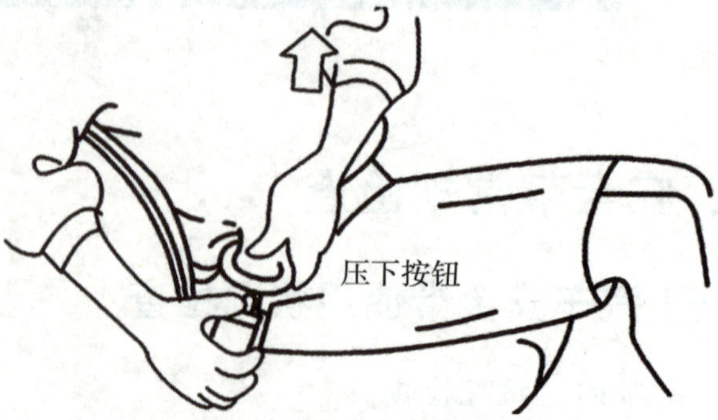

图 6-19　安全带快速插头连接器检查（2）

（3）断开安全带快速插头后，安全带自动收回的过程中使安全带停止收回；在松开安全带后，安全带控制装置靠自身弹力应能够自动收回，如图 6-20 所示。

（4）用手快速拉动安全带，安全带应能立刻锁止，如图 6-21 所示。

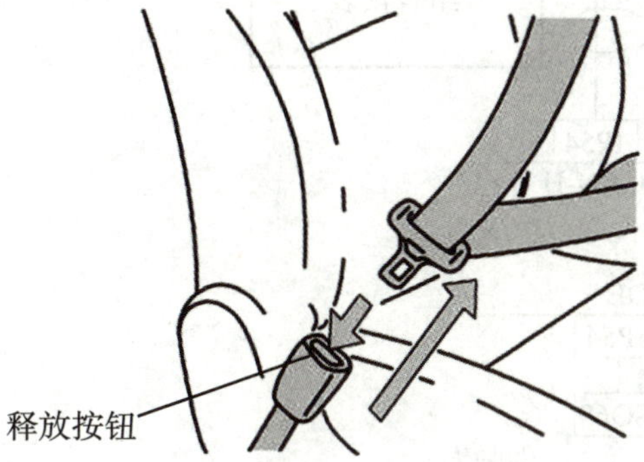

图 6-20　安全带自动回收装置检查

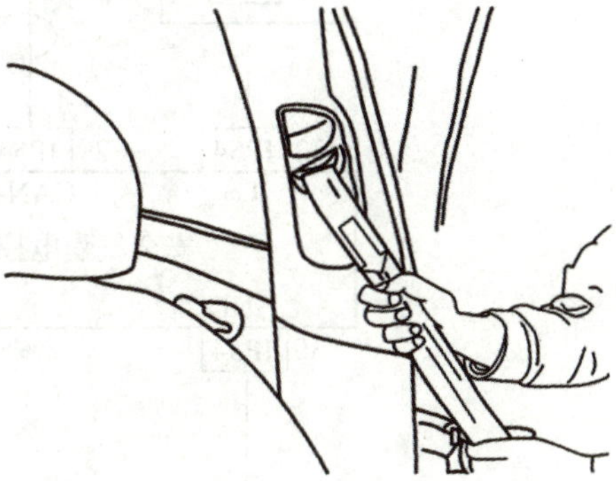

图 6-21　安全带锁止状况检查

（5）断开安全带快速插头后，安全带回收的中途用手捏住安全带，停顿后再松开，安全带应能自动收回，如图 6-22 所示。注意：要检查前排和后排的所有安全带。

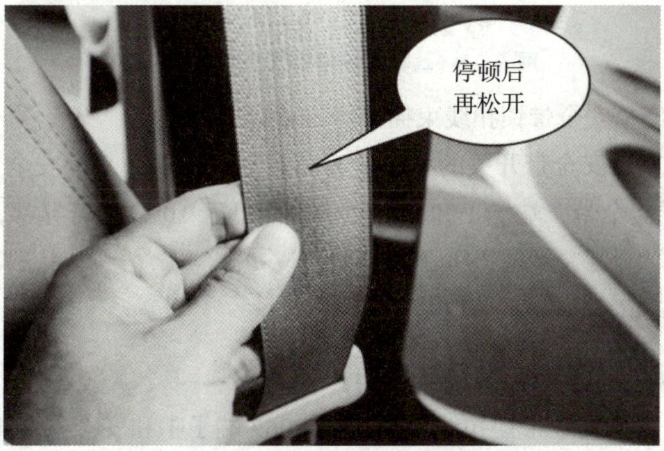

图 6-22　安全带自动回收装置检查

二、安全带警告灯不工作故障诊断与修复

（一）车上检查

（1）操作启动开关，使电源模式置于 ON 位。

（2）当驾驶人侧座椅安全带松开时，检查组合仪表上驾驶人侧座椅安全带警告灯是否闪烁。

（3）当驾驶人侧座椅安全带紧固时，检查组合仪表上驾驶人侧座椅安全带警告灯是否熄灭。

前排乘员侧座椅安全带警告灯检查方法与上述过程相同。

（二）驾驶人侧安全带警告灯不工作

1. 检查驾驶人侧座椅安全带锁扣

驾驶人侧座椅安全带锁扣电路如图 6-23 所示。

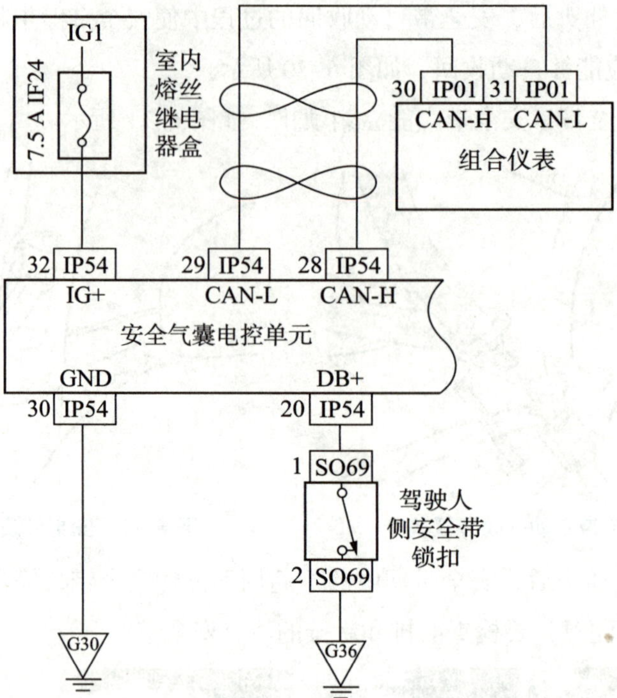

图 6–23 驾驶人侧座椅安全带锁扣电路

（1）断开驾驶人侧座椅安全带锁扣线束插接器 S069。

（2）测量驾驶人侧座椅安全带开关的状态是否满足下列要求：系好安全带，端子 1 和 2 之间的电阻为 10 Ω 或更高；断开安全带，端子 1 和 2 之间的电阻低于 10 Ω。若异常，则更换驾驶人座椅安全带锁扣总成。

2. 检查安全带锁扣电路

（1）断开安全气囊电控单元线束插接器 IP54。

（2）测量驾驶人侧座椅安全带锁扣线束插接器 S069 端子 1 和安全气囊电控单元线束插接器 IP54 端子 20 之间的电阻，正常应小于 10 Ω。

（3）测量驾驶人侧座椅安全带锁扣线束插接器 S069 端子 1 与车身搭铁之间的电阻，正常应大于 10 Ω。

（4）测量驾驶人侧座椅安全带锁扣线束插接器 S069 端子 2 与搭铁之间的电阻值，正常应小于 10 Ω。

3. 检查 CAN 通信

（1）关闭启动开关，断开安全气囊电控单元的线束插接器 IP54 和组合仪表线束插接器 IP01。

（2）测量表 6–1 端子之间的电压和电阻，若异常则维修或更换线束。

表 6–1 安全气囊电控单元与组合仪表 CAN 总线测量点及标准值

端子 1	端子 2	电阻标准值	电压标准值
IP01–30	IP54–28	小于 1 Ω	—
IP01–31	IP54–29	小于 1 Ω	—
IP01–30	车身搭铁	10 kΩ 或更高	0 V
IP01–31	车身搭铁	10 kΩ 或更高	0 V
IP54–28	车身搭铁	10 kΩ 或更高	0 V
IP54–29	车身搭铁	10 kΩ 或更高	0 V

4. 更换组合仪表

检查驾驶人座椅安全带警告灯是否正常工作。若正常工作，说明组合仪表损坏；若不正常，则说明安全气囊电控单元故障。注意：进行更换安全气囊电控单元并连接蓄电池负极操作后，要等待至少 2 s 才能进行上电操作。

（三）前排乘员侧安全带警告灯不工作

前排乘员侧安全带警告灯电路如图 6–24 所示，其不工作故障的诊断流程与驾驶，人侧安全带警告灯不工作的诊断流程类似。

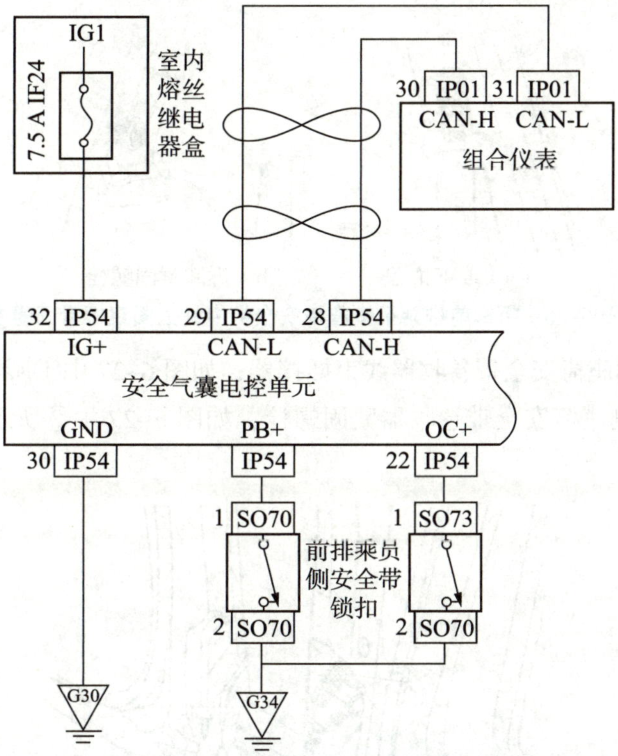

图 6–24　前排乘员侧安全带警告灯电路

二、前排乘员侧座椅安全带总成的更换

（一）更换前排乘员侧座椅安全带总成

1. 准备工作

（1）断开蓄电池负极连接。

（2）等待 90 s 后（防止安全气囊展开），拆卸车门门槛装饰板。

2. 拆卸前排乘员侧座椅安全带总成

（1）拆卸前排乘员侧座椅安全带中柱下固定板紧固螺栓饰盖，然后拆卸前排乘员侧座椅安全带中柱下固定板紧固螺栓，如图 6–25 所示。

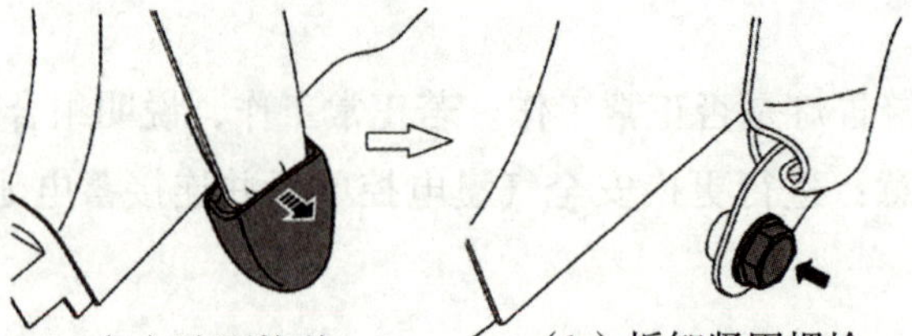

图 6–25　拆卸前排乘员侧座椅安全带中柱下固定板紧固螺栓

（2）拆卸前排乘员侧座椅安全带中柱上固定板紧固螺栓饰盖，然后拆卸前排乘员侧座椅安全带中柱上固定板紧固螺栓，如图 6–26 所示。

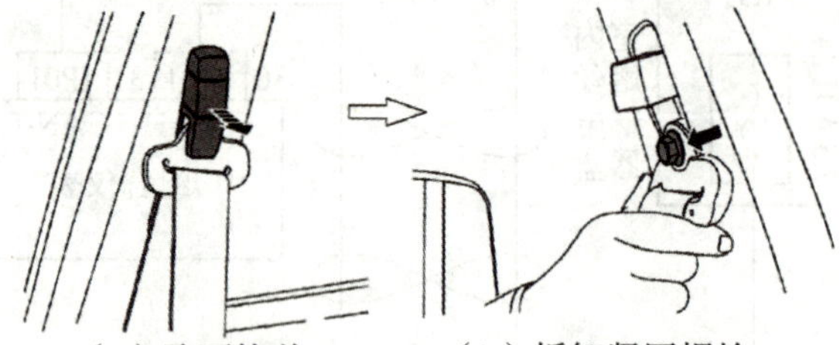

图 6–26　拆卸前排乘员侧座椅安全带中柱上固定板紧固螺栓

（3）断开前排乘员侧座椅安全带卷收器线束插接器，如图 6–27 中①所示。

（4）拆卸前排乘员侧座椅安全带卷收器紧固螺栓，如图 6–27 中②所示，取下前排乘员侧座椅安全带。

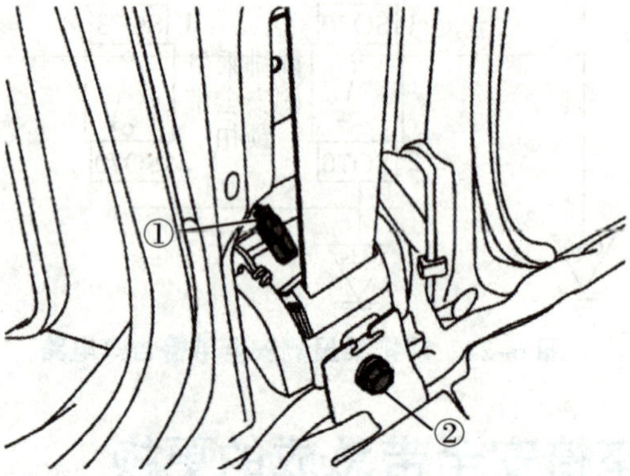

图 6–27　拆卸前排乘员侧座椅安全带卷收器总成

3. 安装前排乘员侧座椅安全带总成

前排乘员侧座椅安全带总成的安装过程与拆卸过程相反，卷收器紧固螺栓的紧固力矩、安全带中柱下固定板紧固螺栓的紧固力矩、安全带中柱上固定板紧固螺栓的紧固力矩均为 45 N·m。

（二）机械预紧式安全带的报废

如果要报废装备了安全带预紧器的车辆，或者报废前排乘员侧座椅安全带（带有安全带预紧器），务必要先展开安全带预紧器。展开安全带预紧器时，必须使用规定的安全气囊展开工具（SST）。展开前排乘员侧座椅安全带（带座椅安全带预紧器）时，应在距离前排乘员侧座椅外安全带至少 10 m 远处进行此操作。

1. 检查 SST 功能

（1）将 SST 的红色卡子连接至蓄电池的正极（+）端子，将黑色卡子连接至蓄电池的负极（-）端子，如图 6–20 所示。此时，切勿连接黄色插接器，黄色插接器稍后将与座椅安全带预紧器相连接。

（2）按下 SST 展开开关，检查并确认 SST 展开开关的 LED 灯亮起，如图 6–28 所示。如果未按下展开开关时 LED 灯亮起，则 SST 可能有故障，因此不能使用此 SST。

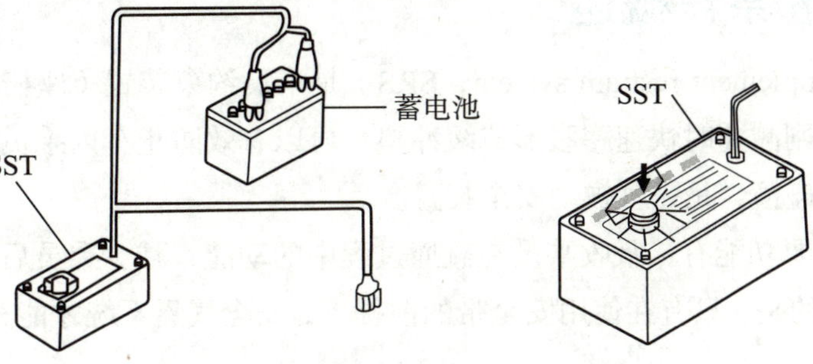

图 6–28　SST 与蓄电池的连接方法与展开开关

2. 连接 SST

（1）将 SST 按图 6–29 所示连接到前排乘员侧座椅安全带预紧器上，关闭所有车窗和车门。

（2）将 SST 移到距离车辆前部至少 10 m 远的地方。

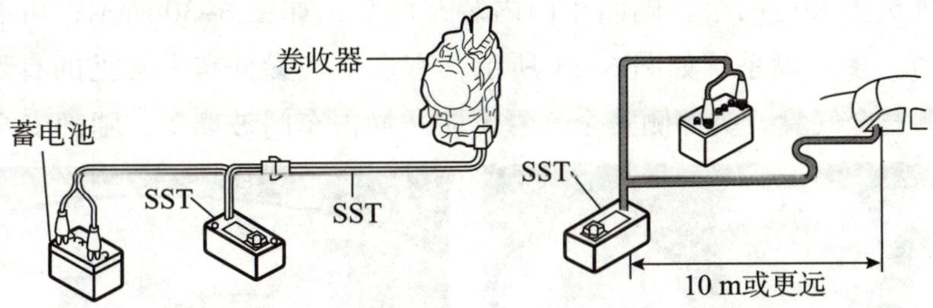

图 6–29　连接 SST 与预紧器

3. 展开预紧器

（1）确认车内或者车辆周围 10 m 内无人。

（2）按下 SST 展开开关，以便展开前排乘员侧座椅外安全带预紧器，座椅安全带预紧器将在 SST 的 LED 灯亮起的同时展开。

4. 报废处理外安全带总成

（1）前排乘员侧座椅外安全带预紧器展开时，外安全带会变得非常热，因此在展开后需要等待其变凉。

（2）拆下前排乘员侧座椅安全带总成和 SST。

（3）将外安全带放到塑料袋内，密封袋口，然后按照报废其他普通零件的方式将其报废。

报废已经拆下的安全带总成步骤与上述步骤基本相似。

任务三　安全气囊系统的认知

一、安全气囊系统概述

安全气囊系统（supplement restrain system，SRS）是乘员约束装置（座椅安全带）的辅助装置。它能在汽车遇到撞击而急剧减速时快速膨胀形成缓冲垫，可以有效防止车内乘员直接撞击转向盘、仪表板等车内硬物而发生二次碰撞，是一种被动安全装置。

安全气囊系统的主要功能有：吸收乘员在碰撞过程中的动能、减少乘员后颈部的冲击、作为安全带的辅助装置。需要注意的是，只有在使用安全带的前提下，安全气囊系统才能充分发挥保护乘员的作用。

（一）安全气囊按数量分类

安全气囊按数量可以分为单气囊系统（只装在驾驶人侧）、双气囊系统（驾驶人侧和前排乘员侧各有一个安全气囊）和多气囊系统（四个安全气囊或更多）。

单、双气囊系统用来保护前排乘员在车辆发生猛烈撞击时对胸部和脑部的有效保护；四气囊系统在驾驶人侧、前排乘员侧装有两个，侧面车门内装有两个，如图 6–30 所示；可有效地缓冲来自前方和侧面的强大冲击力。多气囊系统如图 6–31 所示，有多个气囊分布，常见的有驾驶人侧和前排乘员侧安全气囊、座椅侧安全气囊、头部侧安全气囊（防止撞击车门玻璃）、腿部安全气囊等。

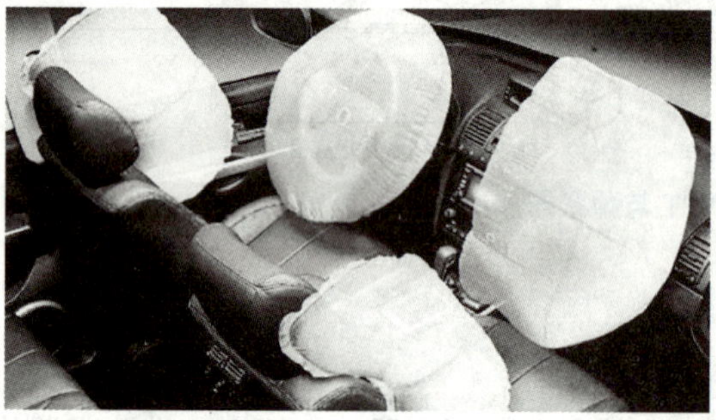

图 6–30　四气囊系统

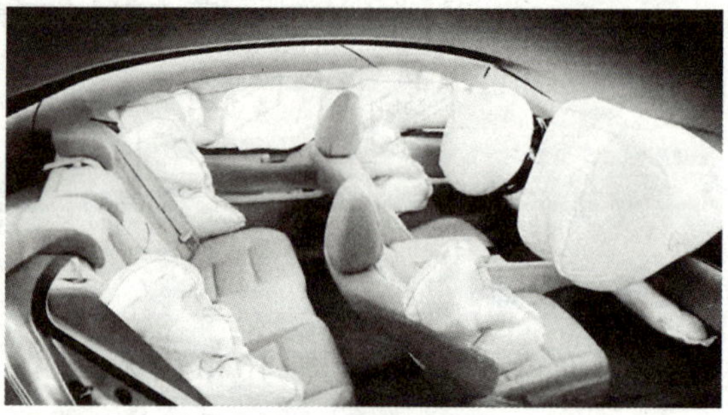

图 6–31　多气囊系统

（二）安全气囊按保护对象分类

安全气囊按照气囊的保护对象可以分为前方气囊（驾驶人侧前方气囊、前排乘员侧前方气囊）、侧边气囊（前、后座侧边气囊）、侧边气帘、膝部气囊和行人气囊等。

前方气囊与侧边气囊如图 6–32 所示。前方气囊安装在转向盘或仪表板内，主要是减缓正面撞击对前排乘员头颈部、胸部造成的伤害；侧边气囊安装在座椅外侧，目的是减缓侧面撞击造成的伤害。侧边气帘安装在车顶的弧形钢梁内，在碰撞时弹出遮盖车窗，针对侧面撞击对人头部进行保护，对于侧撞、翻车等严重事故有着很好的保护功能。

膝部气囊安装在仪表板下部，用来降低乘员在二次碰撞中车内饰对乘员膝部的伤害，也能缓解来自正面碰撞的前冲力。侧边气帘与膝部气囊如图 6–33 所示。行人气囊（图 6–34）安装在风窗玻璃的下方，用于保护行人，防止行人头部与车辆发生二次碰撞。

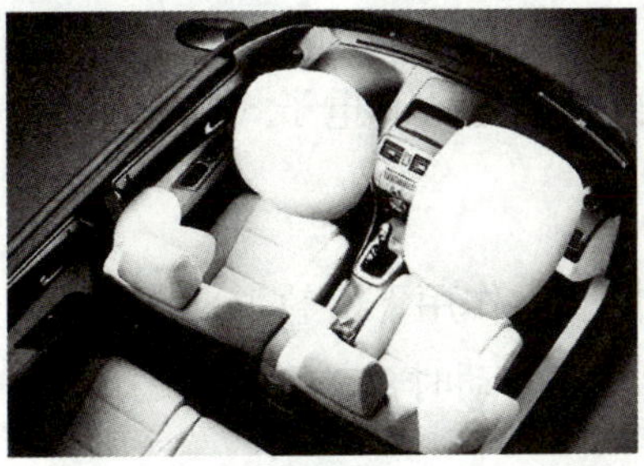

图 6-32 前方气囊与侧边气囊

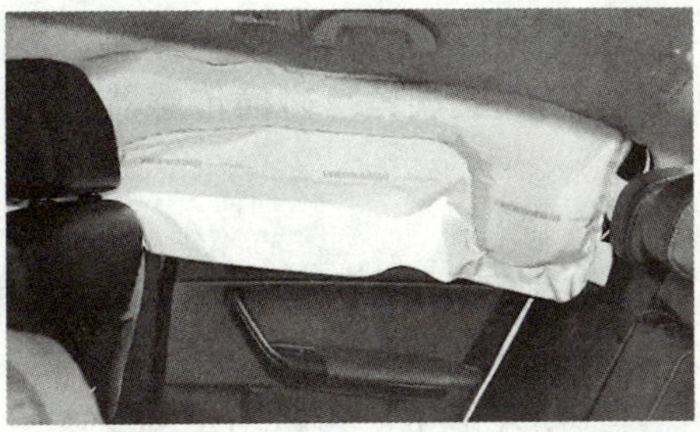

图 6-33 侧边气帘与膝部气囊

图 6-34 行人气囊

（三）安全气囊按气囊触发机构分类

安全气囊按照触发机构的不同可分为电子式、电机机械式和纯机械式。

电子式安全气囊是最常见的类型之一。它采用电子传感器和控制单元来监测车辆的动态参数，如车速、刹车状态和碰撞力度。当发生碰撞或急剧减速时，控制单元会迅速判断并触发气囊充气，以保护乘员免受碰撞冲击。

电机机械式安全气囊是一种更高级的设计。除了电子传感器和控制单元外，它还配备了电机和机械装置。这种类型的安全气囊能够更加精确地控制气囊的充气速度和力度。通过电机和机械装置的协同工作，安全气囊可以根据碰撞的类型和严重程度进行智能调整，提供更加个性化的保护。

纯机械式安全气囊则是一种相对简单的设计。它不依赖电子传感器和控制单元，而是通过机械装置和惯性触发来实现气囊的充气。一旦车辆发生碰撞，机械装置会感应到碰撞力度，并迅速释放气体使气囊充气，从而提供保护。

无论是哪种类型的安全气囊，它们都是车辆事故中非常重要的设备。安全气囊的主要目标是通过减少乘员与车辆内部结构的直接接触，减轻碰撞力度对乘员的伤害。在发生事故时，安全气囊可以迅速充气并形成一个柔软的保护层，为乘员提供额外的保护。然而，值得注意的是，安全气囊仅仅是车辆安全系统中的一个组成部分，驾驶员和乘客仍然需要佩戴安全带，并且遵守交通规则，以确保最大程度的安全。

二、安全气囊系统的组成

安全气囊系统主要由传感器、气囊组件和电控系统等组成。

（一）传感器

汽车安全气囊传感器用于检测、判断汽车发生碰撞事故时的撞击信号，以便及时启动安全气囊。传感器按功能可分为碰撞传感器和安全传感器两大类。碰撞传感器用于检测碰撞的激烈程度，安全传感器用于防止因碰撞传感器短路而造成的安全气囊误爆。碰撞传感器有机械式、机电式和电子式三种。

1. 机械式碰撞传感器

常见的机械式碰撞传感器如图 6–35 所示，惯性钢球在撞击产生的惯性力作用下沿轨道向前运动，推动杠杆；杠杆的另一端受弹簧力支持，一个 D 形楔安装在杠杆上。当杠杆转动时，D 形楔随之转动，使限制在 D 形楔下的点火针射出，打在引火帽上，点燃引爆剂。

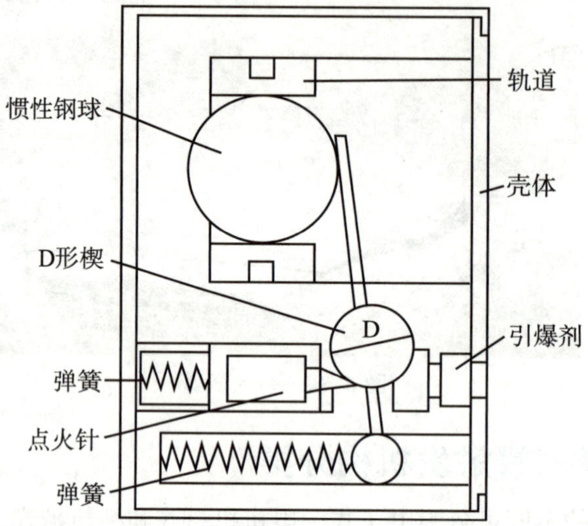

图 6–35　常见的机械式碰撞传感器

机械式碰撞传感器用于早期的机械式安全气囊，机构简单，可靠性高，但是对零部件的精度要求高且要耐磨。

2. 机电式碰撞传感器

机电式碰撞传感器主要有滚轴式、滚球式、偏心锤式和水银开关式四种。

（1）滚轴式碰撞传感器如图 6–36 所示，片状弹簧一端固定在底座上，另一端略微弹起，整体呈一个斜坡。滚轴可沿片状弹簧滚动，动触头固定在滚轴上，可随滚轴一起滚动。汽车未发生碰撞时，传感器处于静止状态，滚轴在片状弹簧的作用下靠向止动销，动触头与静触头断开。当汽车碰撞且加速度达到设定的阈值时，滚轴在惯性力的作用下向右侧滚动并压下片状弹簧，使动触头与静触头接触，接通传感器。

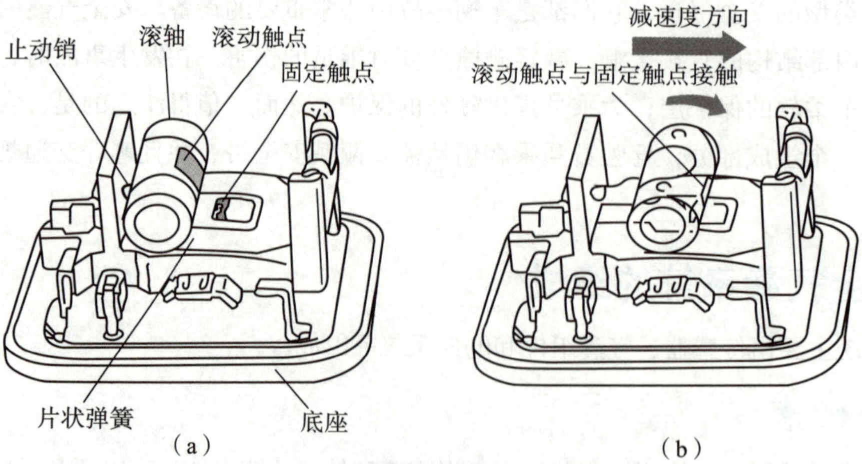

图 6–36　滚轴式碰撞传感器

（2）滚球式碰撞传感器如图 6–37 所示，汽车未发生碰撞时，传感器处于静止状态，滚球在永磁铁磁力的作用下远离触点，两触点处于断开状态。当汽车碰撞且惯性力大于磁力时，滚球在惯性力的作用下向左侧滚动并接通触点。碰撞后，钢球在磁力的作用下回到远离触点的位置，传感器再次处于断开状态。

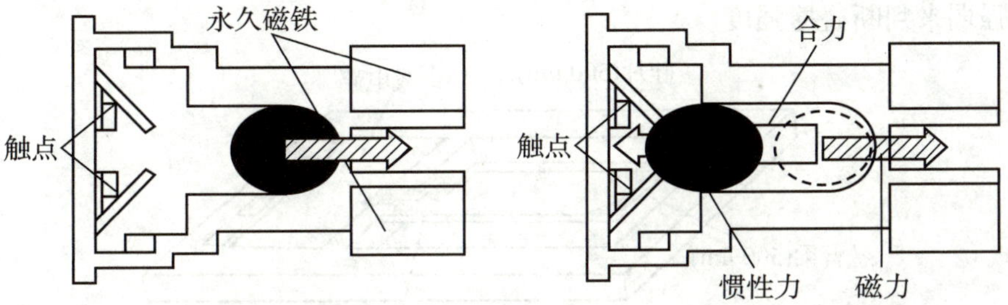

（a）静止状态　　（b）工作状态

图 6–37　滚球式碰撞传感器

（3）偏心锤式碰撞传感器如图 6–38 所示，汽车未发生碰撞时，传感器处于静止状态，偏心锤在弹簧的作用下靠向挡铁，静触点与旋转触点断开。当汽车碰撞且加速度达到设定的阈值时，偏心锤在惯性力的作用下带动转子旋转，使静触头点与旋转触点接触，接通传感器。碰撞后，偏心锤在弹簧的作用下回到原来的位置，传感器再次处于断开状态。

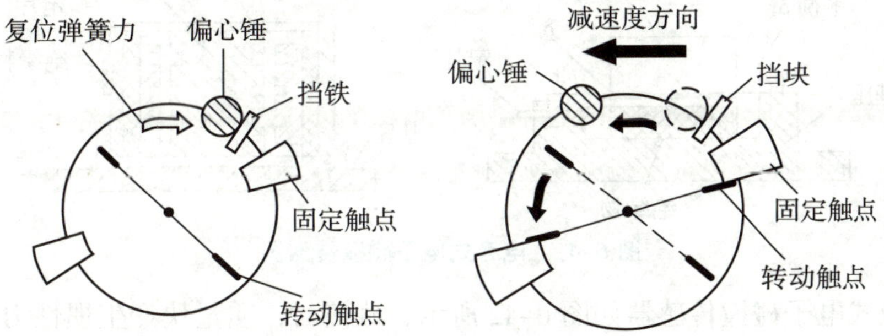

（a）静止状态　　（b）工作状态

图 6–38　偏心锤式碰撞传感器

（4）水银开关式碰撞传感器如图 6–39 所示，汽车未发生碰撞时，传感器处于静止状态，水银在重力的作用下处于壳体下端，两电极处于断开状态，传感器电路未接通。当汽车碰撞且碰撞强度达到阈值时，水银在惯性力的作用下克服重力向壳体上端运动与两个电极接触，由于水银良好的导电性使电路接通。碰撞后，水银在重力的作用下回到原来的位置，传感器再次处于断开状态。水银开关式碰撞传感器一般用于安全传感器，即当水银传感器未接通而其他碰撞传感器接通时，判定为车辆未碰撞，防止安全气囊误爆。

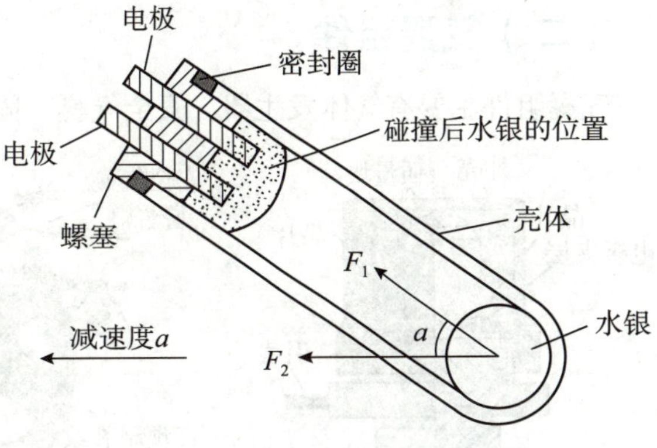

图 6–39　水银开关式碰撞传感器

3. 电子式碰撞传感器

电子式碰撞传感器主要有电阻式、电容式和压电效应式三种。不同于之前的开关式传感器（机械式或机电式），电子式传感器能测出加速度数值，因此常用于安全气囊系统的中央传感器（安全传感器）。当其判断碰撞强度不大（加速度值不大）而其他碰撞传感器接通时，判定为不引爆安全气囊。

（1）电阻式电子碰撞传感器如图 6–40 所示，悬臂梁压在应变电阻的两端，当悬臂梁在惯性力的作用下发生弯曲变形时，应变电阻受压，阻值发生变化，可以检测车辆此时的加速度。安全气囊电控单元根据此信号的强弱来判断碰撞强度。

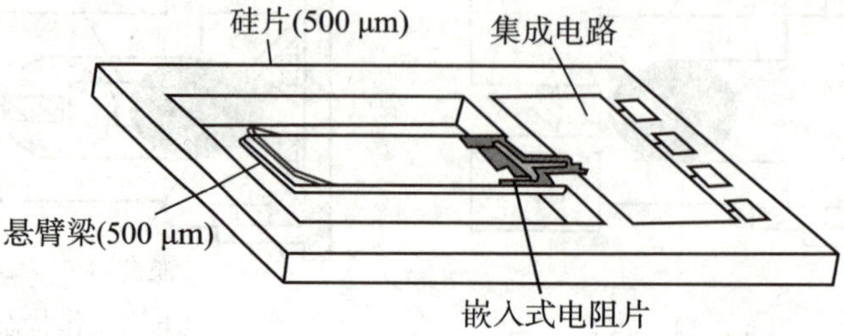

图 6–40　电阻式电子碰撞传感器

（2）电容式电子碰撞传感器如图 6–41 所示，碰撞时，惯性质量在惯性力的作用下移动，带动移动电容片发生相对移动，改变与固定电容片之间的距离，从而改变电容，根据这一变化量可以测出加速度值。加速度值为零时，惯性质量在平衡簧的作用下回到原来位置。

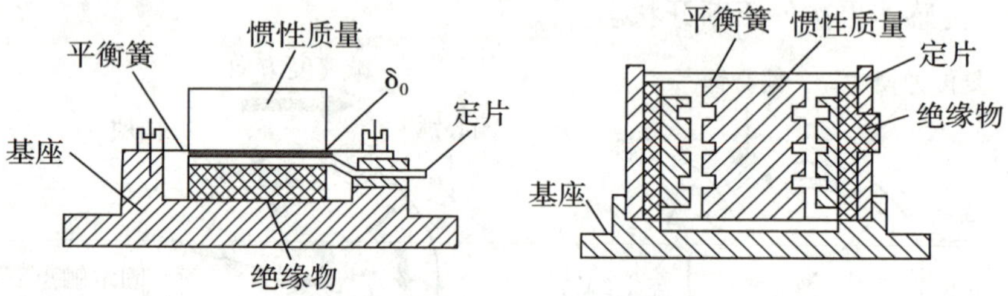

图 6–41　电容式电子碰撞传感器

（3）压电效应式电子碰撞传感器如图 6–42 所示，碰撞时，质量块产生惯性力，改变质量块对晶片的压力，压电晶片在力的作用下产生电荷，电荷的大小与加速度大小直接相关，通过测量电压值就可以知道加速度的大小和方向。

（二）气囊组件

气囊组件主要有气体发生器、安全气囊、固定部件和盖板等，如图 6–43 所示。

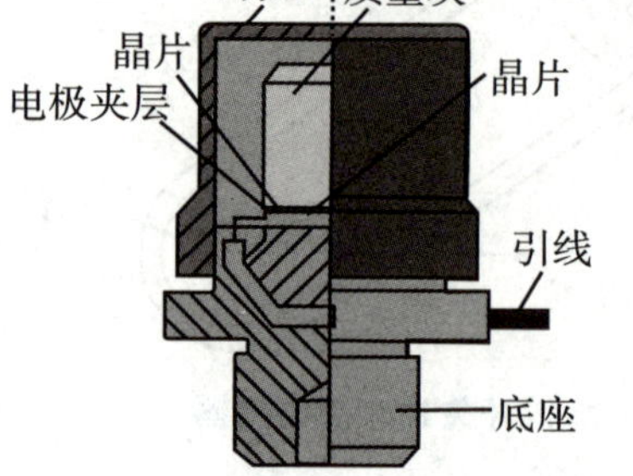

图 6–42　压电效应式电子碰撞传感器

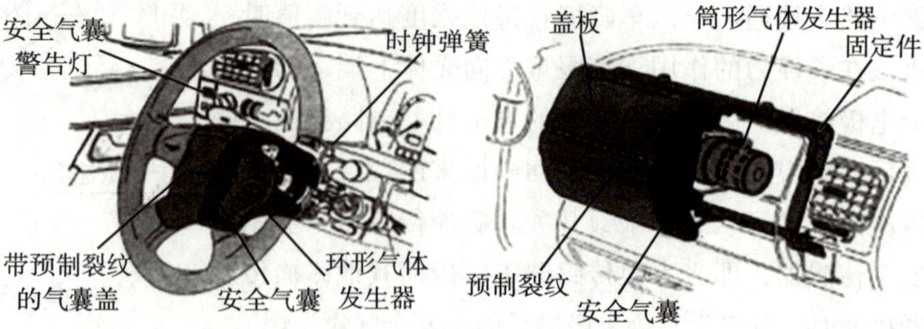

图 6–43　气囊组件

1. 气体发生器

气体发生器主要由点火器、外壳、气体发生剂和过滤装置等组成，气体发生器的外壳多用铝合金冲压成形而成；内部结构和外形如图 6–44 所示，其作用是在点火器引爆气体发生剂时向安全气囊充气。

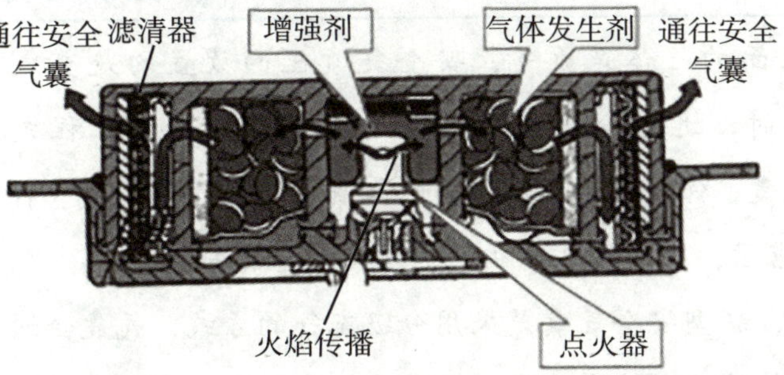

图 6–44　气体发生器的内部结构和外形

点火器（图 6–45）在传感器动作时接通电路，电流通过电热丝产生热量点燃火药，产生的压力和热量冲破药筒，将增强剂引燃。增强剂位于点火器与气体发生剂之间，当点火器引燃后引燃增强剂，冲撞或粉碎其他发生剂，促使其他发生剂快速产生气体。

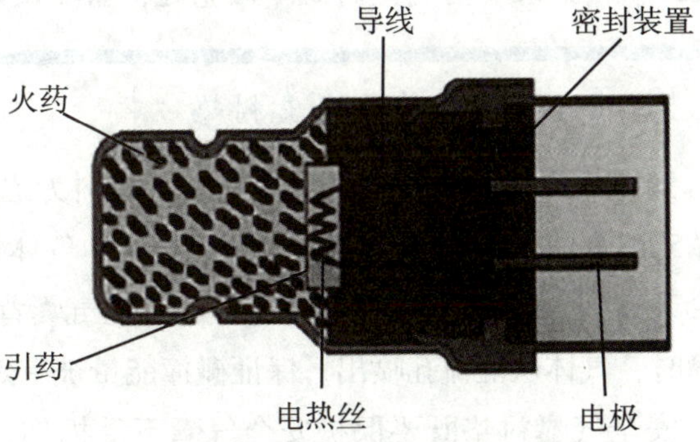

图 6–45　点火器

目前使用的气体发生剂多是叠氮化钠和氧化铁的合剂，反应方程为

$$6NaN_3+Fe_2O_3 \Longrightarrow 3Na_2O+2Fe+9N_2$$

合剂燃烧后产生铁、氮气和氧化钠。氧化钠对人体有强烈刺激性和腐蚀性，对眼睛、皮肤和黏膜能造成严重灼伤；接触后可引起灼伤、头痛、恶心、呕吐、咳嗽、喉炎、气短，因此处理引爆过的安全气囊要注意防护。

为了能为乘员提供更多的安全保证和减小冲击力，有的车辆使用了双级释放式的安全气囊，如图 6–46 所示。每一级释放有其独立的点火器和气体发生器，根据碰撞的严重程度和种类的不同，两次点火触发的时间间隔约为 5 ～ 50 ms，碰撞强度比较低时，时间间隔要长一些。

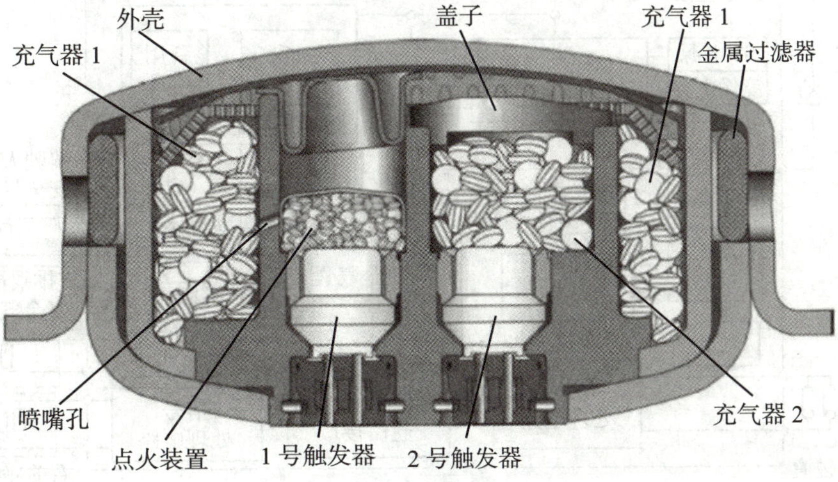

图 6–46　双级释放式安全气囊

知识拓展

当前市面上的汽车，大多数安全气囊里面的气体是氮气，安全气囊里面放置的是叠氮化钠 NaN_3。叠氮化钠 NaN_3 会在受到剧烈撞击时，迅速分解生成大量的氮气，其化学方程式是 $NaN_3=NaN+N_2$。大量的氮气会充满整个安全气囊，保护车上人员不与汽车直接接触，氮气是一种无毒无害也不会燃烧的气体，即使是安全气囊泄露了，里面的氮气也不会对人体造成伤害。

现在市面上的安全气囊都是新型安全气囊，新型安全气囊是采用分级充气的方式，气囊会通过两次充气后启动，防止气囊突然弹起对乘车人员的头部造成伤害。日常要注意检查安全气囊功能是否正常，如果安全气囊的故障灯亮起，需要及时进行维修。

2. 安全气囊及安全气囊衬垫

安全气囊折叠在安全气囊盒中，其材料为尼龙织物，内层涂聚氯丁二烯，能承受大于 2.5 kN 的张力。当安全气囊完全充气后，气体气压大约为 5 kPa，当乘员压向安全气囊时会升高到 6 kPa。为了缓和冲击，在安全气囊背面设计有若干溢流孔，当人员撞向安全气囊时，气体从溢流孔喷出，保证碰撞能量被有效吸收。

安全气囊系统

安全气囊衬垫既要保护安全气囊不受损伤，又要在安全气囊爆开时易于碎裂而不影响安全气囊膨胀，而且碎块不能伤害乘员；因此，安全气囊衬垫多采用轻度发泡的聚氨酯塑料薄板制成。

（三）电控系统

1. 电控单元

安全气囊电控单元是安全气囊的控制中心，其功用是接收碰撞传感器及其他各传感器输入的信号，判断是否点火给安全气囊充气，并对系统故障进行自诊断。安全气囊电控单元主要由信号处理电路、备用电源电路和稳压保护电路组成，如图 6-47 所示。

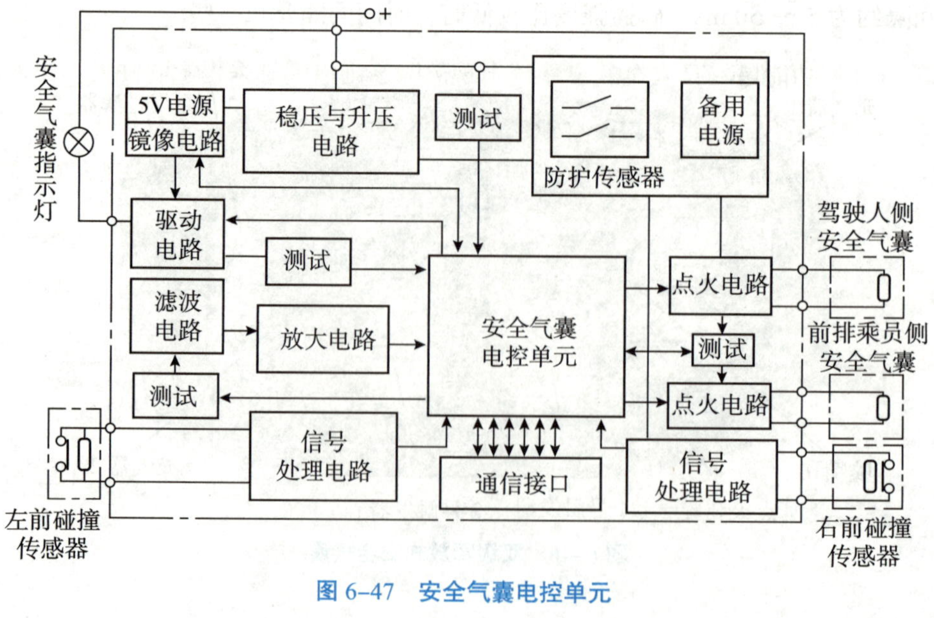

图 6-47　安全气囊电控单元

信号处理电路主要由放大器和滤波器组成，功能是对碰撞传感器检测到的信号进行整形和滤波处理，以便安全气囊电控单元能够接收和识别。

备用电源电路通常由电容器构成，其功能是在汽车发生碰撞时，若蓄电池或发电设备损坏而不能向安全气囊系统供电的情况下，紧急提供保证安全气囊系统工作所需要的电力。备用电源的供电时间一般很短（少于 6 s），但在此供电时间内，也能保证安全气囊电控单元测出碰撞强度，发出引爆指令，点燃气体发生剂，使安全气囊可靠启动。汽车点火开关接通 10 s 后，如果蓄电池电压或发电电压高于安全气囊电控电源的最低工作电压，则对备用电源的电容器进行充电，直至电容器电能储存足够为止。

稳压保护电路的功能是保证供给各电子元件的电压，不会发生大的波动而损坏电子元器件。由于汽车电气部件中有许多电感线圈，当电路中的开关器件接通或断开使负载电流发生突变时，都会产生瞬时脉冲高压对安全气囊系统电路中的元器件造成损害。为了防止安全气囊系统元件损坏而造成安全气囊失效，保证其在汽车电源电压波动时也能正常工作，必须要设置稳压保护电路。

2. 时钟弹簧／螺旋电缆

时钟弹簧／螺旋电缆是连接转向盘上的安全气囊气体发生器与安全气囊控制模块之间的电气连接装置，作用是保证转向盘在任意位置的电气连接；其结构、外观和安装位置如图 6–48 所示。

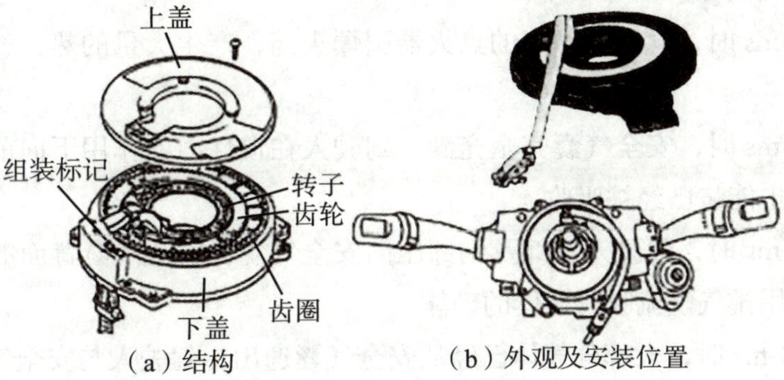

图 6–48　时钟弹簧螺旋电缆的结构、外观和安装位置

3. 安全气囊警告灯

安全气囊警告灯的功能是一旦安全气囊系统出现故障，则以闪烁来提示驾驶人。当汽车点火开关接通后，安全气囊指示灯闪烁一段时间（6 s 左右）后熄灭，说明安全气囊系统自检通过，安全气囊系统无异常。如果汽车点火开关接通后，安全气囊指示灯不亮、常亮或不停地闪烁，则说明安全气囊系统有故障。

4. 线束

安全气囊系统电路线束使用特种包装盒颜色识别，螺旋电缆能保证安装在转向盘中央的安全气囊系统电路的可靠连接。另外，插接器触片与插头表面通过镀金来防止接触不良。

三、安全气囊系统的工作原理

（一）基本原理

安全气囊系统的基本工作原理如图 6–49 所示。当汽车发生碰撞时，由碰撞传感器对碰撞程度进行识别，对于中等程度以上的碰撞，传感器发出信号给电控单元；安全气囊电控单元立即接通充气元件中的点火电路，点燃点火器内的点火介质；火焰引燃点火药粉和气体发生剂，产生大量气体；在 0.03 s 的时间内即给安全气囊充气，使安全气囊急剧膨胀，冲破安全气囊装饰盖板冲出，使乘员的头部和胸部压在充满气体的安全气囊上；缓冲对驾驶人和乘员的冲击，随后将安全气囊中的气体放出。

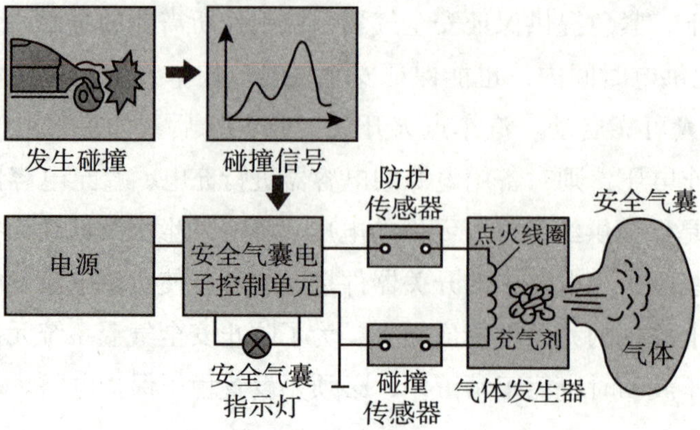

图 6-49　安全气囊系统的基本工作原理

（二）引爆时序

安全气囊系统的引爆时序如图 6-50 所示。

（1）当碰撞约 10 ms 时，气囊组件中的点火器引爆火药，产生大量的热，气体发生剂受热分解。驾驶人此时尚未动作。

（2）当碰撞约 40 ms 时，安全气囊完全充满，驾驶人在惯性力的作用下向前移动，安全带收紧限制驾驶人位置，部分冲击能量已经被吸收。

（3）当碰撞约 60 ms 时，驾驶人头部及胸部压向安全气囊，安全气囊背面的排气孔在气压和人体压力的作用下开启，利用排气气流吸收人体的动能。

（4）当碰撞约 110 ms 时，大部分气体已经从安全气囊逸出，驾驶人与安全气囊基本脱离接触，回到座椅靠背。

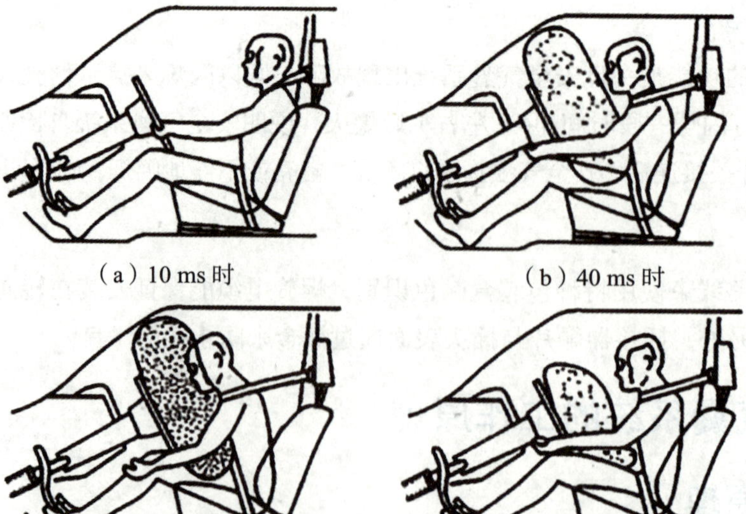

（a）10 ms 时　（b）40 ms 时

（c）60 ms 时　（d）110 ms 时

图 6-50　安全气囊系统的引爆时序

任务四 安全气囊的故障诊断与修复

一、安全气囊系统的常见故障

安全气囊系统的常见故障及排除如表 6-2 所示。

表 6-2 安全气囊系统的常见故障及排除

故障现象	可能的故障原因
点火开关在 ACC 或 ON 位置时，6 s 后 SRS 警告灯有时会亮	SRS 警告灯故障 安全气囊控制单元故障
点火开关在 LOCK 位置时，SRS 警告灯一直亮 点火开关在 ACC 或 ON 位时，SRS 警告灯不亮	
没有故障码显示	ON/ST 端子电路故障
在进行故障码检测时，SRS 警告灯一直亮	
诊断座端子未连接时，有故障码显示	

二、安全气囊警告灯持续亮的故障诊断与修复

1. 读取故障码

（1）操作启动开关使电源模式置于 ON 状态。

（2）连接故障诊断仪，读取系统故障码。若存在故障码，则按故障码的提示进行维修。

2. 检查蓄电池电压

测量蓄电池电压，正常应在 11 ～ 14 V 之间；若电压过低，则给蓄电池充电或更换蓄电池，同时检查充电系统（DCDC）是否正常。

3. 检查线束连接

（1）启动开关置于 OFF 位，断开蓄电池负极连接并等待至少 90 s 以上。

（2）检查安全气囊电控单元线束插接器是否正确连接到位。

4. 检查安全气囊电控单元供电

安全气囊电控单元供电回路，如图 6-51 所示。

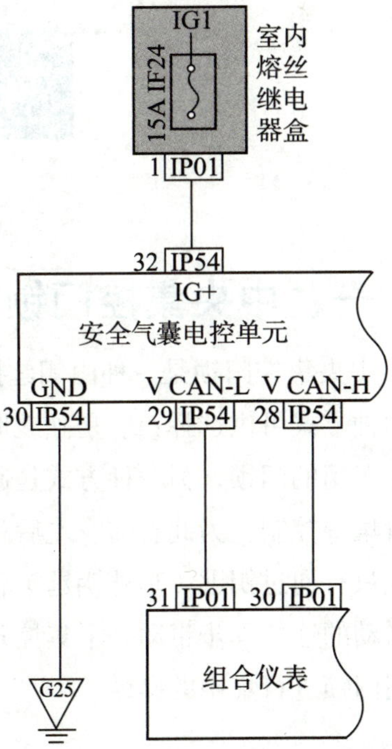

图 6-51 安全气囊电控单元供电回路

（1）拔下熔丝 IF24 并检查是否熔断，若熔断，则更换一个容量为 15 A 的熔丝。

（2）断开安全气囊电控单元线束插接器 IP54。

（3）测量线束插接器 IP54 端子 32 与车身搭铁之间的电阻。正常应小于 1 Ω；若异常，则维修或更换线束。

（4）连接蓄电池负极电缆并等待至少 2 s 后，操作启动开关使

其处于 ON 位。

（5）测量线束插接器 IP54 端子 32 与车身搭铁之间的电压。正常应为 11 ～ 14 V；若异常，则维修或更换线束。

5. 检查数据通信

（1）分别断开组合仪表线束插接器 IP01 和安全气囊电控单元线束插接器 IP54。

（2）测量表 6–3 端子之间的电压和电阻，若异常，则维修或更换线束。

表 6–3　安全气囊电控单元与组合仪表 CAN 总线测量点及标准值

端子 1	端子 2	电阻标准值	电压标准值
IP01–30	IP54–28	小于 1 Ω	—
IP01–31	IP54–29	小于 1 Ω	—
IP01–30	车身搭铁	10 kΩ 或更高	0 V
IP01–31	车身搭铁	10 kΩ 或更高	0 V
IP54–28	车身搭铁	10 kΩ 或更高	0 V
IP54–29	车身搭铁	10 kΩ 或更高	0 V

6. 更换组合仪表

更换组合仪表，检查驾驶人座椅安全带警告灯是否正常工作。若正常工作，说明组合仪表损坏；若不正常，则说明安全气囊电控单元故障。注意：进行更换安全气囊电控单元并连接蓄电池负极操作后，要等待至少 2 s 后才能进行上电操作。

任务五　中央集控门锁

一、中央集控门锁概述

中央集控门锁是一种由钥匙控制四门门锁锁闭与开启的装置，如图 6–52 所示。门锁的锁闭与开启有两种方式可供选择：一是独立地按下或提起右前、右后和左后车门上的门锁提钮可分别锁闭或开启这三个车门的门锁；另一种方式是通过设在左前门上的门锁提钮或门锁钥匙对四个车门门锁的锁闭和开启进行集中控制。为此右前、左后和右后门各自采用手动和电动机驱动同步联动的门锁闭锁器，左前门的门锁只有通过钥匙（车外钥匙）和提钮（车内锁门）手动进行锁闭和开启操作。但门锁操纵机构通过一个联动的连杆同步带动一个集控开关，通过该开关可以同时控制其他车门的锁闭与开启机构，对各自的车门门锁进行集中的操纵。

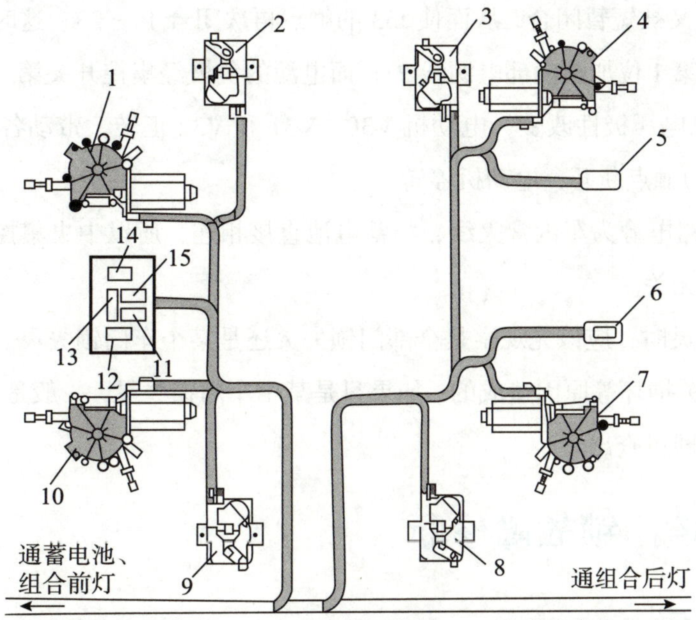

1- 右前摇窗机电动机；2- 右前集控闭锁器；3- 右后集控闭锁器；4- 右后摇窗机电动机；5- 右后摇窗机开关；6- 左后摇窗机开关；7- 左后摇窗机电动机；8- 左后集控闭锁器；9- 左前集控门锁控制器；10- 左前摇窗机电动机；11- 左后摇窗机开关；12- 左前摇窗机开关；13- 安全开关（按下后可锁定后车门玻璃升降）；14- 右前摇窗机开关；15- 右后摇窗机开关。

图 6–52　中央集控门锁的布置图

二、中央集控门锁系统识图示例

图 6–53 中，将左前门门锁提钮压下，集控开关第 2 位触点被接通。由于提钮压下过程中，集控开关的附带的控制触点 K 已被短暂闭合过，故左前集控门锁控制器（J53）已使其触点闭合。这时 A 路电源经熔丝，并通过 J53 的闭合触点及集控开关第二掷第 2 位加至集控门锁内部电源线 P2；与此同时电源的负极经集控开关第一掷第 2 位加至集控门锁内部电源线 P1。电动机 V30、V31 和 V32 反转，带动各自门锁锁闭。在 1 ～ 2 s 后，J53 控制其已闭合的触点断开，从而切断了为电动机供电的 A 路电源，电动机停转，并一直保持此状态。

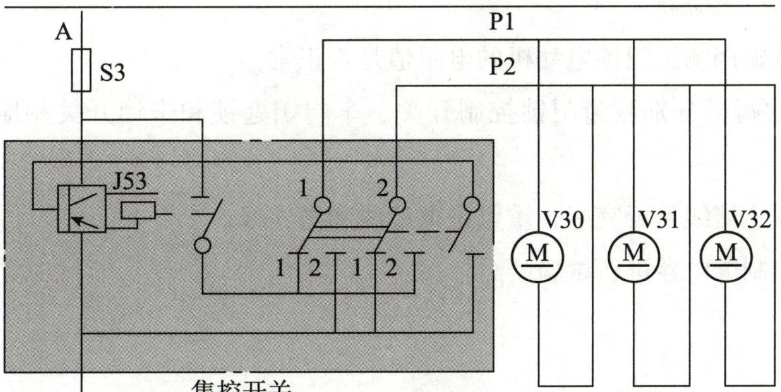

S3- 熔丝；P1，P2- 内部电源线；J53- 左前集控门锁控制器；V30，V31，V32- 右前，右后，左后集控门锁电动机。

图 6–53　中央集控门锁电路图

若左前门门锁操纵提钮拔起，集控开关第 2 位触点被断开，第 1 位触点闭合。在这一过程中，集控开关附带的控制触点 K 又被短暂闭合，从而使 J53 的触点再次闭合 1 ～ 2 s。这时 A 路电源经 J53 的闭合触点和集控开关第一掷第 1 位加至内部电源线 P1；而电源的负极经集控开关第二掷第 1 位加至内部电源线 P2。内部电源的供电电压极性改变，电动机 V30、V31 和 V32 正转，带动各自的门锁开启。1 ～ 2 s 后，J53 控制其已闭合的触点断开，电动机停转。

由于图 6-53 中 A 路电源为车内常火线，与蓄电池直接相连，所以中央集控门锁对门锁的控制功能与点火开关的钥匙位置无关。

在中央集控门锁失灵时，应该先观察是全部门锁失灵还是某个车门锁失灵。如果全部门锁失灵一般是由电源断路、集控开关损坏等原因造成的；如果只是某个车门锁失灵，一般是该门锁机械方面的故障，只要拆检故障所在车门即可查出。

三、中央集控门锁故障诊断

（一）常见故障

常见中央集控门锁故障现象及原因如表 6-4 所示。

表 6-4　中央集控门锁故障现象及原因

故障现象	一般故障原因
左前门锁不上 / 打不开、左后门锁不上 / 打不开、右前门锁不上 / 打不开、右后门锁不上 / 打不开、所有门都锁不上 / 打不开	门锁电动机损坏
	车门钥匙锁和未锁开关损坏
	中央门锁控制开关损坏
	中央门锁控制断电器损坏
	保险丝烧断

（二）检测方法

中内集控门锁故障检测方法如下。

（1）检查保险丝有无烧断。

（2）用万用表欧姆档测量门锁电动机的电阻值是否正常。

（3）用万用表欧姆档分别测量门锁控制开关、车门钥匙锁和未锁开关相应的端子之间是否导通良好。

（4）检查继电器连接线是否完好，重点是电源线和搭铁线。

（5）更换门锁控制继电器进行试验。

任务六 防盗系统

一、防盗系统的组成及工作原理

汽车上的防盗系统主要是用来增加盗车的难度和延长盗车的时间，汽车防盗系统按照防盗的形成可分为机械式、电子式和网络式三种。目前在汽车上运用最多的为电子式防盗系统，电子式防盗系统由开关和传感器、防盗电控单元、执行器三部分组成，其组成示意图如图 6-54 所示。当防盗系统确认车辆被非法入侵时，防盗控制单元就会令警报器发出刺耳的警报声，同时还令警报灯发出耀眼的闪光，以引起行人的注意，恐吓盗贼，使其主动放弃。当车辆被非法启动时，防盗系统电控单元会令发动机电控单元切断启动点火和燃油喷射系统的电路使发动机无法启动。

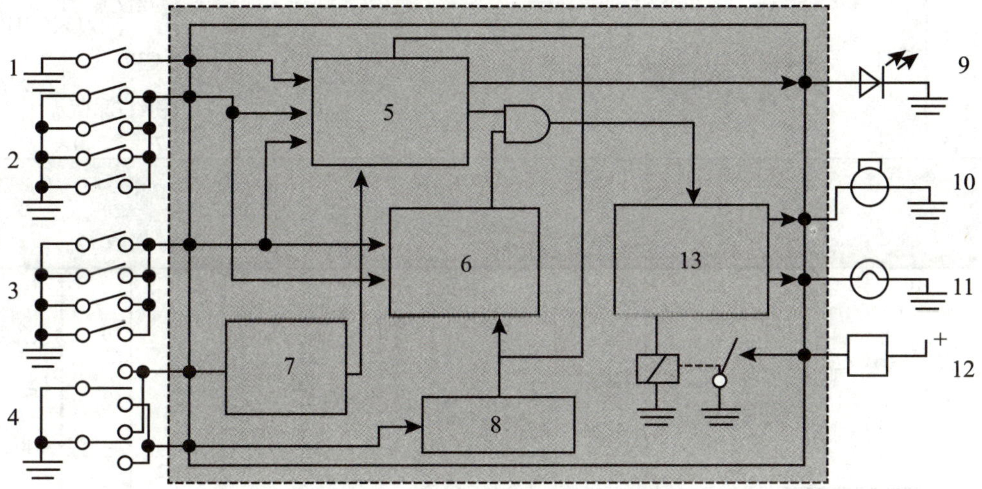

1- 钥匙存在开关；2- 开门开关；3- 锁门开关；4- 钥匙操作开关；5- 警报状态设置；6- 盗贼检测；7-30 s 定时器；8- 解除警报状态；9-LED 指示灯；10- 警报器；11- 警报灯；12- 启动断电器；13- 警报控制。

图 6-54 汽车防盗系统的组成

二、防盗系统识图示例

上海通用别克凯越汽车防盗系统的电路，如图 6-55 所示。

（一）防盗电控单元电路

1. 防盗电控单元电源电路

防盗电控单元电源电路有两条。电路一：持续通电→发动机熔断器盒熔断器 Ef1（30 A）→连接器 C105 端子 2→连接器 C202 端子 56→仪表板熔断器盒熔断器 F15（10 A）→防盗电控单元端子 25→防盗电控单元。电路二：运行和启动时通电→仪表板熔断器盒熔断器 F12（10 A）→防盗电控单元端子 15→防盗电控单元。

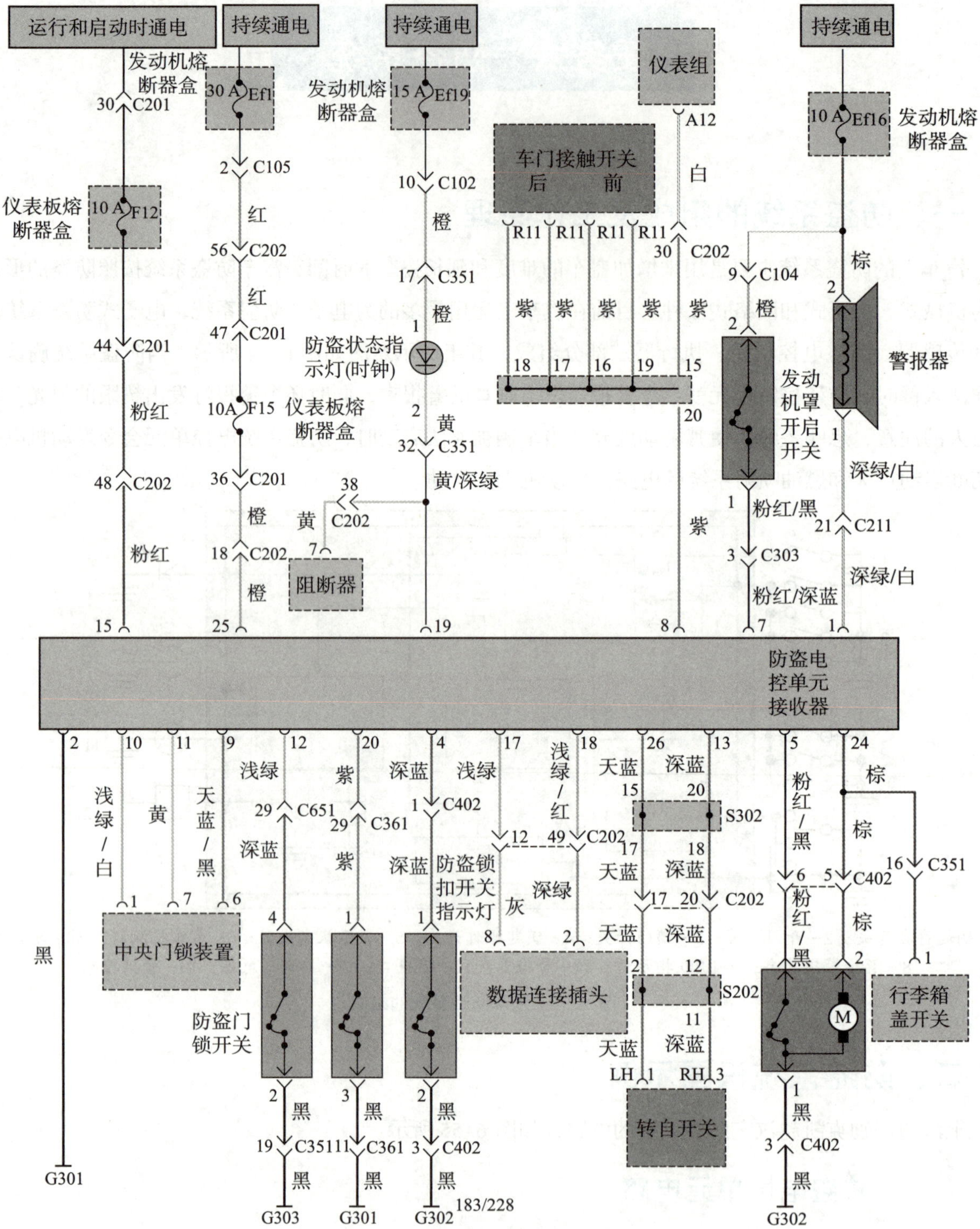

图 6-55　上海通用别克凯越汽车防盗系统电路

2. 防盗电控单元接地电路

防盗电控单元接地电路防盗电控单元→防盗电控单元端子 2→G301 接地。

（二）防盗系统信号输入电路

各门锁开关、车门接触开关、开启开关、防盗接收器等信号装置向防盗电控单元输送信号。

1. 车门接触开关信号电路

车门接触开关信号电路各车门接触开关→连接器 S301 端子 18、17、16、19→连接器 S301 端子 15→防盗电控单元端子 8→防盗电控单元。

2. 防盗门锁开关信号电路

防盗门锁开关信号电路防盗电控单元→防盗电控单元端子 12→防盗门锁开关端子 4→防盗门锁开关端子 2→G303 接地。其余两防盗门锁开关信号输入电路与上面所述基本相同。

3. 发动机罩开启开关信号电路

发动机罩开启开关信号电路持续通电→发动机熔断器盒熔断器 Ef16（10 A）→发动机罩开启开关→防盗电控单元。

4. 行李箱盖开关信号电路

行李箱盖开关信号电路防盗电控单元接收器端子 24 控制行李箱盖开关。

（三）防盗系统执行器工作电路

1. 警报器工作电路

警报器工作电路持续通电→发动机熔断器盒熔断器 Ef16（10 A）→警报器→防盗电控单元端子 1→防盗电控单元。

2. 防盗状态指示灯电路

防盗状态指示灯电路持续通电→发动机熔断器盒熔断器 Ef19（15 A）→防盗状态指示灯→防盗电控单元端子 19→防盗电控单元。

3. 中央门锁装置电路

中央门锁装置电路防盗电控单元→防盗电控单元端子 10、11、9→中央门锁装置。

（四）防盗电控单元诊断电路

防盗电控单元诊断电路：防盗电控单元→防盗电控单元端子 17、18→数据连接器插头。

三、故障检修

防盗系统的常见故障及排除如表 6–5 所示。

表 6–5　防盗系统的常见故障及排除

故障现象	可能的故障原因
防盗系统无法设置	检查是否输出防盗警报 ECU 通信故障码
	安全指示灯电路
	防盗警报 ECU 电源电路
	驾驶员侧车门钥匙锁止 / 解锁开关
	发动机罩开启开关电路
	防盗警报 ECU 总成
在设置防盗系统时，防盗状态指示灯不闪烁	防盗状态指示灯电路
	防盗警报 ECU 总成

续表

故障现象	可能的故障原因
将点火开关置于 ON 位置时，警报鸣响状态不能取消	解锁警告开关电路
	防盗警报 ECU 总成
即使某一车门开启，防盗系统仍可启用	中央门锁装置
	防盗警报 ECU 总成
在防盗系统报警时，危险警告灯不闪烁	线束
	转向信号闪光灯总成
	防盗警报 ECU 总成
在防盗系统报警时，警报器不鸣响	警报器电路
	防盗警报 ECU 总成
即使没有设置防盗系统，危险警告灯也会闪烁	线束
	转向信号闪光灯总成
	防盗警报 ECU 总成

任务七　刮水器和洗涤器

一、刮水器和洗涤器概述

刮水器主要由刮水器电动机总成、连杆机构及三个方向球头活节和摆杆与刮片组成，如图 6-56 所示。刮水器电动机如图 6-57 所示，它是一个永磁直流小电动机和一个蜗轮、蜗杆组成的减速器。为了保证刮水器摆杆与刮片能在工作结束后，停止在前风窗玻璃下边沿并与之平行，在减速器蜗轮输出轴的背面装有自动停位导电片；并在减速器后盖板上设有与导电片相接触的 3 个导电触点，再通过刮水器开关 0 位置的触点，共同完成刮水器的自动停位功能。

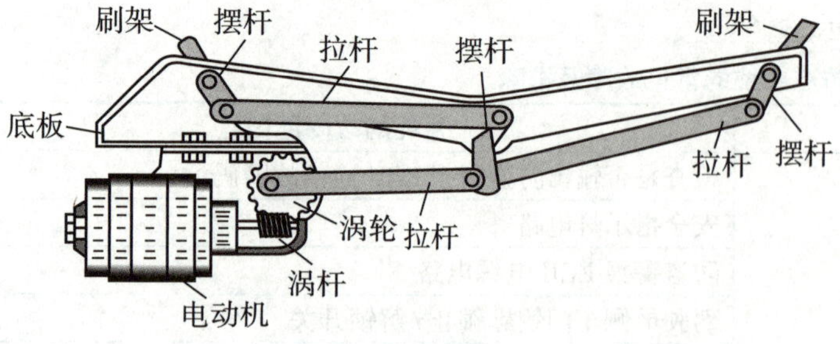

图 6-56　电动刮水器的结构

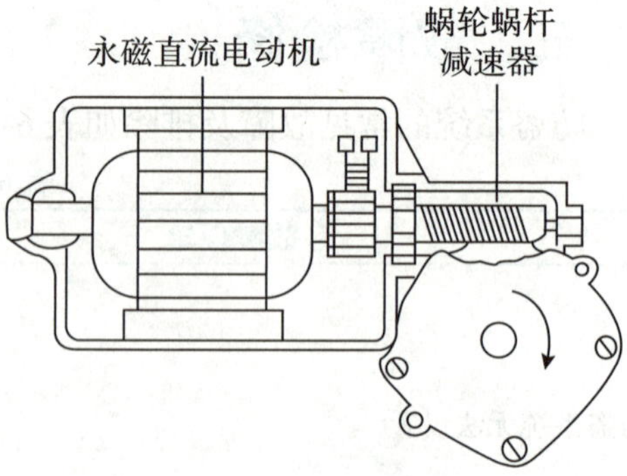

图 6-57　刮水器电动机

洗涤器主要由洗涤器电动机、洗涤器水泵、水管和喷嘴等组成，如图 6-58 所示。洗涤器电动机为永磁式微型电动机，洗涤器水泵的叶片转子固定在水泵轴上，水泵轴用联轴节与洗涤器电动机轴连接，出水软管用胶管分别与发动机盖上的四个喷嘴连接。当洗涤器电动机电枢接通电流时，电枢绕组便在永久磁铁产生的磁场中受力旋转。电枢轴转动时，通过联轴节驱动水泵轴和泵转子一同旋转，泵转子便将储液罐内的洗涤剂泵入出水软管，并经挡风玻璃前端的喷嘴喷向挡风玻璃。与此同时，刮水器同步工作，刮水片同时摆动，从而将挡风玻璃上的脏污刮洗干净。

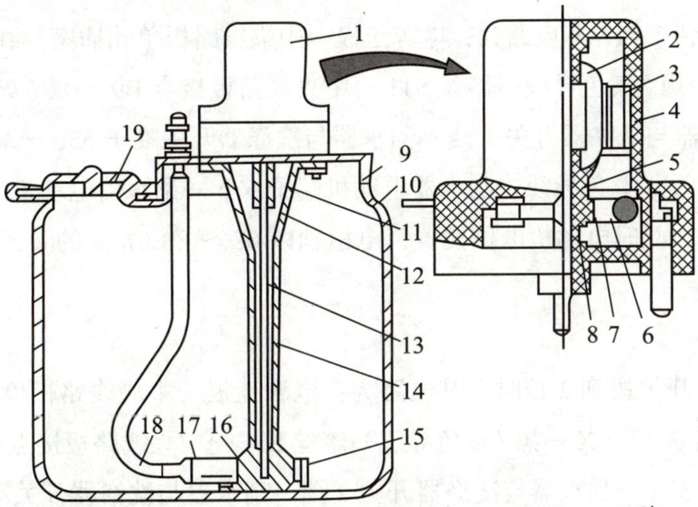

1－电动机；2－电枢；3－永久磁铁；4－电机壳体；5－集电环；6－电刷架；7－电刷；8－凸缘；9－水泵固定盘；10－储液罐；11－电动机轴；12－联轴节；13－水泵轴；14－水泵壳；15－水泵转子；16－滤清器；17－接头；18－出水软管；19－储液罐盖。

图 6-58　洗涤器的结构

二、刮水器和洗涤器系统电路识图示例

前风窗刮水器及洗涤器接线图如图 6-59 所示。在中央线路板内部，接点 D9 与 A5 接通，接点 D20 与端子 D9 接通，接点 D17 与 A6 接通，接点 C9 与 A19 接通，接点 D22 为搭铁端子，减荷继电器 2 安装在中央线路板上；刮水继电器安装在中央线路板上。

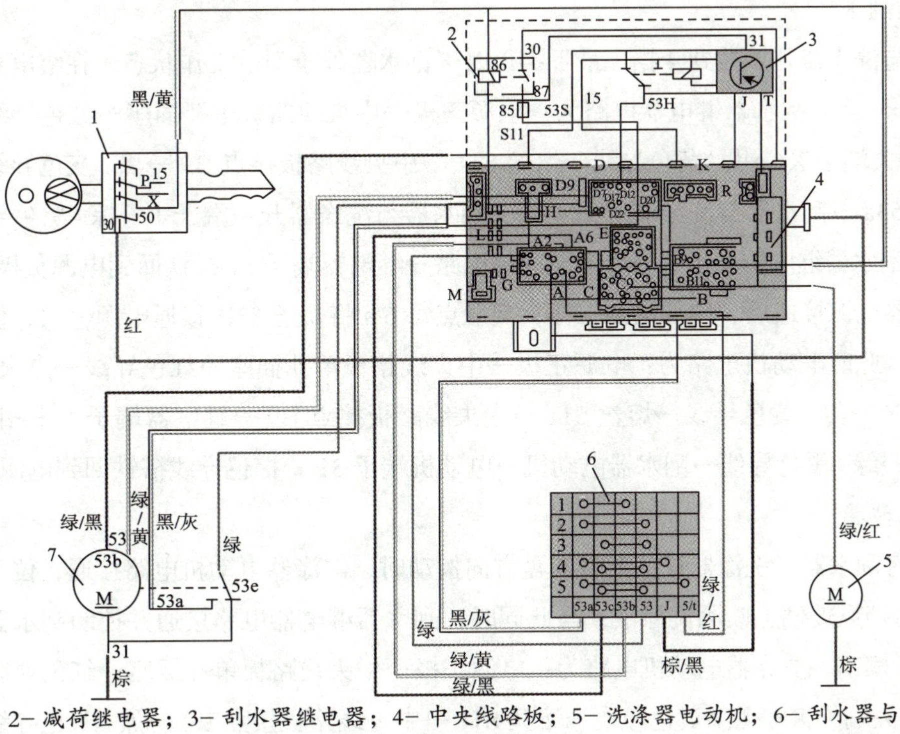

1－点火开关；2－减荷继电器；3－刮水器继电器；4－中央线路板；5－洗涤器电动机；6－刮水器与洗涤器开关；7－刮水器电动机。

图 6-59　前风窗刮水器及洗涤器接线图

刮水器及洗涤器的工作过程如下。

（1）高速刮水

刮水器高速工作时，电动机电机电路直接受刮水器与洗涤器开关6控制，不受刮水器继电器控制。刮水器与洗涤器开关拨到1挡，其电路为：电源正极→中央线路板单孔插座→红色导线→点火开关端子30→点火开关端子X→黑/黄色导线→熔丝S11→中央线路板接点B9→黑/灰色导线→刮水器与洗涤器开关端子53a→刮水器与洗涤器开关1挡→刮水器与洗涤器开关端子53b→绿/黄色导线→中央线路板接点A5→接点D9→绿/黄色导线→刮水器电动机端子53b→刮水器电动机→电动机端子31→棕色导线搭铁回到电源负极。此时电动机电刷偏置，电枢轴以62～80 r/min的转速运转，风窗上的刮水片快速摆刮。

（2）低速刮水

当刮水器与洗涤器开关拨到2挡时，其电路为：电源正极→中央线路板单孔插座→红色导线→点火开关端子30→点火开关端子X→黑/黄色导线→熔丝S11→中央线路板接点B9→黑/灰色导线→刮水器与洗涤器开关端子53a→刮水器与洗涤器开关2挡→刮水器与洗涤器开关端子53→绿色导线→中央线路板接点A2→刮水继电器端子53S→刮水继电器触点→刮水继电器端子53H→中央线路板接点D12→绿/黑色导线→刮水器电动机→电动机端子31→棕色导线搭铁回到电源负极。电动机电刷相隔180°，电枢轴以42～52 r/min的转速运转，风窗上的刮水片慢速摆刮。

（3）点动刮水

刮水器与洗涤器开关3挡为空挡，刮水器处于停止工作状态。当驾驶员按下手柄开关时，刮水系统工作情况与手柄开关接通2挡时相同，当放松手柄时，开关将自动回到空挡，实现点动刮水。

（4）间歇刮水

当刮水器与洗涤器开关拨到4挡（最下挡）时，刮水器处于间歇工作状态。在继电器的控制下，刮水器每6 s工作一次。刮水器继电器电路为：电源正极→中央线路板单孔插座→红色导线→点火开关端子30→点火开关端子X→黑/黄色导线→熔丝S11→中央线路板接点B9→黑/灰色导线→刮水器与洗涤器开关端子53a→刮水器与洗涤器开关4挡→刮水器与洗涤器开关端子J→棕/黑色导线→中央线路板接点A12→刮水器继电器端子J→继电器内部电路→继电器端子31搭铁回到电源负极。

刮水继电器电源接通后，内部电路工作，其触点每6 s将端子53H接通电源一次，使刮水器电动机电源接通工作。此时电动机电路为：电源正极→中央线路板单孔插座→红色导线→点火开关端子30→点火开关端子X→黑/黄色导线→熔丝S11→中央线路板接点B9→继电器端子15→继电器触点→继电器端子53H→绿/黑色导线→刮水器电动机→电动机端子31→棕色导线搭铁回到电源负极。

（5）清洗玻璃

当驾驶员将刮水器与洗涤器开关向转向盘方向拨动时，洗涤器电动机电路接通，位于发动机盖上的4个喷嘴同时向挡风玻璃上喷洒洗涤液；与此同时，刮水器继电器电路接通并控制刮水器的刮水片摆刮3～4次后停止摆刮。洗涤器电动机电路为：电源正极→中央线路板单孔插座→红色导线→点火开关端子30→点火开关端子X→黑/黄色导线→熔丝S11→中央线路板接点B9→黑/灰色导线→刮水器与洗涤器开关端子53a→刮水器与洗涤器开关5挡→刮水器与洗涤器开关端子5/t→绿/红色导线→中央线路板接点 A19 →中央线路板接头 C9 →绿 / 红色导线→清洗器电动机→棕色导线搭铁回到电源负极。如刮水器与洗涤器开关停留在该位置，水泵将继续喷洒洗涤液，刮水器也将继续工作；如放松开关，水泵将停止喷水，继电器和刮水器也将停止工作。

（6）停机复位

在刮水器电动机上设有一个由凸轮驱动的一掷二位停机自动复位开关，用以保证刮水器停机（刮水器与洗涤器开关拨回到 3 挡）时，刮水处在挡风玻璃下沿位置；只有在刮水片摆到挡风玻璃下沿时，刮水器电动机电路才能切断。否则停机自动复位开关的触点 53e 和 53a 接通，电动机将继续转动，直到刮水片摆到玻璃下沿时为止。

当点火开关接通时，减荷继电器 2 线圈电流接通，其电路为：电源正极→中央线路板单孔插座→红色导线→点火开关端子 30 →点火开关端子 X →黑 / 黄色导线→减荷继电器的端子 86、线圈、端子 85 →中央线路板接点 D22 搭铁回到电源负极。

减荷继电器 2 线圈通电产生电磁吸力，将其触点吸闭，刮水器电动机停机复位时的电路接通，其电路为：电源正极→中央线路板单孔插座→减荷继电器端子 30、触点、端子 87 →中央线路板接点 D20 →黑 / 灰导线→刮水器电动机触点 53a、53e →绿色导线→中央线路板接点 D17 →中央线路板 A6 接点→绿 / 黑色导线→刮水器与洗涤器开关端子 53e、53 →绿色导线→中央线路板接点 A2 →刮水器继电器端子 53S →继电器触点、端子 53H →中央线路板接点 D12 →绿 / 黑色导线→刮水器电动机→端子 31 搭铁回到电源负极。刮水器电动机转动到复位开关的触点 53e 与搭铁触点 31 接通时，电动机电路切断停止转动，此时刮水片正好摆到挡风玻璃下沿位置。

三、故障检修

刮水器及洗涤器常见故障与排除如表 6–6 所示。

表 6–6　刮水器及洗涤器常见故障与排除

故障现象	原因	排除方法
接通点火开关，拨动刮水器各挡开关，刮水器均不工作	（1）熔丝 S11 熔断； （2）刮水器电动机插接器不良； （3）刮水器电动机内部断路转子咬死	（1）更换熔丝； （2）修理或更换插接器； （3）修理或更换刮水电动机
刮水器在“慢挡”工作，其他各挡均不工作	（1）中央线路板接点 D12 及中间连接导线接触不良、断路； （2）继电器损坏； （3）刮水器与洗涤器开关有故障	（1）修理或更换中间导线； （2）更换继电器； （3）修理或更换开关
刮水器在“间歇挡”不工作，其他各挡均工作正常	（1）中央线路板接点 A12 及中间连接导线接触不良、断路； （2）刮水器开关有故障； （3）继电器与洗涤器损坏	（1）修理或更换中间导线； （2）修理或更换开关； （3）更换继电器
刮水器开关在“喷水挡”刮水与喷水均不工作，其他各挡无工作正常	（1）中央线路板接点 A19、C9 及中间连接导线接触不良、断路； （2）刮水器与洗涤器开关有故障； （3）喷水电机、喷水泵有故障，连接管、喷嘴堵塞	（1）修理或更换中间导线； （2）修理或更换开关； （3）修理、更换或清洗相关部件

任务八　电动后视镜

一、电动后视镜定义

电动后视镜主要由镜面玻璃、双电动机、连接件、传递机构及壳体等组成，如图 6–60 所示。控制开关由旋转开关、摇动开关和线束等组成，安装在左前门内饰板上。

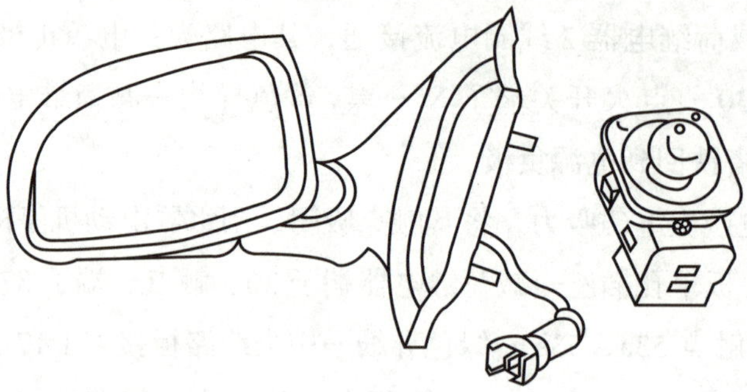

图 6–60　电动后视镜的组成

二、电动后视镜系统识图示例

图 6–61 为电动后视镜电路图，左、右外侧电动后视镜由设置在左前门内把手上端的调整开关控制。当点火开关处于“ON”位置，将此开关旋转，可选择需调整的后视镜（L 为左侧，R 为右侧，中间为停止操作）；摇动开关可调整后视镜反射面的空间角度。

电动后视镜

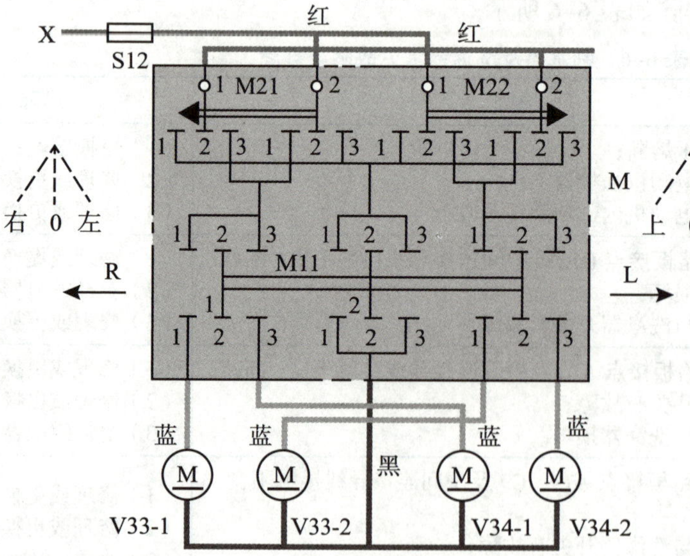

S12- 熔丝；M- 电动后视镜开关；M11，M21，M22- 电动后视镜分开关；V33-1，V33-2- 右镜左右，上下电动机；V34-1，V34-2- 左镜左右、上下电动机。

图 6–61　电动后视镜电路图

两侧电动后视镜各有两个永磁电动机，通过控制两个电动机的开关可获得二顺二反四种电流，即可进行四种运动，使镜面产生四种不同方位的位置调整。

电动后视镜如有故障，直接表现是后视镜不能被操纵，此时可以进行如下检查。

（1）首先检查熔丝和断电器（过载保护），然后用万用表测试开关总成。

（2）如果开关完好，应用 12 V 电源的跨接线检查电动机的工作情况，接线换向时，电动机也应反向转动。

（3）如果电动机工作正常，而后视镜仍不运动，应检查连接后视镜控制开关和车门或仪表板金属件的搭铁情况。

任务九　故障自诊断系统

一、故障自诊断系统概述

在现代汽车上，人们为了快速、准确、方便地找出电控系统的故障，利用电控单元对信号输入装置、执行器、相应电路及电控单元本身进行监测。当电控单元检测出故障后，以故障代码的形式储存起来，并点亮故障警告灯，在对车辆进行维修可以通过故障警告灯或用解码器直接读出故障代码。

故障自诊断系统虽然被称为一个系统，但它与整个电控系统都有关联，不能算是一个独立的系统。因此，在汽车电路图中并没有单独的故障自诊断系统电路图，而是在电控系统中有代表自诊断系统的诊断插座，及故障警告灯或是在相关的电路图中画出，如图 6-62 所示。

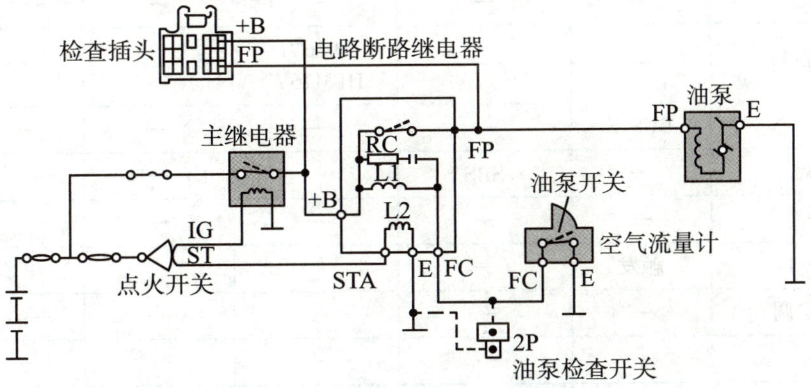

图 6-62　油泵开关控制的油泵电路

二、故障自诊断系统的组成及工作原理

汽车故障自诊断系统主要由位于各电控单元里的故障诊断电路、故障插座和故障警告灯等组成。故障警告灯位于仪表板上的组合仪表里，在点火钥匙置于“ON”位但不启动发动机时，各电控单元对系统进行自诊断，同时点亮故障警告灯。在自诊断结束后，若电控单元没有检测到故障则令故障警告灯熄灭。否则，则令故障警告灯常亮，提醒驾驶员及时检查出故障的系统。

自 1994 年以后，世界上各汽车制造厂按照 OBO-Ⅱ的标准，在驾驶室仪表板的下方安装统一诊断模式和统一的 16 脚诊断插座。诊断插座外观如图 6-63 所示。诊断插座各端子的功能如表 6-7 所示。

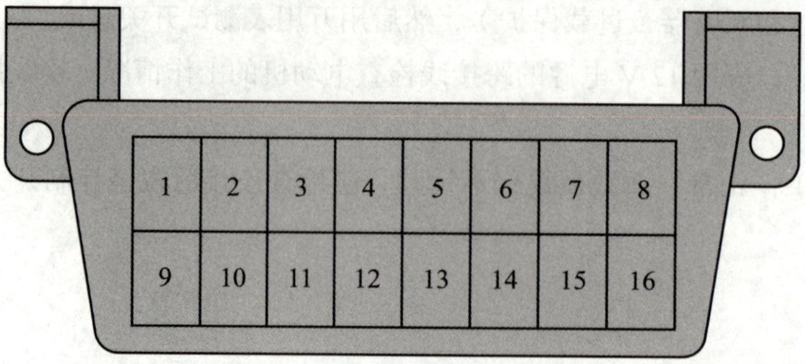

图 6-63　汽车自诊断系统诊断插座

表 6-7　诊断插座各端子的功能

端子	车种						
	通用	福特	克莱斯勒	奔驰	沃尔沃	丰田	三菱
1	—	—	—	DM7$^{\#}$/1 HFM15$^{\#}$/1	—	—	触发发动机故障码
2	“M”发动机资料	BUS$^{\oplus}$	—	—	—	SDL	—
3	悬架	—	SRS—4$^{\#}$	—	A2$^{\#}$BUS	—	—
4	搭铁	搭铁	搭铁	搭铁	搭铁	搭铁	搭铁
5	搭铁	搭铁	搭铁	搭铁	搭铁	搭铁	搭铁
6	“B”触发	—	发动机 9$^{\#}$	—	—	—	A/T 故障码 9$^{\#}$
7	—	—	发动机 30$^{\#}$ ABS 5$^{\#}$	DM23#/1	A6#BUS	—	发动机资料 92$^{\#}$
8	防盗	—	—	—	—	—	ABS 故障码 22$^{\#}$
9	BCM 资料	—	—	DM6$^{\#}$/1 HFM16$^{\#}$/1	—	—	—
10	—	BUS S	—	—	—	—	发动机资料 86$^{\#}$
11	悬架	—	SRS	—	—	—	—
12	—	—	—	—	—	—	SRS 诊断 9$^{\#}$
13	—	触发	—	—	—	—	定速 24$^{\#}$
14	音响空调	—	—	—	—	—	—
15	—	—	—	—	—	—	—
16	B+	B+	B+	B+	B+	B+	B+

汽车自诊断系统工作的原理如下。

（1）信号输入装置的诊断

电控单元通过监测信号输入装置是否有信号输入，并将输入的信号与标准信号相对比来确定信号输入装置或电路是否有故障。若检测到故障，则记录相应的故障代码。

（2）执行器的诊断

电控单元通过向执行器发出工作指令，并监测执行器是否已经工作来判断执行器及电路是否发生故障。若检测到故障，则记录相应的故障代码。

（3）电控单元的诊断

电控单元通过执行电控单元内部的自诊断电路来进行自诊断，若发现故障，则记录故障代码。

三、自诊断系统诊断插座电路识图示例

东风悦达起亚汽车自诊断系统诊断插座电路，如图 6–64 所示。

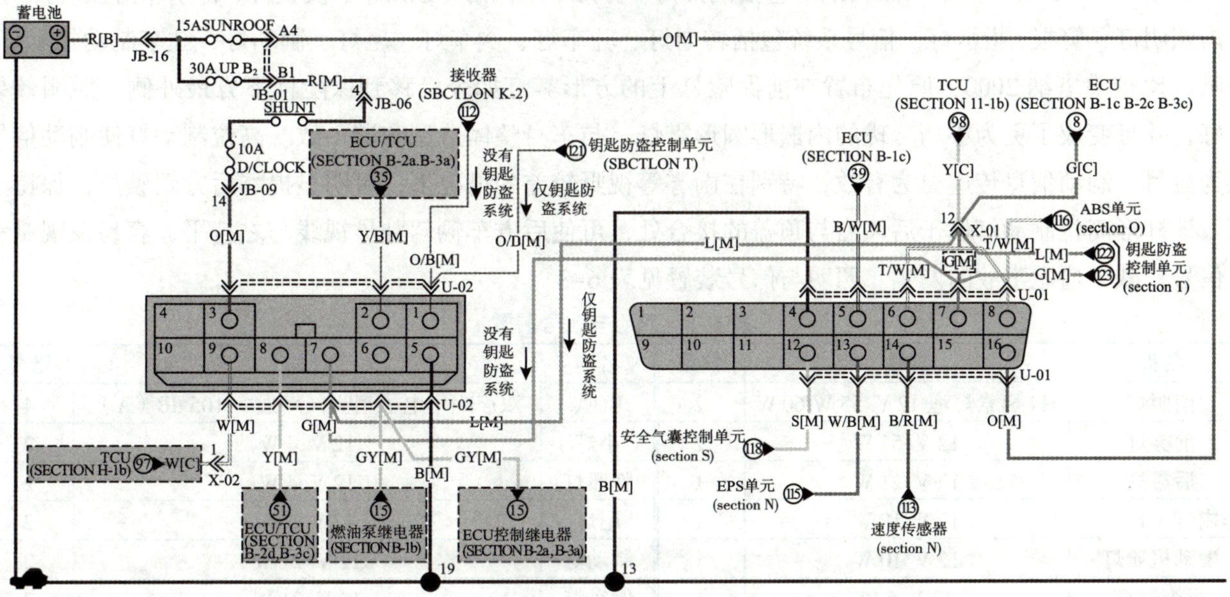

图 6–64　东风悦达起亚汽车自诊断系统诊断插座电路

1. 汽车自诊断系统诊断插座电源电路

蓄电池“+”→熔断器 SUNROOF（15 A）→诊断插座端子 16。

2. 电控单元 ECU 诊断电路

（1）电控单元 ECU（SECTION B–1c）诊断电路：电控单元 ECU（SECTION B–1c）（19）→诊断插座端子 5。

（2）电控单元 ECU（SECTION B–1c　B–2c　B–3c）诊断电路：电控单元 ECU（SECTION B–1a B–2cB–3c）→连接器 X–01 →诊断插座端子 7。

3. 安全气囊控制单元诊断电路

安全气囊控制单元 118 →诊断插座端子 12。

4. 速度传感器诊断电路

速度传感器 113 →诊断插座端子 14。

任务十　照明与信号装置系统

一、照明与信号装置结构特点

桑塔纳 3000 系列轿车的照明系统包括前照灯、雾灯、车内灯（顶灯）、仪表灯、行李箱灯及牌照灯、车内照明灯、警报 / 指示灯，信号系统包括转向灯、驻车灯、倒车灯、尾灯、制动灯、驻车制动指示灯、喇叭。比较桑塔纳 2000，原先布置在前保险杠上的方形雾灯如今已移到保险杠下方最外侧，照明效果更好，并且变成了更为小巧玲珑的内嵌形圆形雾灯，与车身整体造型和谐一致。高位制动灯使制动信号更为醒目，制动信息传递更为有效，特别在雨雾等视野较差的情况下，可明显提醒后方驾驶员，保持车距。该杆形高位制动灯位于后风窗与顶盖的接合处，可使后方车辆驾驶员视线与之持平，容易发现制动灯信号，减少追尾事故的发生。照明与信号装置见表 6–8。

表 6–8　照明与信号装置

名称	规格	数量	名称	规格	数量
前照灯	H4 卤素灯泡 12 V　55 W/60 W	2	喇叭	双声蜗牛电子喇叭，声强≥ 105 dB（A）	4
前雾灯	12 V　55 W	2	小灯	12 V　4 W	2
后雾灯	12 V　21 W	1	牌照灯	12 V　4 W	2
车内灯（顶灯）	12 V　10 W	1	尾灯	12 V　5 W	2
发动机舱灯	12 V　10 W	1	制动灯	12 V　21 W	2
行李箱灯	12 V　5 W	1	倒车灯	12 V　21 W	2
杂物箱灯	12 V　1.2 W	1	转向灯	12 V　21 W	1

1. 前照灯

桑塔纳 3000 系列轿车采用组合前照灯，前照灯不受继电器控制。灯罩内密闭着具有远光和近光功能的双丝灯泡（功率为 55 W/60 W），另外还有小灯（功率为 4 W）。左右前照灯的近光、远光都分别有熔丝保护，它们的代号为 S21、S10、S22、S9，如图 6–65 所示。

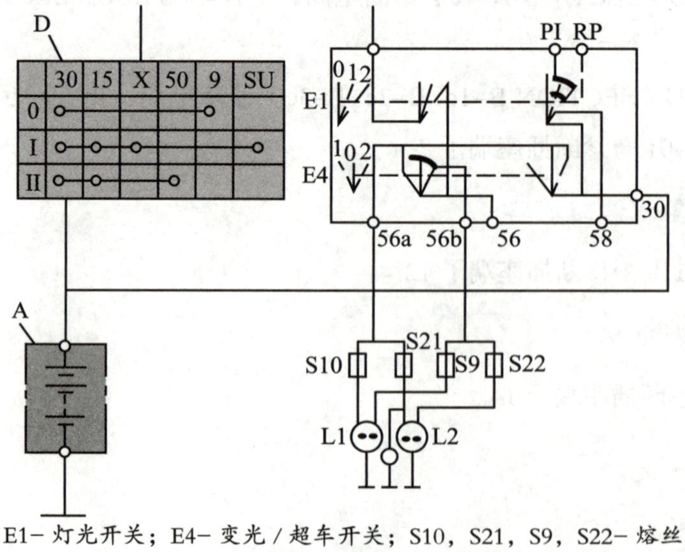

A– 蓄电池；D– 点火开关；E1– 灯光开关；E4– 变光 / 超车开关；S10，S21，S9，S22– 熔丝；L1，L2– 左、右前照灯。

图 6–65　前照灯电路图

左前照灯 L1、右前照灯 L2 受灯光开关 E1 和转向灯组合手柄开关（位于转向盘左边）中的变光 / 超车开关 E4 控制。当向上抬起组合开关手柄时，E4 中的变光 / 超车开关触点接通，30 号线（直接与蓄电池正极连接的火线，不受点火开关控制）电源经熔丝 S9、S10 直接接通左前照灯 L1、右前照灯 L2 的远光灯丝电路。与此同时，电源还从熔丝 S9 向仪表盘上的远光灯指示灯 K1 提供电源，使左右远光灯与远光指示灯同时发亮。当放松手柄时，组合开关手柄在回位弹簧弹力的作用下便自动切断电源，左右远光灯与远光指示灯同时熄灭。反复抬起与放松组合开关手柄，左右远光灯与远光指示灯同时闪烁，向前方汽车发出超车信号。

当 E1 拨到位置 2 时，30 号线电源经点火开关 D 第二掷和 E1 第一掷加到 E4 上，当向上拨动一下组合开关手柄时，可依次接通左、右前照灯的近光灯丝电路（经熔丝 S21、S22）或远光灯丝电路（经熔丝 S9、S10），当左前照灯 L1、右前照灯 L2 的远光灯发亮时，仪表盘上的远光指示灯 K1 同时发亮。

2. 雾灯

桑塔纳 3000 系列轿车设有前雾灯和后雾灯。前雾灯左、右各一个，位于保险杠下方最外侧，功率为 55 W；后雾灯只有一个（安装在左后方），功率为 21 W。

雾灯开关受灯光开关 E1 和雾灯开关 E23 控制。当 E1 处于位置 2 或 3 时，30 号线电源将经过 E1 第四掷加到雾灯继电器 J5 的线圈上，线圈通电将其触点吸闭。雾灯继电器的触点闭合后，X 号线（从点火开关 X 端子引出的电源线，受点火开关控制）电源经雾灯继电器 J5 的触点加到雾灯开关 E23 上的电源端子上。当雾灯开关在位置 1（空位）时，前雾灯 L22、L23 和后雾灯 L20 均不亮；当雾灯开关拨到位置 2 时，前雾灯 L22、L23 灯丝电路接通，电源经雾灯开关的第一掷、熔丝 S6 加到前左雾灯 L22 和前右雾灯 L23 上；当雾灯开关拨到位置 3 时，前雾灯 L22、L23 灯丝电路接通，前左雾灯 L22 和前右雾灯 L23 仍然亮，此时雾灯开关的第二掷后雾灯电路接通，电源经熔丝 S27 加到后雾灯 L20 上，前后雾灯均发亮。与此同时，安装在雾灯开关内的雾灯指示灯 K17 电路也接通，前后雾灯和雾灯指示灯同时发亮。

3. 小灯和尾灯

桑塔纳 3000 系列轿车的小灯和尾灯兼作停车灯作用。当汽车停驶时，用作停车灯；当汽车行驶时，用作小灯和尾灯。小灯功率为 4 W，尾灯功率为 5 W。

小灯 M1、M3 和尾灯 M2、M4 受点火开关 D（四掷第三位）、灯光开关 E1（四掷第三位）和停车灯开关 E19 控制。

（1）作停车灯用

当汽车停驶时，点火开关断开（位于位置 1），30 号线电源通过点火开关的第三掷加到停车灯开关上。当 E19 处于位置 2（空位）时，小灯与尾灯电源切断。E19 在转向灯组合手柄开关内；当 E19 处于位置 1（手柄向下拨动时），前左小灯 M1 和左尾灯 M4 电路接通；当 E19 处于位置 3（手柄向上拨动）时，前右小灯 M3 和右尾灯 M2 电路接通，此时小灯和尾灯均用作停车灯。

（2）作小灯与尾车灯用

当汽车行驶时，点火开关处于位置 2，停车灯电源被切断，此时小灯和尾灯受 E1 控制，灯光开关的 1 位为空位，小灯和尾灯均不亮；当灯光开关处于 2 或 3 位时，30 号线电源通过 E1 的第二掷经熔丝 S7 加到前左小灯 M1 和左尾灯 M4、通过 E1 的第三掷经熔丝 S8 加到前右小灯 M3 和右尾灯 M2，此时两只小灯和两只尾灯分别起启动小灯和尾灯的作用。

小灯安装在前照灯灯罩内，又称为边灯。尾灯与转向灯、制动灯等到组装在一起，统称为组合后灯。

4. 车内灯（顶灯）

顶灯安装在车内顶部略靠前方位置。顶灯 W 由 30 号线电源经熔丝 S3 供电，并分别受到顶灯开关和四个并联的门控开关 F2、F3、F10、F11 控制。

顶灯总成带有一个一掷三位开关，开关处在 1 位时顶灯发亮，2 位时顶灯熄灭，3 位时顶灯受门控开关控制，门控开关 F2、F3、F10、F11 分别安装在左前、右前、左后、右后门上，当任何一扇门打开时，相应的门控开关就会闭合，顶灯就会发亮，只有在四扇门都有处于关闭状态时，顶灯才会熄灭。

5. 行李箱灯

行李箱照明灯 W3 由 30 号线电源经熔丝 S3 供电，且受行李箱照明灯开关 F5 控制。当行李箱打开时，安装在行李箱盖与行李箱结合处的 F5 接通，行李箱照明灯 W3 发亮；当行李箱盖关闭时，照明灯开关断开，行李箱照明灯 W3 熄灭。

6. 牌照灯

牌照灯有两个，受灯光开关 E1 控制。当 E1 处于位置 1 时，牌照灯 X 熄灭；当 E1 处于 2 位或 3 位时，30 号线电源经车灯开关第四掷、熔丝 S20、线束插头 T1V 加到牌照灯 X 上，两只牌照灯 X 发亮。

7. 倒车灯与制动灯

倒车灯的功率为 21 W。当变速杆拨到倒挡时，倒车灯开关 F4 接通，15 号线电源经熔丝 S15、F4 加到倒车灯开关（M16、M17）上，倒车灯发亮；当变速器杆移出倒挡时，倒车灯开关断开，倒车灯熄灭。

制动灯的功率为 21 W。当驾驶员踩下制动踏板时，位于踏板支架上部的制动灯开关 F 接通，30 号线电源经熔丝 S2、制动灯开关 F 加到制动灯（M9、M10）上，制动灯发亮；当驾驶员放松制动踏板时，制动灯开关断开，制动灯熄灭。

8. 其他照明灯

仪表板照明灯 L10（两个）、时钟照明灯 L8、点烟器照明灯 L28、烟灰缸照明灯 L41、除霜器开关照明灯 L39、雾灯开关照明灯 L40、空调开关照明灯 L21 等七种照明灯均受灯光开关控制。当灯光开关 E1 处于位置 1 时，七种照明灯熄灭；当车灯开关 E1 处于位置 2 或 3 时，30 号线电源经灯光开关第四掷、仪表板照明灯调光电阻 E20 接通七种照明灯电路，照明灯均发亮。

9. 转向灯与报警灯

转向灯与报警灯信号系统由转向灯、闪光继电器、转向组合手柄开关、危险报警闪光灯开关等组成。如图 6-66 所示，四个转向灯 5、6、7、8（前左转向信号灯 M5、后左转向信号灯 M6、前右转向信号灯 M7、后右转向信号灯 M8）兼作报警灯使用，功率均为 21 W，后转向信号灯与尾灯、制动灯和倒车灯等组合在一起。转向灯与危险报警闪光灯共作一只含有电子元件与继电器的复合继电器，位于中央线路板 12 号位置。转向灯系统使用 S19 熔丝，危险报警闪光灯使用 S4 熔丝。

转向时，点火开关 1（D）接通，电源从点火开关端子“15”经黑色线进入中央线路板 3 背面接点 A8，经内部线路到接点 S19，再从接点 A13 出来用黑 / 蓝线与危险报警闪光灯开关 10（E3）的接线柱 15 相接。转向时，接线柱 15 与 49 接通，再用白色线与中央线路板 3 的 A18 相接，再经内部线路与继电器 2 的接线柱 49 相连。继电器接通后由接线柱 49a 经内部线路从 A10 出来，用黑 / 绿 / 白线与仪表板上的插座 T29/25 相接，再由黑 / 绿 / 白线与转向灯开关 4（E2）的接线柱 49a 相接。

当右转向时，接线柱 R 用黑 / 绿线经仪表板插座 T29/27 与中央线路板 3 的接点 A7 相通，再经内部线路与接点 C8、E11 相通，然后用黑 / 绿线与后右转向灯 8（M8）、前右转向灯 7（M7）相通。

当左转向时，转向灯开关 4（E2）的接线柱 L 用黑 / 白线与仪表板插座 T29/29 相连，再用黑 / 白线与中央线路板 3 的接点 A20 相通，经内部线路与接点 E6、C19 相通，再用黑 / 白线 16、17 与前左转向灯 5（M5）、后左转向灯 6（M6）相通。

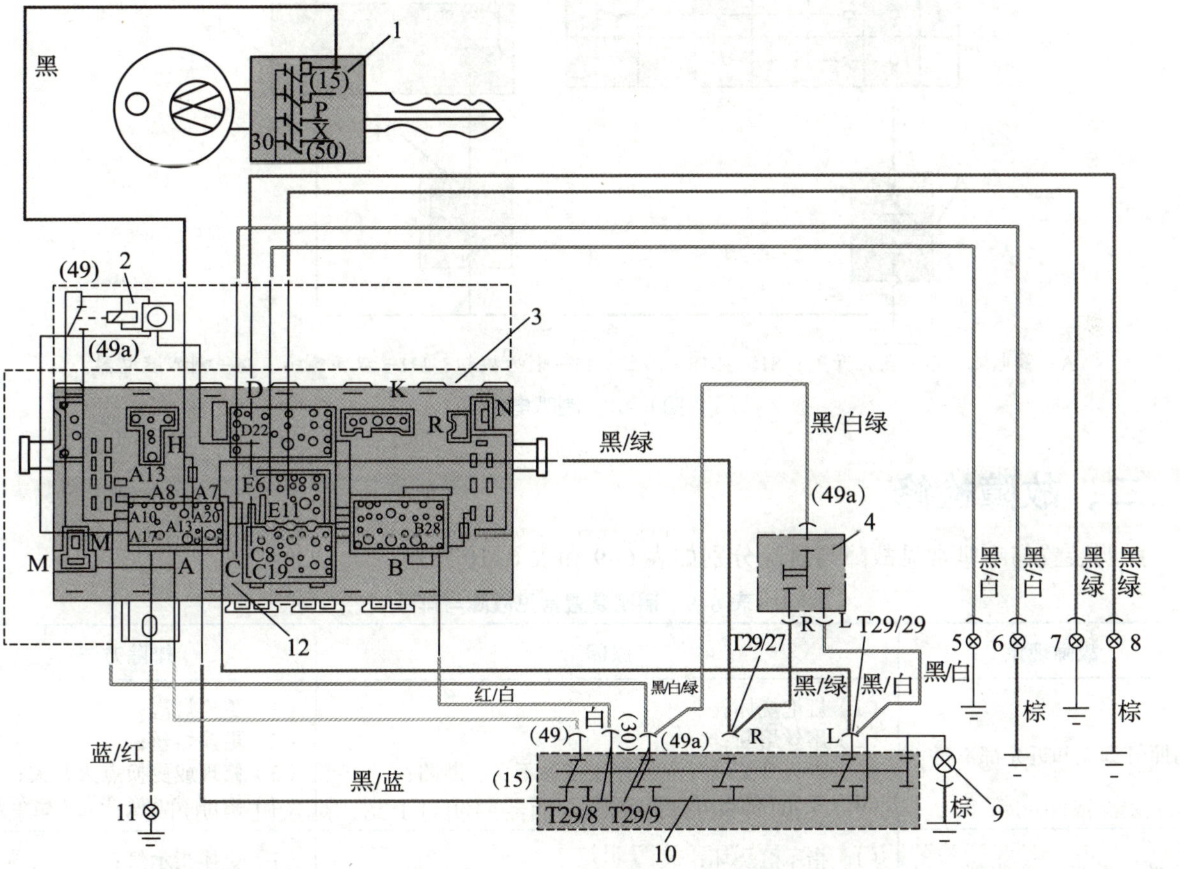

1- 点火开关（D）；2- 转向 / 报警灯继电器（J2）；3- 中央线路板；4- 转向灯开关（E2）；5- 前左转向灯（M5）；6- 后左转向灯（M6）；7- 前右转向灯（M7）；8- 后右转向灯（M8）；9- 危险报警闪光灯指示灯（K6）；10- 危险报警闪光灯开关（E3）；11- 仪表板处转向指示灯（K5）；12- 中央线路板 E6、C19、A20 接通，E11、C8 与 A7 接通。

图 6-66　转向灯与危险报警闪光灯接线图

在转向的同时，继电器 2 的接经柱 49a 由内部线路通向 A17，用蓝 / 红线通向转向指示灯 11（K5）。

当报警时，30 号线电源经熔丝 S4 从中央线路板 3 的接点 B28 用红 / 白色线与仪表板插座 T29/9 相接，再与危险报警闪光灯开关 10（E3）的接线柱 30 相接。此时 E3 同时接通各接线柱 49、R、L，使所用转向灯闪亮，并使危险报警闪光灯指示灯 9（K6）闪亮。

10. 喇叭

桑塔纳 3000 系列轿车采用盆形电喇叭，有高音喇叭、低音喇叭各一个，并同步工作，它们合用一个继电器和喇叭按钮。设置喇叭继电器的目的，是避免使用两个喇叭导致电流过大而烧坏喇叭按钮。

按下转向盘上的喇叭按钮 H 时，继电器 J4 励磁电流经熔丝 S18 提供，流经继电器触点的电流则经熔丝 S16 提供，喇叭发音，如图 6–67 所示。

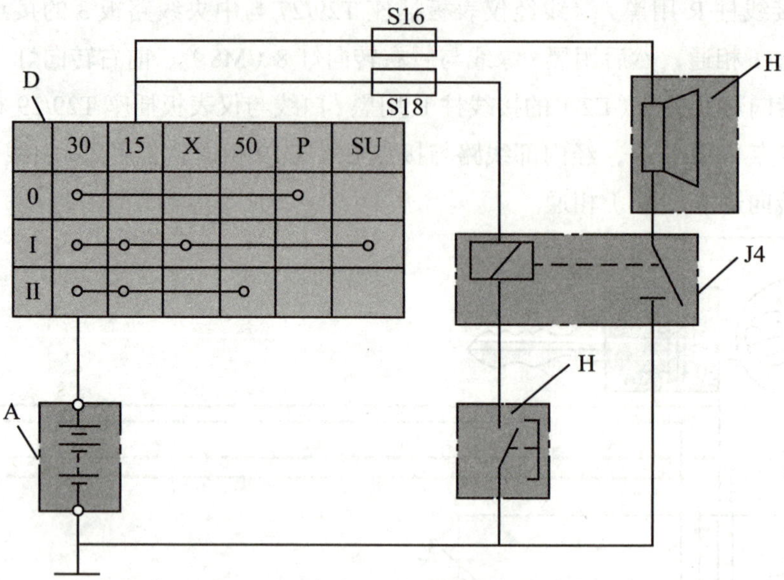

A- 蓄电池；D- 点火开关；S16、S18- 熔丝；H- 喇叭按钮；H1- 双声喇叭；J4- 喇叭继电器。

图 6–67 喇叭电路图

二、故障检修

照明装置与喇叭常见故障与排除分别如表 6–9 和表 6–10 所示。

表 6–9 照明装置常见故障与排除

故障现象	原因	排除方法
前照灯远光和近光都不亮	（1）灯泡烧坏； （2）熔丝熔断； （3）点火开关及其连接导线接触不良、断路； （4）变光 / 超车开关有故障	（1）更换灯泡； （2）更换熔丝； （3）修理或更换点火开关； （4）修理或更换变光 / 超车开关
远光、近光在变光时，仪表板上的指示灯不亮	（1）指示灯烧坏； （2）中央线路板插接器及连接导线连接不良、断路； （3）仪表板上的印刷电路板断路	（1）更换指示灯； （2）修理或更换连接导线； （3）修理或更换印刷电路板
危险报警闪光灯和转向灯都不工作	（1）灯泡与灯座接触不良； （2）棕色导线搭铁不良； （3）熔丝 S19 或 S4 熔断； （4）继电器（危险报警闪光灯和转向灯共用）损坏	（1）修理或更换灯泡和灯座； （2）检修导线； （3）更换熔丝； （4）修理或更换继电器
危险报警闪光灯和转向灯工作正常，仪表板，上的指示灯不亮	（1）仪表板 14 孔插接器上蓝 / 红色导线断路； （2）中央线路板接头 A17 接触不良； （3）指示灯损坏	（1）更换导线； （2）检修中央线路板； （3）更换指示灯
转向灯工作而危险报警闪光灯不工作或相反	（1）熔丝 S4 熔断； （2）危险报警闪光灯开关或直接导线有故障； （3）熔丝 S19 熔断； （4）转向灯开关或连接导线有故障	（1）更换熔丝； （2）修理或更换开关和导线

表 6-10　喇叭常见故障与排除

故障现象	原因	排除方法
高音和低音喇叭均不响	（1）喇叭接线柱上的黑/黄色导线接触不良、断路； （2）熔丝 S16 熔断； （3）喇叭有故障； （4）喇叭按钮导线断路或内部接触不良	（1）修理或更换导线； （2）更换熔丝； （3）更换喇叭； （4）修理或更换喇叭按钮和导线
喇叭声音低哑	（1）蓄电池存电不足； （2）喇叭有故障	（1）充电或更换蓄电池； （2）更换喇叭
放松喇叭按钮后，喇叭长鸣不停	（1）喇叭内部短路； （2）喇叭按钮短路	（1）更换喇叭； （2）修理喇叭按钮

课后练习

一、填空题

1. 新能源汽车主动安全装置、设施主要包括________、________、________和________。

2. 常见的驾驶辅助系统包括 ABS、________、________、________、________。

3. 新能源汽车被动安全装置包括________、________、________、________、________和吸能式转向柱、发动机下沉技术等。

4. 安全带主要由________、________、________、________和________等组成。

5. 正确佩戴安全带时，肩带应该跨过________，腰带应该紧贴________，这样做主要是为了使事故发生时的冲击力作用在________而不是________。

6. 安全气囊系统的主要功能有：________、减少乘员后颈部的冲击、________。

二、简答题

1. 汽车安全带是如何保障乘车人员安全的？

2. 安全气囊弹出需要哪些步骤？

参考文献

[1] 吴正乾，罗和平，王赟．新能源汽车电气设备检修 [M]. 北京：北京理工大学出版社，2021.

[2] 宋广辉，张东伟．新能源汽车充电与辅助系统检修 [M]. 北京：人民交通出版社，2022.

[3] 何宇，屈钲，王洪佩．新能源汽车辅助系统拆装与检测 [M]. 天津：天津科学技术出版社，2022.

[4] 徐利强．新能源汽车辅助系统拆装与检测 [M]．北京：北京理工大学出版社，2020.

[5] 王景智，马博，王旭．新能源汽车电动空调、转向和制动系统检修 [M]. 北京：机械工业出版社，2022.

[6] 徐利强．新能源汽车辅助系统拆装与检测 [M]. 北京：北京理工大学出版社，2020.

[7] 李永青，包丕利，孙军辉．纯电动汽车辅助系统检修 [M]. 北京：机械工业出版社，2022.

[8] 任春辉，李颖．新能源汽车辅助系统检修 [M]. 北京：机械工业出版社，2019.

[9] 敖克勇，周其江．新能源汽车电子电气 空调技术 [M]. 北京：机械工业出版社，2023.